- 全域旅游创新模式研究丛书 -

全域旅游

理论与实践

戴学锋　廖　斌◎著

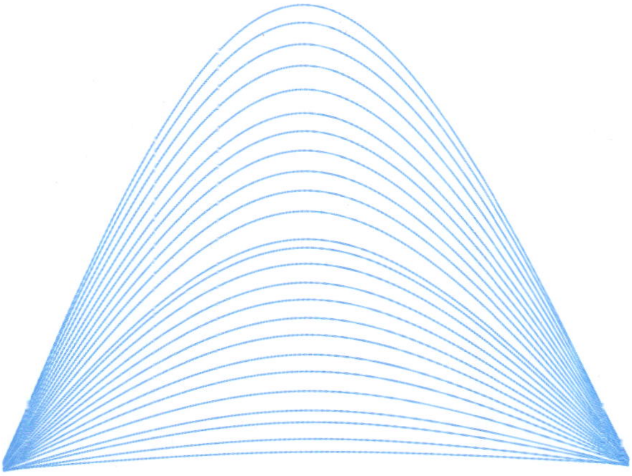

中国旅游出版社

序

戴学锋

全域旅游是“以旅游业带动和促进经济社会协调发展的一种新的区域协调发展理念和模式”，但是由于其名称的字面意思，当时社会各界依然普遍把全域旅游理解为全空间的旅游。为此，2019 年我们出版了一本解读全域旅游的专著《全域旅游：全面深化改革的突破口》，旨在阐明全域旅游与全面深化改革的关系，在该书中特别强调了全新理念、全新模式和全面改革创新对于全域旅游示范区的重要性。

尽管该书提出了从三个维度——为旅游者提供更好的服务、提高旅游业综合管理水平和改革创新——来理解全域旅游，但书的主线还是针对全面深化改革背景下，在全域旅游示范区的意义和作用层面上展开。我们认为，完整理解全域旅游的概念，不仅可以从三个维度来理解，还可以比喻为从两个硬币的四个面来理解：第一个硬币的两面是旅游业的硬件建设和软件建设，也就是创建全域旅游示范区必须既要进行实体建设，也要进行管理制度方面的建设；第二个硬币的两面是，如果把旅游业的硬件和软件建设合为一体，看成是旅游业总体的建设，这是第二个硬币的一面；那么另一面就是改革创新和制约突破。这两个硬币的四个方面合在一起才是全域旅游的全部。比如一个地方创建全域旅游示范区进行游客服务中心的建设，游客服务中心建设本身是旅游业的硬件建设，同时如果要让游客服务中心正常运作，必须建立起一套行之有效的管理制度，这两者缺一不可，犹如一个硬币的两面；同时，游客服务中心的建设必然牵扯到规划、土地、资金等一系列问题，其中很多是地方旅游部门自己难以解决的问题，甚至有些还是长期制约旅游业发展的瓶颈问题，这便是第二个硬币的另一面。

从两个硬币的四个面来理解全域旅游就可以认识到，全域旅游的三个维度并不是全域旅游示范区创建的三个层次，而是一个完整的有机体，这才是全域旅游示范区创建的打分标准，总分（1000–100）+200 分，及格分数线为 1000 分的原因。本书前半部分试图全面阐释全域旅游的概念，并对全域旅游的理论进行探索。

全域旅游不仅是一个理论问题，全域旅游示范区创建更重要的是实践过程。2020 年，文化和旅游部组织评定并公布了第二批全域旅游示范区名单，共 97 家，加上 2019 年创建成功的 71 家，至此全域旅游示范区创建成功的区县已达 168 家。在我们参加全域旅游示范区评定过程中，特别是近两年到那些全域旅游示范区创建取得成绩的地区调研后，让我们大开眼界：各地在创建全域旅游示范区过程中，围绕地方社会经济的具体情况进行了各种探索和尝试，形成了大量可推广、可复制的经验和模式。

河南省焦作市的修武县提出以美学理念打造全域旅游示范区，在不破坏现有格局的情况下，与本地自然资源和人文资源相结合，全方位提升城市艺术美感和吸引力，以最小的破坏、最低的成本获得经济效益。通过一系列举措，深挖文化元素，真正做到文旅融合，把城市建设与旅游发展结合在一起，形成了非常独特的修武全域旅游发展模式。

江苏省溧阳市，在全域旅游示范区创建过程中，以打造一号公路为抓手，不仅方便了旅游者进入，而且改变了农村脏乱差的生活环境，盘活了农村集体建设用地和宅基地，让更多的原住民吃上了旅游饭，形成了全域旅游发展的溧阳模式。在乡村一号公路的建设背后是对规划、用地指标、资金等各种制约的突破。

河北省邯郸市的涉县地处太行山，是革命老区，如果说溧阳市一号公路的建设使进入溧阳更加便捷的话，涉县打通太行山的“圣福天路”，首先要解决的则是太行山区的可进入性问题。在缺乏资金、缺少道路用地指标，以及建设初期百姓不理解的情况下，县委书记亲自带队，深入一线解决了大量棘手问题。最终建成的圣福天路不仅成为太行山区最美的乡村旅游公路，解决了景点的可进入性，更让无数百姓从旅游业中受益，涉县也从原来围绕娲皇宫等 5A 级景区的景点旅游模式，转变为具有涉县特点的全域旅游模式。

新疆巴州的博湖县，在创建全域旅游过程中，紧紧扣住新疆“社会稳定、长治久安”的总目标，通过捕鱼节等一系列旅游活动，把汉族、蒙古族、维吾尔族等各族同胞的传统文化有机融合在一起，创新为新的新疆民俗。在发展旅游的过程中，不仅让居民脱贫致富，而且增进了各民族的团结与融合发展，促成了各民族之间各美其美、美美与共的良好局面，形成了独特的全域旅游发展的博湖模式。

贵州省的盘州市地处贵州西部，是一个九山半水半分田的县级市，为了解决缺乏旅游用地、缺乏资金和农民脱贫难等一系列难题，提出了“三变模式”，即在农民土地确权的基础上，通过农村合作社，把农民组织起来，并与大型公司合作，让土地资源变资产，资金变股金，农民变股东，采取“平台公司＋村级合作社＋农户”的模式，大力实施“三变＋旅游”，采取林权、水域等自然风光入股，把景区停车场、专卖场、娱乐场、农家旅馆纳入“三变”改革，启动多个景区建设，让群众吃上了旅游饭、走上了旅游路、发上了旅游财，形成了全域旅游发展的盘州模式。

浙江省湖州市的安吉县在发展全域旅游中，践行“两山”理论，坚持美丽乡村、风情小镇、优雅竹城三级联动，通过推进治水治违、治气治霾、治土治废的“六治”行动，首创矿产资源联合管理，实施“五级河长”联合治水等模式，使得安吉成为气净、水净、土净的“三净”之地，形成了全域旅游发展的安吉模式。

宁夏自治区的青铜峡市围绕黄河文化以全新发展理念为引领，创新全域旅游体制机制。引进专业集团公司，整合运营旅游资源，形成“资源开发平台化，资产配置市场化”市场机制，以黄河观光游憩带为龙头，融湿地观鸟、黄河感恩、长峡漂游、大禹祭拜、百塔解忧、古今水工、滨河休闲、农家度假、黄河文化展示、江南风情体验、贺兰山阙怀古为一体，对游客的吸引力越来越大，不仅旅游业得到全面发展，而且助力了黄河文化带国家战略的实施，形成了全域旅游发展的青铜峡模式。

此外，山东省青岛市崂山区把全域旅游发展与提升旅游业治理能力结合在一起，探索了通过旅游业发展提升国家治理体系和治理能力现代化的途径，形成了全域旅游发展的崂山模式；江苏省徐州市贾汪区把发展全域旅游与资源枯竭性城市转型结合在一起，把采煤沉陷区变成了环境优美的旅游区，形成了全域旅游发展的贾汪模式；福建省三明市尤溪县把发展全域旅游与乡村治理结合在一起，通过发展全域旅游提升了乡村治理能力，形成了全域旅游发展的尤溪模式。还有，内蒙古自治区满洲里市把发展全域旅游与旅游边境试验区建设结合在一起，江西省井冈山市把全域旅游发展与红色旅游结合在一起，贵州省贵阳市花溪区把全域旅游发展与城市建设结合在一起，新疆建设兵团第十师 185 团把全域旅游发展与兵团工作结合在一起……各地通过旅游业这个优势产业，带动了地方社会经济的全面发展，形成了无数独特的发展模式。

各地全域旅游示范区的探索还可以归纳为传统旅游目的地的全域旅游模式、大都市郊区的全域旅游模式、民族地区文旅融合的全域旅游模式、乡村依托的全域旅游模式、老城区的全域旅游模式、资源转型城市的全域旅游模式、边境开发开放的全域旅游模式、特色产业融合的全域旅游模式、文旅融合的全域旅游模式、生态依托的全域旅游模式、城景一体的全域旅游模式、城乡一体的全域旅游模式，等等。各地的经验真可谓百花齐放，不一而足。

本书一方面试图更全面地阐释全域旅游的概念和理论，更重要的则是梳理总结各地在全域旅游示范区创建中的好经验、好做法，特别是各地区通过全域旅游发展，解决地方经济社会发展的重点和难点问题，且有所突破有所创新，总结那些值得全域旅游示范区建设中借鉴学习的好经验好做法，因此冠以《全域旅游理论与实践》。

希望我们今天的探索能成为引玉之砖，让更多既有实践经验，又有理论高度的专家学者都来关心全域旅游示范区的成果，让全域旅游示范区建设真正成为推动我国经济社会全面发展的理念和模式。

目录

CONTENTS

第一章
改革开放与旅游业发展

旅游业是发展经济、增加就业和满足人民日益增长的美好生活需要的有效手段，是提高人民生活水平的重要产业；同时，旅游业也是推动经济体制改革和对外开放的重要抓手。改革开放 40 多年来，中国经济社会发展全面革新、成就辉煌。中国旅游业始终与改革开放同步，处于改革开放的前沿，成为改革开放的重要推动力之一。自 1978 年改革开放以来，旅游业实现了日新月异的迅猛发展，这既受益于改革开放的全面推进，同时旅游业的发展也推动了改革开放的整体进程，与改革开放全面结合在一起。回顾改革开放的发展历史，旅游业在中国改革开放总体进程中发挥了重要的窗口和突破口作用，始终位于中国改革开放的最前沿，被当作改革开放的破冰产业。不同阶段的中国旅游业改革开放，不仅有效地解决了制约旅游业发展面临的新问题，更重要的是通过旅游业的改革开放，有效地带动了其他领域的改革开放。

一、旅游业是改革开放的突破口

回顾 40 多年改革开放发展历程，旅游业发展轨迹与国家发展轨迹保持同步同频，是改革开放的突破口、试验场和窗口行业。在改革开放启动初期，便与国家经济社会发展战略结合在一起，是引领我国改革开放由点到面全面发展的排头兵，是改革开放大格局中的重要组成部分，在改革开放过程中扮演了重要的角色、发挥了关键的作用。

（一）旅游业是对外开放的排头兵

1978年党的十一届三中全会召开，做出了改革开放的伟大历史决策。如何实施这一决策，如何启动改革、扩大开放，当时面临着以什么行业为突破口的选择难题。与其他行业相比，旅游业的市场化程度较高，对政府依赖度较小，历史负担轻，发展争议小，且具有轻、小、灵和关联性强，综合带动能力突出的特点，因此成为国家对外开放的最前沿、启动改革的突破口。国家采取了旅游优先、适度超前的发展战略，以旅游业带动国家改革开放。

1. 旅游业是改革开放的突破口

1978年党的十一届三中全会，把工作重点从过去的以阶级斗争为纲转移到社会主义现代化建设上来，实行改革开放。改革开放之初，中国各项事业落后，邓小平同志面对这个落后局面，首先想到的是如何能够吸收外国先进的技术，而开放引进外国先进技术又需要大量外汇，在这个大背景下，旅游和外贸作为创造外汇的行业被邓小平同志选择为改革开放的突破口。

之所以选择旅游业作为改革开放的突破口，第一，旅游业具有创汇的优势。旅游业是对外窗口产业，发展旅游业可以迅速获取外汇。为此，邓小平同志认为“搞现代化要抓两油（游），石油和旅游”，这成了当时经济社会发展的重要命题。第二，“旅游谁也不懂，搞旅游没有争议”。对于改革开放启动阶段来说，旅游业相对历史负担轻，不同于其他产业，没有历史负担，相对来说发展启动改革和试点的压力小，使得很多的改革创新、很多的政策试点可以在旅游业中大力推进。第三，更重要的还在于旅游业是一个关联性很强的综合性产业，涉及经济社会发展的各个要素，为此，在旅游业的改革试点，能够带动整体经济社会的改革开放。从中可以看到，邓小平同志认为发展旅游业是当代中国对外开放的突破口，发展旅游业是启动改革开放的突破口。

事实上，改革开放前，旅游首先是被作为“民间外交”的事业加以发展，不具有现代产业特征。1978年10月到1979年7月，邓小平同志围绕旅游发展先后发表了5次重要讲话，这5次重要讲话贯穿于党的十一届三中全会前后，初步明确了旅游作为经济产业的发展方向，选择旅游业作为改革开放的突破口，提出由旅游事业转向走产业化，大力发展旅游业的新思路。

第一，邓小平同志提出："旅游事业大有可为，大有文章可做，要突出地搞、加快地搞。旅游业赚钱多，来得快，没有还不起外债的问题，为什么不能大搞呢？"① 在与工商界人士谈旅游时，说"过去工业是以钢为纲，钢的屁股太大"，"要先搞资金周转快的，如轻工业、手工业、补偿贸易、旅游业等，能多换取外汇，而且可以很快提高人民生活水平"②。

第二，邓小平同志将轻工业、手工业、补偿贸易、旅游业并列，要求放到国民经济的重要产业来发展，说"民航、旅游这两个行业很值得搞"③。1978 年 10 月 9 日，邓小平在人民大会堂会见美国泛美航空公司董事长西威尔一行，陪同会见的有中国旅行游览事业管理总局和中国民用航空总局的负责同志。邓小平同志指出：民航、旅游很值得搞，利用外资修建旅馆应多搞几个点。要开放拉萨，外国人对拉萨感兴趣，到尼泊尔的游客可以到拉萨来。④

第三，邓小平同志充分注意到旅游业的创汇作用。1977 年 11 月 17 日，邓小平同志在广州听取广东省委汇报，谈到外汇问题的时候，说"我们搞外汇有很多门路，多搞点外汇"，中国把旅游事业搞好，随便能够挣二三十亿元外汇，⑤ 还提出了著名的百亿美元目标要求，"你们搞业务的人要仔细研究一下。同外国人做生意，要好好算算账。一个旅行者花费一千美元，一年接待一千万旅行者，就可以赚一百亿美元，就算接待一半，也可以赚五十亿美元。要力争 20 世纪末达到这个创汇目标"⑥。1979 年 1 月 2 日，邓小平同志在同中国旅行游览事业管理总局负责人谈话时指出："搞旅游业要千方百计地增加收入，既然搞这个行业，就要看看怎样有利可图……旅游这个行业，要变成综合性的行业。"⑦

第四，邓小平同志强调，在改革开放过程中，旅游业要先行，在引进海外侨资和外资过程中，要发挥先行作用。1979 年 1 月 17 日邓小平同志接见胡厥文、胡子昂、荣毅仁、古耕虞、周叔弢等工商界领导人，指出可以利用外国的资金和技术，华侨、

① 中央文献研究室，国家旅游局 . 邓小平论旅游［M］. 北京：中央文献出版社，2000：5.
② 冷溶，汪作玲 . 邓小平年谱（1975—1997）上［M］. 北京：中央文献出版社，2004：471.
③ 中央文献研究室，国家旅游局 . 邓小平论旅游［M］. 北京：中央文献出版社，2000：1.
④ 中央文献研究室，国家旅游局 . 邓小平论旅游［M］. 北京：中央文献出版社，2000.
⑤ 冷溶，汪作玲 . 邓小平年谱（1975—1997）上［M］. 北京：中央文献出版社，2004：238.
⑥ 中央文献研究室，国家旅游局 . 邓小平论旅游［M］. 北京：中央文献出版社，2000：2.
⑦ 中央文献研究室，国家旅游局 . 邓小平论旅游［M］. 北京：中央文献出版社，2000.

华裔也可以回来办工厂，“搞旅游要把旅馆盖起来。下决心要快，第一批可以找侨资、外资，然后自己发展”[①]。1978 年 10 月 9 日，邓小平同志会见美国泛美航空公司董事长西威尔后，同民航总局、旅游总局负责人谈话时指出，“利用外资建旅馆可以干嘛！应该多搞一些”。

在这之下，从 20 世纪 70 年代末到 90 年代初，顶层的改革设计者把旅游业列为改革开放的前沿，作为改革开放的试验田和排头兵。1978 年 2 月 26 日，《1978 年国务院政府工作报告》提出“要大力发展旅游事业”。1978 年 3 月，中共中央批转《关于发展旅游事业的请示报告》，将原隶属于外交部的中国旅行游览事业管理局改为直属国务院，由服务于外交的行政管理机构转变为经济管理部门。1978 年中央成立了旅游工作领导小组，重点解决旅游发展过程中的问题。1979 年 9 月中央召开全国旅游工作会议提出，旅游工作要从“政治接待型”转变为“经济经营型”。国务院也相继批复原国家旅游局《关于开创旅游工作新局面几个问题的报告》《关于当前旅游体制改革几个问题的报告》。到 20 世纪 80 年代之后，旅游业的定位更加提升，如中央确定每年给旅游 5 亿元的建设投资。1981 年，国务院组织召开全国旅游工作会议，明确指出，旅游事业是关系国计民生的一项不可缺少的综合性经济事业，是国民经济的一个组成部分。在管理机构上，国务院成立以主管副总理耿飚为组长的旅游工作领导小组，各地政府也相继成立领导小组，旅游业成了改革发展的先行兵。

可以看到，改革开放初期，旅游业被放在改革开放大局之上进行顶层设计和规划，旅游从外交事业变成了经济事业，服务于现代化建设，就成为当时旅游业的重要使命。

具体实践发展中，在深圳等特区开放建设的早期，旅游业是重要的领域。早期经济特区的一个重要功能是发展旅游业，吸引中国香港地区的游客，这也成为当时获取外汇的有效途径。1979 年 7 月 15 日《中共中央国务院批转广东省委、福建省委关于对外经济活动实行特殊政策和灵活措施的两个报告》指出，“在深圳、珠海和汕头试办出口特区。特区内允许华侨、港澳商人直接投资办厂，也允许某些外国厂商投资设厂，或同他们兴办合营企业和旅游事业”[②]。在 80 年代初，70% 的香港投资集中在办公楼、

① 中央文献研究室，国家旅游局 . 邓小平论旅游［M］. 北京：中央文献出版社，2000.
② 谷牧 . 谷牧回忆录［M］. 北京：中央文献出版社，2009.

宾馆以及其他旅游设施，仅有 7.3% 是投资于工业项目，外来的工业投资 80 年代少于酒店和服务业投资。[①] 珠海经济特区也是以发展旅游设施来赚取外汇，1982 年建设了石景山景点和相关的宾馆设施，这是早期旅游业开发建设的先行地区。

2. 旅游业是对外开放的先导产业

对外开放的核心在于如何吸引和利用境外的各类要素，包括资本、技术、人员、管理方式等，在这个过程中，采取什么样的合作方式，实行什么样的政策，采取什么样的运作模式则是推进对外开放的关键探索。改革开放初期，旅游业在对外开放领域的探索和政策模式实践，为国家对外开放政策的推进实施提供了极好的经验和借鉴。

事实上，旅游业具有天然的对外开放属性，与国家对外开放能够天然地联系在一起。国家对外开放涉及经济社会各个行业领域和各类要素开放，旅游业因其自身的特殊属性和历史发展背景，是国家对外开放的先导产业和窗口产业，位于国家对外开放的最前沿，是国家对外开放最早、最快、力度最大的行业，也是各地对外招商引资的重要领域，引领了当时国家对外开放的事业和进程。

（1）旅游业是最早引进境外资本的行业

在邓小平同志直接领导之下，由彭真副委员长直接负责，顾明同志具体组织起草的《中华人民共和国中外合资经营企业法（草案）》，于 1979 年 7 月 1 日在全国人大第二次会议审议通过，同年 7 月 8 日颁布施行，[②] 而旅游业的起步几乎是与该法起草同时进行的。改革开放初期，为推进对外开放，国家选择将旅游饭店作为首批对外开放、利用外资的行业之一。1978 年 11 月，国务院专门成立了以谷牧、陈慕华、廖承志为首的“利用侨资、外资建设旅游饭店领导小组”，办公室设在国家旅游局，高位推进旅游饭店业对外开放工作。1979 年 1 月，国务院批准确定了第一批引进外资的试点项目，其中的 001 号、002 号、003 号分别是首都机场的航空食品公司、北京建国饭店和长城饭店。1979 年 5 月 4 日，国务院副总理李先念主持召开国务院办公会议，决定在北京、上海、广州、南京四个城市利用侨资、外资建造旅游饭店。[③]

这其中，北京建国饭店的建设是我国旅游业对外开放的一个典型、缩影和标杆。

① 谷牧 . 谷牧回忆录［M］. 北京：中央文献出版社，2009.
② 李岚清 . 突围——国门初开的岁月［M］. 北京：中央文献出版社，2008：223.
③ 李岚清 . 突围——国门初开的岁月［M］. 北京：中央文献出版社，2008：236.

为弥补我国旅游饭店建设的不足，推进我国旅游业发展，国家决定利用外资建设一批旅游饭店。1979 年 4 月 21 日，中国国际旅行社总社北京分社与美国陈宣远集团公司签订了在北京合资建造一座 500 间客房的中档饭店《协议书》，饭店总投资 2229 万美元，投资比例为中方 51%、外方 49%。[①] 当年 6 月 12 日时任党中央主席兼国务院总理华国锋、党中央副主席兼国务院第一副总理邓小平等 16 位党和国家领导人审核批准了与美国陈宣远集团公司合资建造北京建国饭店的项目。1980 年 4 月，经国家外国投资管理委员会批准，北京建国饭店成为由国家批准的第一家中外合资饭店，中美合资建造的中国第一家中外合资饭店北京建国饭店开工。1982 年 4 月北京建国饭店开业，成为全国首批中外合资企业。之后，长城饭店、广州白天鹅宾馆、花园酒店、丽都假日饭店、金陵饭店等著名的中外合资或合作饭店相继建成。1980 年以后，我国通过引进外资，逐步兴建了一大批中外合资、中外合作饭店，又利用内资陆续新建和改造了一大批饭店，如 1982 年的北京建国饭店、北京香山饭店，1983 年的北京长城饭店、广州白天鹅宾馆、南京金陵饭店，1990 年竣工的上海商城。

（2）旅游业探索中外合作的新模式

旅游业是我国对外开放初期吸引外资的重要领域，在对外合作方面，旅游业进行了率先探索，创新了中外合作的新路径、新模式。改革开放初期，我国尚无利用外资方面的法律、法规和相关经验，旅游领域内的北京建国饭店作为新中国第一个合资饭店，创造了旅游饭店业以及招商引资领域的诸多先例。在北京建国饭店的建设过程中，从饭店的合作方式，中外各方投资比例、合营期限、管理方法，合营期满后的清算办法，到建造期间和合资经营期间的土地租金、所得税率、材料和设备进口、国内材料（包括砂石料）价格和劳动工资、外汇管理等条款都进行了中外合作的创新实践，这些探索为下一步其他领域的对外开放合作积累了经验。

首先，北京建国饭店采取了有限合作的出资方式。建国饭店公司是由中国国际旅行社北京分社（原北京市旅游局下属）与香港中美旅馆发展有限公司（陈宣远集团在香港注册）共同建立的合营企业，属有限责任公司，双方遵循“共同投资，共同经营，共担风险，共负盈亏”的方针，利润分享和风险承担与投资比例相同，总投资额

① 陈军 . 改革开放大潮中的北京建国饭店［M］. 北京：经济管理出版社，1992：1.

2229.3万美元，其中2160万美元是向香港汇丰银行贷款，投资比例中方51%，外方49%，中方负责提供地皮、劳力和砂石料等（均计价收外汇），外方负责设计和进口材料、设备等。

其次，明确了合作期限。建国饭店中外合作的首次合营期限10年（后延至16年）。双方约定，建国饭店建成后合营10年，总收入扣除支出和按期返本付息后，剩下的净得按照投资比例分配，合营期满，中方象征性地以1美元购得对方所有的股份，饭店全部归中方所有。

再次，扩充了利用外资的渠道和来源。建国饭店建设过程中，与香港汇丰银行达成协议，在合营双方按投资比例各自担保的前提下，获得商业贷款，中方所出的1000万美元全部是低息贷款，由香港汇丰银行在中国银行担保下提供全部贷款，开创了我国利用国外商业贷款进行项目的先例。

最后，创新了经营管理模式。建国饭店是我国第一家外国管理集团管理的合资企业。饭店董事长由中方担任，副董事长由外方担任，第一任董事长为侯锡九（北京旅游局局长兼任），副董事长为陈宣远。建国饭店成立后聘请了香港半岛饭店集团作为外方委派的管理人员队伍参与建国饭店的管理。由半岛集团委派一个40人的管理班子同中方管理人员密切合作，开创了我国饭店业直接引进国际化经营管理的先例。建国饭店前5年由香港一家酒店管理集团来管理。

建国饭店的建设运营成效极好，是当时国内对外开放、中外合作的标杆项目。在运营的第一年即盈利150多万美元，运营4年时间，饭店连本带息全部还清了从香港汇丰银行贷的2000万美元。北京建国饭店合资经营16年，营业收入总计16.44亿元人民币，向国家缴纳了各种税费3.6417亿元，可分配利润所得3.5694亿元，是建造投资总额的9.5倍。10年后，中方用象征性的1美元取得了建国饭店所有股份，而此时它所创的利税已经等于赚了七八个建国饭店。1998年4月28日，中国国际旅行社北京分社（后改为北京旅游公司）与香港中美旅馆发展有限公司的《合营合同》期满（包括原合同规定的10年合营期和以后延长的6年合营期），按照《合营合同》规定，甲方（中国国际旅行社北京分社，后改为北京旅游公司）用1美元购得乙方（香港中美旅馆发展有限公司）的全部股份，建国饭店的全部财产和权益归甲方所有[①]。

（3）探索旅游对外开放的新政策

旅游业是一个综合性的产业，涉及经济社会的多个方面。在早期改革开放过程中，旅游业是我国各项经济事业改革开放的试验区，率先实行和探索了一批新的改革创新举措，影响到了后续我国对外开放的诸多政策，有些政策甚至影响到后续出台的法律法规。

比如，在对外优惠政策方面，国家率先实行了“二免三减半”的政策，这个政策也成了未来国家吸引外商投资的重要政策。改革开放初期，为了鼓励外侨来我国投资，国家对建国饭店等中外合资的饭店采取“二免三减半”的税收优惠。这一政策也影响到了后续我国出台的《中外合资经营企业所得税法》。正式的中外合作企业法直到20世纪80年代才出台，1980年第五届人大第三次会议通过的《中华人民共和国中外合资经营企业所得税法》第五条规定：合营企业的合营期在10年以上的，经企业申请，税务机关批准，从开始获利的年度起，第一年和第二年免征所得税，第三年至第五年减半征收所得税。

在这之下，建国饭店引领了国家引进国外先进管理经验和企业化运作的新趋势，“全国学建国”成了旅游业发展过程的关键词。1984年1月，北京市人民政府外事办公室派出了一个调查组进驻建国饭店，写了一份《建国饭店的经营管理值得重视》的调查报告。中共中央书记处研究室《情况通报》于1984年2月10日转载了北京市外办的调查报告，并加了按语，写道：“建国饭店的经营管理经验值得各地同类型企业借鉴，对其他行业的企业也有参考价值。”[②]1984年4月13日，中共中央政治局扩大会议决定，选择100家饭店，推广北京建国饭店经营管理方法。1984年7月9日，国家旅游局根据中央指示，向国务院写了《关于推广北京建国饭店经营管理方法有关事项的请示》。1984年7月24日，国务院向全国各省市自治区和中央各部委、直属机关发出了批转国家旅游局请示的通知，指示“推广建国饭店的经营管理方法是我国饭店管理的一项重大改革”，试点的主要内容是：第一，推行总经理负责制及部门经理逐步负责制；第二，推行岗位责任制，抓好职工培训；第三，推广严格奖惩制度，打破“大锅饭”和“铁饭碗”调动员工积极性，保证服务质量稳步提高；第四，推行充分利用

① 陈军．经营与管理——改革开放大潮中的北京建国饭店［M］．北京：经济管理出版社，1999.
② 赵焕焱．酒店业史记之开路先锋庄炎林［EB/OL］．迈点网，2016：5.

经济手段，开展多种经营，增收节支，提高经济效益的办法。1984 年 7 月 24 日，国务院发出通知，号召全国学“建国”，推广学习建国饭店，引进国外先进管理经验和企业化运作机制。

（4）为国家对外合作合资企业政策的先行试点探索经验

旅游业对外开放推动国家对外开放。在中外合作经营方面，北京建国饭店组建的时候，国家还没有中外合资、合作的法律、法规，也没有与外商合资办企业的经验，对国外情况了解不多，与外商谈判合资建酒店，既无法律可依，又无先例可循，是“摸着石头过河”。北京建国饭店、长城饭店、丽都饭店、兆龙饭店以及南京金陵饭店，上海虹桥饭店、华亭饭店，广州白天鹅宾馆、中国大酒店、花园酒店等全国各地一大批合资饭店陆续建成开业为后续中外合作合资积累了经验。1979 年 8 月成立的国家外资委，按照国务院规定的职责，立即抓紧组织起草《中华人民共和国中外合资经营企业法》的实施条例，颁布了第一个利用外资的法律——《中外合资经营企业条例》，并积极参与和推动第一批中外合资经营企业的谈判进程。在邓小平同志的倡议和指导下，1987 年《中华人民共和国中外合作经营企业法》才正式颁布。正如邓小平同志指出的那样，“这个法是不完备的，因为我们还没有经验。与其说是法，不如说是我们政治意向的声明”[①]。《中华人民共和国中外合资经营企业法》的颁布实施，是落实邓小平同志关于吸引外资、举办中外合资经营企业战略构想的重要里程碑。从中外合资经营问题的提出，到 1981 年 6 月底的两年多时间，我国共批准在国内举办的中外合资经营企业 29 个，总投资为 2.4 亿美元，其中外商投资 1.97 亿美元，已经投产的合营企业有 15 个。

（5）旅游业是对外开放的窗口，释放了国家对外开放的信号

改革开放初期，旅游业的开放得到了国家高层的推动和关注。饭店业引入境外资本和技术过程曾经遭遇各方阻力，在这个过程中得到了国家高层的推进，被上升为国家对外开放的战略组成部分。国务院专门成立了利用侨资、外资建设旅游饭店领导小组。而且，在建国饭店、兆龙饭店等建设过程中，都得到了邓小平等国家领导人的过问和支持。国家领导相继出席了这些中外合资饭店的开工仪式、开业仪式、周年庆典

① 李岚清 . 突围——国门初开的岁月［M］. 北京：中央文献出版社，2008：222.

并题名、题词，“北京建国饭店等企业将动工兴建”“兆龙饭店在京兴建”的报道也登上了《人民日报》头版，仅北京建国饭店的兴建就有15个副总理、副委员长圈阅。一方面，国家将饭店业的对外开放纳入国家对外开放的战略内容中；另一方面，也是借助饭店业的对外开放平台迈出对外开放的新步伐，并释放出国家对外开放的决心。

1979年6月7日，庄炎林签发了旅游总局送呈国务院的一份报告——中外合资、合营建一座旅游饭店的方案，建国饭店贷款2000万美元，国务院办公会议议而不决，谷牧再做一个决定：上交报告送中央高层决定。于是，在这样一份建不建一个饭店的报告上，就有了16位高层领导批示或画圈。邓小平同志态度鲜明，陈云同志、李先念同志也都画了圈，最后是党中央主席兼国务院总理华国锋拍板：建合资饭店我们没有经验，但可以试一试。期间共有包括国务院总理在内的16位党和国家领导人对国家旅游局上报的《关于美籍建筑师陈宣远在北京合作建造和经营旅游饭店的请示》进行审核，并指示“经过试点，摸索经验”。1980年4月21日由国家外国投资管理委员会批准，北京建国饭店成为由国家批准的第一家中外合资饭店，并于当年5月21日在国家工商行政管理总局进行了登记注册。1982年开业。全国人大常务委员会副委员长廖承志亲笔为建国饭店题写了店名，英国《路透社》报道说“中国第一家真正西方式的旅馆在北京开张，为这个单调多风沙的城市带来必要的魅力”。在这之后，旅游业的市场化对外开放步伐加快。1999年，对外经济贸易部和国家旅游局联合发布《中外合资旅行社试点暂行办法》，进一步开放旅行社市场。

（6）旅游业的对外开放，带动其他领域对外开放

一是引入大量的外来资本，促进了其他领域的对外开放步伐。从宏观数据上看，1982年建国饭店成为利用外资建成的第一个饭店开始，在“七五”期间，国家利用外资占旅游总投入53.3%，加上国家和地方安排的外资指标，利用外资占72.9%，远高于其他行业。①

二是旅游业的对外开放打破了国内外要素交流的固化。在饭店建设过程中需要其他要素的引入和建设。比如，在广州白天鹅宾馆建设过程中，1979年1月，香港企业家霍英东投资1350万美元，建设白天鹅宾馆，由白天鹅宾馆向银行贷款3631万美

① 魏小安，冯宗苏．中国旅游业：产业政策与协调发展［M］．北京：旅游教育出版社，1993.

元，合作期 15 年。“一个大宾馆，需要 10 万种的装修材料和用品。当时内地几乎要什么没什么，连澡盆软塞都不生产。进口任何一点东西，都要去十来个部门盖一串的红章。”[①] 这凸显出霍英东在建设白天鹅宾馆时面临着诸多的体制机制限制和物质短缺的限制，但另一方面，也正是因为白天鹅宾馆的建设，使得诸多的产业和产品发展能够突破种种限制。因此，一家旅游饭店的建设能够带动其他相关产业和领域的对外开放。

三是旅游领域，特别是饭店领域内的对外合作的新模式为其他领域企业的对外合作合资的模式提供了新的经验借鉴，包括合作形式、出资比例、经营模式、合作期限等，为大规模的对外开放扫除了障碍和心理顾虑。旅游业的对外开放带来了外来资本、科学技术、管理经验和人才力量等。这在很大程度上促进旅游业实现了从“事业”接待向“产业”转变，改革开放之前旅游业是作为国家接待的事业来对待，是不计成本的；改革开放后在外资的带动下才逐渐向产业转型，才逐渐建立起全新的旅游产业体系。

实际上，改革开放初期，不仅是饭店业，旅游领域的其他方面也是逐渐走向开放。在对外开放方面，这个时期的开放幅度是非常大的，旅游业里除了旅行社领域、导游领域以外，其他领域都已经对外开放了。饭店领域是最早实行对外开放的，大量的外资饭店进入中国。旅游景区虽然受到很多资源的限制，但是在很多景区的开发和旅游设施的建设过程中能看到外资的身影。旅游商品领域也是如此，大量的外资与国内企业合作开发旅游商品。

（二）旅游业是对内改革的实验田和突破口

在中国改革开放的历程中，对外开放与国内改革都相互交织在一起，对外开放引进了国外资本、技术、理念和经营模式，也反过来促进了国内市场改革进程。在改革开放初期的设计中，邓小平同志将旅游业的发展与国内改革结合在一起，将旅游业作为中国对内市场化改革的突破口，大胆推进，先行先试，推进了一系列市场化改革的新实践。

① 谷牧 . 谷牧回忆录［M］. 北京：中央文献出版社，2009.

1. 旅游业是市场改革的先行领域

改革开放初期，在国家经济社会体制的大背景和约束下，旅游业的发展自然也是受到了整个经济社会外部的限制，其发展面临很多的问题，受到很多因素的制约。邓小平同志于 1977 年 11 月 17 日与广东省委负责同志谈旅游时，要求发展旅游解决广东的一些问题，总结说，“看来最大的问题是政策问题，政策对不对头，是个关键”[①]。为此，在旅游业的改革实践中，如何打破这些约束限制，如何推进行业的改革实践，也成了当时旅游业发展非常核心和关键的命题。

第一，率先推进旅游管理体制改革。为推进旅游业市场化改革，1985 年 1 月国务院批转了原国家旅游局《关于当前旅游体制改革几个问题的报告》，提出了旅游管理体制实行“政企分开，统一领导，分级管理，分散经营，统一对外”的原则，建立以国营旅游企业为主导的旅游经营体制，责权利相结合的、高经济效益、高服务质量的旅游企业管理体制，并向各省、自治区、直辖市下放外联权的签证通知权。

第二，探索旅游公司的市场化运作方式。邓小平同志认为旅游业作为一个经济产业，本身就是一个竞争性的行业，应该采取市场化的运作方式来发展。针对当时我国只有两家旅行社（国旅和中旅），各地旅行社都是这两家的“分社”，而当时民营资本又没有成长起来，旅游市场严重缺乏市场竞争，邓小平同志提出在企业之间和企业内部引入竞争机制，“全国要搞若干个旅游公司，公司之间可以互相竞赛”[②]。饭店领域内，1979—1982 年，全国召开了三次旅游饭店工作会议，提出了旅游饭店的基本服务要求和基本管理原则，要求各方“尽快提高饭店业的服务水准和管理水平”并“转变机制，变事业单位为企业经营”[③]。1982 年 7 月 17 日，旅游总局与国旅总社分开办公，总社统一经营外国旅游者来华旅游业务，实行企业化管理。

具体在旅游投资方面，1984 年中央书记处明确了旅游发展要实行“五个一起上”，也即从以国家投资建设旅游设施为主转变为国家、地方、部门、集体、个人一

① 冷溶，汪作玲 . 邓小平年谱（1975—1997）上［M］. 北京：中央文献出版社，2004：238.

② 中央文献研究室，国家旅游局 . 邓小平论旅游［M］. 北京：中央文献出版社，2000：5.

③ 中国旅行游览事业管理总局关于下达《关于办好旅游饭店的基本要求》的通知（1982年2月）《关于办好旅游饭店的基本要求》（1982），转引自：秦宇 . 饭店业开放、改革与发展四十年：重要事件回顾及解读。

起上，自力更生与利用外资一起上，通过投资主体的多元化，促进了“行、游、住、食、购、娱”六要素的配套。旅游经营单位包括旅行社、饭店、旅游车船公司由事业单位转变为企业化经营，参与到行业竞争中。之后，旅游市场产业化进程得到快速发展。特别是1993年党的十四届三中全会，通过了《中共中央关于建立社会主义市场经济体制若干问题的决定》，我国开始了市场经济发展阶段。此后，旅游企业的自主权得到了充分发展，相关的社会管理制度如护照管理、出入境管理等发生了本质性变化，进一步促进了我国旅游企业市场化的发展步伐，旅游企业投资日渐多元化。

在这之下，经过改革开放40多年的发展，我国旅游市场化改革逐步深入，旅游市场主体逐步发育，国有资本、外商投资、民营资本和社会资本成为推动旅游市场主体发育的重要力量。从新中国成立到改革开放初期，旅游业被定位为外交事业，管理模式为政企合一，旅行社等旅游行业属事业单位，不存在真正意义上的旅游市场主体。改革开放后，旅游业性质从外交事业向经济产业转变，推动旅游市场化改革，打破了国有主导格局，旅游市场主体逐步发育，旅游投资者和经营者进一步多元化，国外资金和社会资金大量涌入旅游业，形成多元化旅游市场主体并存的局面。民营资本和国外资本发展强劲，成为推动中国旅游产业发展的中坚力量。当前，民营类旅游企业通过快速发展，在历年的“中国年度创新成长企业100强”和“中国旅游集团20强”评选中均有多家入选；2017年1.5万亿元的全国旅游投资中民间资本投资占60%，形成了民营为主、国有企业和政府投资共同参与的多元主体投资格局；除中国旅游集团、首都旅游等大型国有旅游集团之外，携程、凯撒等新型旅游市场主体以及各种类型的旅游创业企业快速崛起。

第三，在旅游企业内部，实施新的用人制度，推进按劳取酬和优胜劣汰等一系列市场化的改革。改革开放之后，境外资本进入旅游行业带来的一批外资饭店为国内旅游企业经营改革提供了示范，促进了企业的市场化改革，也打破了过往中国封闭社会的内部结构和管理制度，带来新的管理理念和发展模式。

比如，用人机制方面，邓小平同志提出，发展旅游业在用人问题上也要解放思想，旅游业作为一个经济产业，本身就是一个竞争性的行业，用人显得尤为重要，不能按资排辈，指出“旅游局要用人得当，要有一些有闯劲、有干劲、有办法的人，只凭资格不行"[①]，还特别谈到可以聘用外国人。1979 年 1 月 17 日，邓小平同志对工商界负责人说：旅游业你们可以推荐人当公司经理。请你们推荐人管理企业，特别是新的企业，不仅有国外的，还有国内的，条件起码是爱国的，事业心强的，有能力的。如旅游业，每个地方推荐二三人[②]。

又如，收入分配机制方面，强调要率先引入市场淘汰机制和按劳分配机制，通过旅游业分配制度的解放思想和改革，推进整个中国的对内搞活和改革事业。邓小平同志在谈及旅游业的问题时指出，"对黄山的工作要好好整顿，主要是搞好服务工作。凡是服务态度好、服务质量高的，工资要高，不好的要批评教育，不改正的还可以淘汰，这样就搞上去了"[③]，"旅馆、饭店的服务员，凡是服务得好的，不管年龄大小，工资待遇都要提高"[④]，"赚钱多的工资就要高，搞得好的年底可以拿双薪"[⑤]，"工作人员要实行按劳分配，年终利润多还可以发奖金"[⑥]。旅游领域的先行探索，使得在之后邓小平同志提出的按照经济规律管理、按劳分配、多劳多得、让一部分人先富起来等一系列重要战略和改革思想都在旅游业中率先实现了。很长一段时间，旅游业特别是饭店里的员工的收入报酬都比其他领域更早市场化，饭店普通服务员的收入都远高于其他行业工作人员的收入。

饭店领域内，在北京建国饭店的带动之下，全国各地饭店都开始执行经理负责制、对饭店职工免费供应工作餐、取消奖金封顶等管理，并积极学习境外先进技术，派遣了全国各地区饭店管理骨干到香港美丽华大酒店进行为期五个月的实习培训；购买了国外饭店各工种服务培训录像并巡回播放；选拔人才到瑞士、美国、德国等国家接受饭店管理高等教育；1980 年开业的珠海石景山旅游中心聘请了香港职业经理人张奎麟担任总经理；两年后开业的建国饭店引入香港半岛酒店管理公司，40 多位专业饭店管理人员进驻饭店。之后建成的外资饭店大都聘请了境外管理公司管理。

此外，在导游领域内，实行导游合同管理制度。1983 年 2 月，国家旅游局发出

① 中央文献研究室，国家旅游局 . 邓小平论旅游 [M] . 北京：中央文献出版社，2000：4.
② 中央文献研究室，国家旅游局 . 邓小平论旅游 [M] . 北京：中央文献出版社，2000.
③ 中央文献研究室，国家旅游局 . 邓小平论旅游 [M] . 北京：中央文献出版社，2000：9.
④ 中央文献研究室，国家旅游局 . 邓小平论旅游 [M] . 北京：中央文献出版社，2000：4.
⑤ 中央文献研究室，国家旅游局 . 邓小平论旅游 [M] . 北京：中央文献出版社，2000：5.
⑥ 中央文献研究室，国家旅游局 . 邓小平论旅游 [M] . 北京：中央文献出版社，2000：10.

《关于在旅游部门推行经济责任制若干问题的通知》，要求各地区、各单位从实际出发，实事求是地选择经营承包、利润递增包干、以税代利等不同形式的经济责任制。经过几年的努力，有一大批原来的事业单位初步实现了企业化经营，饭店经营水平有了明显变化，服务质量有了显著提高。类似的，随着国家政策的放开，旅游业的承包行为也开始产生了，旅行社的承包、酒店的承包都相继出现了。

第四，试点饭店管理公司制度。建国饭店成功运转之后，我国饭店业也开始进入公司集团管理阶段。旅游业是最早引进国际管理模式的，一开始就引进国际饭店管理公司的管理，引进品牌经营、标准化管理、总经理负责制等一系列管理制度，造就了中国饭店业的高起点、市场化机制和国际化运作的行业特点。1986 年，国家提出要建立我国的饭店集团。1986 年 11 月 17 日，国务院发布《国务院关于使用国际商业贷款自建旅游饭店有关问题的通知》，对旅游饭店建设给予贷款支持。1988 年 4 月 6 日，国务院办公厅转发了《国务院办公厅转发国家旅游局关于建立饭店管理公司及有关政策问题请示的通知》，其中明确规定：中国的饭店管理公司在原则上享受外国饭店集团在中国享受的同等待遇（如税收减免政策、进口指标优惠、经营自主权、信贷资金支持等）。1988 年 5 月，北京饭店集团成立，开启了我国饭店集团化经营的新模式。1991 年 1 月 26 日，国家旅游局、财政部、国家外汇管理局联合发布《关于国营旅游涉外饭店若干政策问题的通知》，1993 年 7 月 29 日，国家旅游局颁布实施《饭店管理公司管理暂行办法》，对于涉外饭店进行了更深入的规定调整。在这之下，一批国际饭店管理公司进入中国。1983 年第一家国际高端品牌酒店北京喜来登长城饭店开业。1984 年，假日集团进入中国。1988 年上海希尔顿饭店开业，它标志着希尔顿集团开始进入中国市场。1985 年，全国旅游涉外饭店在这一年如雨后春笋般涌现。到 1985 年年底，全国拥有旅游涉外饭店 325 座，共约 12 万张床位，比 1980 年翻了两番。其中，利用外资兴建的旅游涉外饭店 45 座。组建饭店管理公司并对外输出管理，白天鹅、锦江、金陵、建国等国内领先饭店的管理经验和技术开始成建制地向国内饭店业较不发达地区输出。

第五，旅游服务市场化标准化管理。为加强对旅游饭店服务的管理，提升旅游饭店服务水平，更好地引进和学习一些先进的管理方式和服务标准，1988 年，国家旅游局在已有的服务方式和标准基础上，制定了《旅游涉外饭店星级标准的划分与评定》，并推广实施评定。一年以后在北京昆仑饭店举办首批星级饭店的颁布仪式。1991 年 5 月 29 日，国家旅游局、国家物价局共同颁布《中华人民共和国评定旅游涉外饭店星级的规定》，对旅游涉外饭店对客人服务的基本标准进行了规定。旅游饭店的星级评定标准对饭店的设计、建造、运营、管理和服务都产生了巨大影响，并辐射到全国各行各业。一开始该标准仅对涉外旅游饭店，后来逐渐推广至所有饭店行业。而且，旅游星级饭店所代表的“星级”服务成了其他行业和领域内的管理和服务规范的代名词，“五星级”更是成为人们心目中最高品质和档次的象征，引领了我国整体服务业服务和管理水平的提升。

不仅是饭店行业，在旅游行业的其他领域也都在探索一些服务标准化的举措。比如，景区行业内，之后相继制定了《旅游景点、景区管理服务标准》，制定了旅游景区质量等级的划分与评定标准，大大开拓了旅游行业管理范围，提高了景点景区质量，形成全方位的一体化管理。此外，在旅行社领域，也制定了《旅行社资质等级划分标准》，引导和激励旅行社提高服务水平。

旅游业引进外资是与《中华人民共和国中外合资经营企业法》同时进行的。而当初颁布的《中华人民共和国中外合资经营企业法》是一个相对比较粗糙的法规性文件，按照邓小平同志的说法，“这个法是不完备的，因为我们还没有经验。与其说是法，不如说是我们政治意向的声明”[①]。正是有了旅游业引进外资的积极探索，使得《中华人民共和国中外合资经营企业法》这个“政治意向的声明”，得到了实践的不断检验，1981 年国家开始制定《中华人民共和国中外合资经营企业法实施条例（草案）》，为 1983 年国家正式颁布《中外合资经营企业法实施条例》奠定了实践检验的基础。正是有了旅游业引领的市场化、企业化运作的实践探索，1993 年 12 月 29 日第八届全国人民代表大会常务委员会第五次会议，顺利通过了《中华人民共和国公司法》。因此，旅游业的积极探索，对我国社会主义经济法制化、市场化，对我国市场经济的探索和运行起到了重要的作用。

2. 以旅游的综合性带动其他经济社会改革

旅游业是综合性的产业，旅游业的发展既需要市场化的体制和环境，也依赖整体

---

① 李岚清 . 突围——国门初开的岁月［M］. 北京：中央文献出版社，2008：222.

经济社会的改革。旅游业的改革发展推动了其他领域的发展。

第一，旅游业发展本身具有天然的市场化属性和机制。旅游产业发展依托的是市场经济，取决于国家经济体制。由于旅游消费依托的是商品经济，但简单的商品经济还难以支撑旅游产业的发展。只有在市场经济条件下，旅游业才能充分发挥市场配置资源的基础性作用，进而呈现出产业化的特征与规律，也才能满足游客不断升级的旅游消费需求。旅游产业与市场经济有着天然的耦合性，没有市场经济体制的确定，旅游业也就失去了产业发展的基础。

第二，旅游业的发展与城市其他领域发展紧密结合。实际上，改革开放初期，邓小平同志就意识到了旅游业的综合属性。邓小平同志曾指出，“要狠抓一下旅游和城市建设，发展旅游要和城市建设综合起来考虑，开始时国家要给城市建设投些资，旅游赚了钱可以拿出一些来搞城市建设”①，以旅游为综合产业可以开发和带动多个行业，旅游业和服务行业可以用很多人，要按这样的思路广开就业门路，调整教育结构。不仅如此，旅游业改革开放过程中另外一个重要推动者谷牧同志，在《谷牧回忆录》中提到黄山的体制问题，指出当时为了“把黄山的牌子打出去”，必须解决大交通、大形象，实现一个统一协调的问题，解决山上山下，黄山所在的乡、镇、区、县，以至于整个地区的体制问题，把整个徽州地区改制为黄山市，把原来的太平区改为“黄山区”，黄山就由一座山变为了一个城市，一个世界著名的旅游城市。此外，谷牧同志指出“我曾以山东泰山风景区为‘麻雀’来解剖，解决了那里原来‘各把一摊，各唱各调’、矛盾重重的问题，把园林、文物、宗教等部门联合起来，形成了统一与分工结合、相互协作共事的管理机制”②。之后，20 世纪 90 年代国家旅游局开展的创建“中国优秀旅游城市”活动，将旅游发展与城市发展结合起来。

旅游业的发展也带动了假日制度的改革。随着旅游业的发展，国内旅游需求的增加，国民对于假日的需求日益增加。1995 年开始施行周五工作制，1999 年国务院改革出台新的法定休假制度，在双休日基础上，增设春节、五一、十一法定休假日 3 天，形成每年 3 个连续 7 天长假的“黄金周”，2007 年国务院将原有“五一”7 天假期缩短为 3 天，与增设的清明、端午、中秋和原有的元旦一起，形成“元旦、清明

---

① 中央文献研究室，国家旅游局 . 邓小平论旅游［M］. 北京：中央文献出版社 2000：5.
② 谷牧 . 谷牧回忆录［M］. 北京：中央文献出版社，2009.

节、劳动节、端午节和中秋节”5个3天小长假以及“春节和国庆节”2个七天长假。当前，我国假日旅游主要是指元旦、清明节、劳动节、端午节、中秋节5个小长假和国庆节、春节2个长假期间进行的旅游活动。假日旅游的设立初衷在于通过假日调整创造国民旅游时间，刺激国民旅游需求集中释放，促进旅游消费，带动经济发展。现实发展路径也是如此，假日制度改革和黄金周的实施，引爆了国内旅游市场，极大地促进了国内旅游产业发展，带来了显著的经济效应。自1999年以来，我国假日旅游，特别是“黄金周”的形成，极大地释放了国民旅游需求，假日期间旅游人数与旅游收入呈现迅猛发展态势，假日旅游市场规模持续扩大，假日旅游已成为我国旅游经济的重要支柱，其也集中反映了我国旅游业发展的基本特征，成为观察中国旅游业发展的核心视角。假日旅游工作也成为直接关系到我国旅游业能否持续健康发展的重要内容，成为各级旅游管理部门的重要工作职责。客源地旅游市场的高度积聚和出行时间的刚性集中加剧了旅游流与探亲流、返乡流等各种人口流动的相互叠加，形成了更大规模的假日客流高峰，使得未来假日旅游产品供给面临的压力将持续增加。为此，2007年国家公布《职工带薪年休假条例》，2013年发布《国民旅游休闲纲要》提出带薪休假阶段性目标。我国目前所实行的公共假日制度包括法定假日（即2个长假和5个小长假）、带薪休假和每周的双休日，但因带薪休假制度仍有待落实，周末两天旅游消费能量释放不足，大部分游客依然会选择在法定假日期间集中出游。法定假日以学生及其父母为主力出游人群的寒暑假成为全国游客出行时间最为集中的时段。根据《中国国民旅游休闲调查报告2017》的数据，2016年仅57%的受访者享受了单位提供的带薪年休假，特别是民营企业单位带薪休假落实情况较差。2013年国务院出台的《国民旅游休闲纲要（2013—2020年）》的核心内容就是“保障国民旅游休闲时间”。

（三）旅游发展与国家发展战略相结合

旅游领域坚持响应国家战略为指导，在不同历史阶段侧重于不同的发展重点，采取不同的管理方式，充分发挥旅游业的综合功能。40多年的发展过程中，旅游业在服务国家的政治大局、经济大局、贸易大局、外交大局、民生大局、生态大局等方面都有卓越的表现。无论是从早期服务于改革开放大局的民间外交，还是这些年日益凸显的服务于国际战略的旅游外交；无论是从最初的旅游创汇导向到今天的成为“发展经济、增加就业和满足人民日益增长的美好生活需要的有效手段”；无论是旅游发展初期的看山看水到绿色发展，从发展之初的推动经济增长还是到现在的社会进步、生态文明，以及乡村振兴、扶贫攻坚、刺激消费、刺激投资、就业带动、消化库存、利用产能和树立核心价值观的红色旅游等诸多方面的贡献，都很好地体现了旅游业在服务大局方面的突出作用。

1. 1978—1991 年：改革开放突破口，以对外开放为重点，旅游业快速起步

1978 年党的十一届三中全会召开，做出了改革开放的伟大历史决策。如何启动改革、扩大开放，面临着以什么产业为突破口的选择难题。与其他产业相比，旅游业的市场化程度较高，对政府依赖程度较小，且旅游业具有轻、小、灵和关联性强，综合带动能力突出的特点，推动旅游业成为对外开放的最前沿、启动改革的突破口。这既促进了旅游产业兴起和发展又推动了改革开放。比如，在中国出现的第一批中外合资项目开始于 1979 年，旅游业所属的企业，获批了最早批准的三个合资项目；并且在 1984 年，作为全国第一家外国管理集团管理的合资企业建国饭店建立，全国迅速掀起了学习建国饭店的经验。这些历史事件对当时中国改革开放的整体进程产生了重大影响。

2. 1992—2011 年：对内开放和加快改革阶段，以市场化改革为重点，旅游业形成体系

1992 年邓小平同志发表视察南方谈话，在“发展才是硬道理”的思想指引下，党的十四大明确了以社会主义市场经济体制为我国经济体制改革的目标。在此背景下，旅游业地位进一步提高，旅游产业加快发展，三大旅游市场相继开始活跃。

对内开放与加快改革阶段，旅游业改革开放面临着两个时代背景：一方面是宏观环境的变化，推动着改革开放的进一步深入，对旅游业改革开放也提出了更高的要求；另一方面，经过十几年的改革开放，人民的收入水平获得了较快的增长，产生了较为强劲的旅游需求。在这两个背景的推动下，这个阶段旅游业改革开放的核心，围绕着两个方面展开：第一，通过旅游市场化改革，进一步加强旅游行业管理，强化宏观管理，以释放旅游市场活力，推动旅游市场主体的发展；第二，从单一发展入境旅游，到发展国内旅游和出境旅游并举，以满足国内旅游与出境旅游的需求。

在旅游市场化改革方面，突出表现为旅游行业标准归口管理范围的确立，推动了旅游市场化改革的进程，促进了旅游市场主体的成长。比如，1993年12月，国家技术监督局在《关于对旅游行业标准归口管理范围的批复》中，明确国家旅游局归口管理综合类、旅游设施类、旅游服务类的行业标准；建立旅行社质量保证金制度；1996年10月，国务院发布《旅行社管理条例》，取消旅行社按一类、二类划分的标准，按国际旅游市场通行的做法，只划分国际旅游和国内旅游两种旅行社（此前实施的是三类社划分的标准，其中，一类社可以外联入境游客，二类社只能地接入境游客，三类社只能接待国内旅游者）；1998年，北京旅游集团组建（后更名为首都旅游集团），率先与北京市旅游局脱钩，形成独立的市场主体，此后国旅总社、国际饭店等国家旅游局直属企业相继与国家旅游局实施政企脱钩。

推动国内旅游和出境旅游的发展，主要是对假日制度和旅游发展方针进行改革。在旅游发展方针调整方面，比如，1993年国务院办公厅转发国家旅游局《关于积极发展国内旅游业的意见》，对国内旅游工作提出“搞活市场、正确领导、加强管理、提高质量”的指导方针，极大地促进了国内旅游发展；在假日改革方面，如1995年实行双休日制度，居民闲暇时间增多，特别是2000年开始的黄金周，使国内旅游在假日期间出现“井喷”现象，与入境旅游共同成为驱动中国旅游业发展的两个车轮；2011年，国务院将每年的5月19日确定为“中国旅游日”，推动着旅游业迈入大众化旅游时代，极大地推动着国内旅游与出境旅游的发展。

3. 2013年至今：双向开放和深化改革阶段，以促进全面深化改革为重点，旅游业自主改革能力显著提升

随着2012年党的十八大召开，选举产生了党的新一届领导核心，我国进入了全面深化改革的新阶段。2017年党的十九大报告提出，中国特色社会主义进入新时代，社会主要矛盾发展了转变。在此背景下，旅游业以促进全面深化改革为重点，自主改革能力显著提升。全面深化改革的推进以及旅游自主改革能力的提升，推动了中国旅游业的国际影响力进一步扩大，根据世界经济论坛发布的《全球旅游业竞争力报告》，2015年中国旅游全球竞争力为第17位，首次进入全球排名前20；2017年排名为第15。

2012年党的十八大召开，选举产生了党的新一届领导核心，我国开启了新一轮的改革开放；特别是2013年党的十八届三中全会的召开，中共中央做出了《关于全面深化改革若干重大问题的决定》，这同时也标志着旅游业改革开放进入双向开放和深化改革的新纪元。

在双向开放和深化改革阶段，旅游业改革开放也面临着两个重要时代背景：一方面，从国际上来看，2008年开始的金融危机，全球经济并未复苏，持续低迷，全球总需求不振，导致我国出口急剧减少，经济增长面临不少压力，为了稳增长，需要刺激国内居民消费，发挥消费在推动经济发展中的基础作用。另一方面，从国内来看，2014年中央经济工作会议的召开，提出了我国已经进入经济新常态的重要论断；2015年11月10日召开的中央财经领导小组第十一次会议上，习近平总书记又提出了供给侧结构性改革。

旅游消费是重要的服务消费，是稳定经济增长的重要手段，居于影响民生的幸福产业之首。为了发挥旅游消费在稳增长中的作用，应对全球经济低迷带来的压力，国务院连续出台了一系列措施，推动旅游消费实现了快速增长。比如，2013年，国务院办公厅印发《国民旅游休闲纲要（2013—2020年）》，进一步释放了旅游消费需求；2014年，国务院《关于促进旅游业改革发展的若干意见》，提出旅游业改革是适应人民群众消费升级的必然要求；2015年，国务院办公厅《关于进一步促进旅游投资和消费的若干意见》，从改善旅游消费环境、新辟旅游消费市场、培育新的消费热点、开拓旅游消费空间、激发旅游消费需求等多方面进行了全方位的部署；2015年，国务院《关于积极发挥新消费引领作用加快培育形成新供给新动力的指导意见》，旅游作为服务消费的重要组成部分，被定为消费升级的重点领域；2015年，国务院办公厅《关于加快发展生活性服务业促进消费结构升级的指导意见》，将旅游服务作为主要的生活性服务业，加大改革力度，推动旅游服务消费迈向便利化、精细化和品质化；2016年，国务院办公厅《关于进一步扩大旅游文化体育健康养老教育培训等领域消费的意见》，将旅游产业视为幸福产业之首。2015年国土资源部、住房和城乡建设部、原国家旅游局联合出台《关于支持旅游业发展用地政策的意见》，以进一步推动旅游新业态发展，满足居民日益品质化的旅游消费需求；2015年，国家旅游局出台《关于实施“旅游+互联网”行动计划的通知》，推动了旅游业的创新发展。

我国经济进入新常态的重要论断和供给侧结构性改革的提出，推动着旅游业供给侧结构性改革，以着力解决制约旅游业发展的制度难题，提升旅游产品供给质量，促进旅游新业态发展。

二、旅游业在改革开放历程中的多重价值

在改革开放40多年发展历程中，对旅游业性质、功能、地位和价值的认识在不断加深，旅游业的综合性产业特征，旅游业改革的先导性、突破性和整体推动性，旅游业富民、扩大就业等功能日益得到认识和加深，旅游业在改革开放过程中的多重价值得到进一步的确认，旅游业对于经济社会发展有多重价值、多重效益、综合功能。如今，旅游业同样应该承担起全面深化改革的先行者，不仅要通过改革促进旅游业自身的发展，而且要通过旅游业改革促进相关领域的改革，促进整个经济社会的进步。

40多年来，我国旅游业产业地位进一步提升。从承担外事接待功能的外交事业，到以“出口风景”创造外汇的经济性事业；从新的经济增长点，到国民经济的战略性支柱产业和人民群众更加满意的现代服务业，再到综合性产业，我国旅游业已经全面融入经济社会发展大局，成为贯彻落实“创新、协调、绿色、开放、共享”五大发展理念的重要抓手，成为发展经济、增加就业和满足人民日益增长的美好生活需要的重要手段。旅游业从单一经济功能转向综合功能，在经济、政治、社会、文化、生态等领域都发挥出了独特作用，成为促进经济增长的新引擎，传承中华优秀文化、弘扬社会主义核心价值观、促进社会进步的重要渠道。

40多年来，中国旅游业成为国民经济战略性支柱产业、提升人民获得感和幸福感的幸福产业、经济发展的新动力和吸纳就业的重要渠道，对中国经济从弱到强、从小到大发挥了重要的推动作用，成为国家经济社会发展的重要组成部分。1998年中央经济工作会议将旅游业确定为国民经济新的增长点。2001年，国务院《关于进一步加快旅游业发展的通知》中又要求：“树立大旅游观念，充分调动各方面的积极性，进一步发挥旅游业作为国民经济新的增长点的作用。”2006年中国旅游业发展“十一五”规划纲要明确提出，要把旅游业培育成国民经济的重要产业。2009年国务院又出台了《关于加快发展旅游业的意见》将旅游业定位为国民经济战略性支柱产业和人民群众更加满意的现代服务业，也意味着旅游业真正走进了国民经济的主战场。

改革开放之初很长一段时期里，我国发展旅游的主要目的在于改革开放的窗口兼

具赚取外汇，此后逐渐转变到扩大国内消费、带动经济增长、转变经济结构上来。党的十八大以来，随着经济建设、政治建设、文化建设、社会建设、生态文明建设“五位一体”以及全面建成小康社会、全面深化改革、全面依法治国、全面从严治党“四个全面”和创新、协调、绿色、开放、共享“五大发展理念”等一系列新思想、新理念、新战略的提出，旅游业正在超越经济功能，而在满足民生需求、实现社会和谐、促进文化发展、平衡区域发展、保护生态环境、提升国家形象等方面发挥更大的综合作用。

（一）经济效益

旅游业从出口创汇产业到国民经济新的增长点，从国民经济新的增长点到国民经济战略性支柱产业和五大幸福产业之首的历史性变革，旅游业逐步融入国家发展战略和服务于改革发展大局。

改革开放初期，国家财政困难，尤其是外汇极为短缺。旅游业具有外向型、创汇能力强、综合带动系数大等特点，在改革开放初期发挥出了突破口作用，成为创汇产业，为国家创造外汇、吸引外资做出了突出贡献。2009 年提出要把旅游业培育成国民经济的战略性支柱产业和人民群众更加满意的现代服务业；2016 年提出要打造幸福产业，并将旅游产业定位为五大幸福产业之首，旅游产业成为关乎民生、影响人民幸福生活的重要产业。

时至今日，旅游产业已成为国民经济和社会发展中不可替代的重要组成部分。旅游业对国民经济的贡献度不断提升。2018 年我国国内游客人均消费达 926.16 元 / 人次，入境游客人均消费上升至 900.14 美元 / 人次。2018 年，旅游消费占国民消费比重为 13.46%，在家庭支出中，旅游消费日益呈现刚性特征。旅游消费日渐成为扩大消费的重要力量。

从经济贡献来看，全国旅游总收入相当于 GDP 比重 2018 年为 6.63%，相当于第三产业比重 2018 年增长到 12.72%。根据中国旅游数据中心的测算，2018 年旅游业对 GDP 的综合贡献为 9.94 万亿元，旅游业增加值占 GDP 的比重 2018 年为 11.04%，对住宿、餐饮、民航、铁路客运业的贡献超过 80%，旅游综合最终消费占同期国民经济最终消费总额的比重超过 14%，旅游综合资本形成占同期国民经济资本形成总额的比重约 6%，旅游综合出口占国民经济出口总额的比重约 6%。旅游直接就业 2825 万人，旅游直接和间接就业 8000 万人，对社会就业综合贡献达 10.28%。联合国世界旅游组织（UNWTO）多年来对中国旅游发展的测算显示，中国旅游产业对国民经济综合贡献和社会就业综合贡献均超过 10%，高于世界水平。

（二）民生效益

旅游已成为人们日常生活的重要内容，是人民生活水平提升的重要标志，也是其获得幸福感的重要渠道。旅游对于满足“人民日益增长的美好生活需要”具有重要作用。通过旅游，人们不仅能够放松身心、愉悦心情，而且能够扩大视野、增进感情。尤其是对于社会弱势群体而言，如能有更多机会走出其惯常生活环境，则能够舒缓心情，缓解和消除各种负面情绪，更能够扩大视野，激发社会参与热情，提高自我能动意识。近年来，旅游业的民生效益突出，旅游业日渐从单一经济产业向幸福产业、民生产业转变。2018 年我国人均出游达 3.7 次，旅游成为衡量现代生活水平的重要指标，成为人民幸福生活的刚需，旅游消费大众化已成为趋势，国民旅游正从“有没有”转向“好不好”，从城市居民向农村居民普及，从发达地区向欠发达地区延伸，从中产阶层向老年、儿童等各个群体普及，从国内出行向境外旅游跨越。旅游业成为“五大幸福产业”之首，是人民美好幸福生活的重要内容。

（三）旅游业文化效应突出

文化是旅游的灵魂，旅游是文化的载体。旅游是文化建设的重要动力，是文化传播的重要载体，是文化交流的重要纽带。发挥旅游的产业化、市场化优势，具有公众参与多、传播范围广等优势，能够丰富文化产品供给方式、供给渠道、供给类型，能够扩大文化产品和服务的受众群体和覆盖面，对内更好传播中国特色社会主义文化、弘扬社会主义核心价值观，对外增强国家文化软实力、提升中华文化影响力。2018 年国内旅游人次超过 55 亿，出境旅游人次达 1.5 亿，是培育和传承中华文化、弘扬社会主义核心价值观、提升国民基本素质、促进社会进步的重要渠道；红色旅游已经成为国民接受爱国主义教育和革命传统教育的大课堂。

（四）旅游就业效益突出

旅游业因其就业门槛低、容量大、层次多样、类型丰富、方式灵活，是扩大就业、维护社会稳定的重要途径，对就业有明显促进作用，“十三五”时期，旅游直接就业人数从2015年的2798万人增长到2018年的2826万人，旅游直接和间接就业从2015年7911万人增长到2018年的7991万人，旅游就业占全国就业总人口的比重从2015年的10.20%增长到2018年的10.29%，成为就业市场的重要支撑。

（五）旅游业扶贫效益突出

旅游扶贫是我国扶贫攻坚的最有效途径之一，是旅游功能在新领域的拓展与延伸。旅游业发展带动大量贫困人口脱贫，许多绿水青山、冰天雪地通过发展旅游转化为金山银山。长期以来，通过发展乡村旅游，推动广大农村地区迅速地实现脱贫，效果显著。仅2010—2015年形成了10万个乡村旅游特色村通过发展乡村旅游带动了10%以上贫困人口脱贫，旅游脱贫人数在1000万人以上，旅游扶贫富民的效果显著。

旅游业已成为带动贫困落后地区居民致富增收的重要手段。2018年全国乡村旅游总人数达到28.2亿人次，乡村旅游总收入达到1.63万亿元。“十三五”时期形成10万个以上休闲农业和乡村旅游特色村、300万家农家乐，带动全国1200万、17%的贫困人口实现脱贫，乡村旅游确实成为实施乡村振兴战略、助力脱贫攻坚、丰富产品供给、激发消费潜力的一个重要渠道。

（六）旅游业生态效益突出

旅游业“环境友好型、资源节约型”产业属性凸显，是促进生态环境保护，保护绿水青山，引领美丽中国和生态文明建设的重要力量。旅游业不仅是转化生态价值、传播和分享生态文明的美丽产业，还是资源节约、环境友好、生态共享的绿色产业。大力发展旅游业，充分发挥旅游业的生态效应，是推动形成新文明的有效通道。近年来，我国各级政府高度重视旅游发展中的环境保护问题，国务院、国家旅游局和31个省份出台的所有旅游发展政策中，都涉及可持续发展或环境保护。《风景名胜区管理条例》（GB 50298—1999）和《旅游规划通则》（GB/T 18971—2003）均对环境保护有详细要求。2013 年通过的《旅游法》也对承载力等做出了规定。旅游发展增强了人民群众生态保护意识，一些荒山、荒地、荒坡、沙漠、盐碱地、资源枯竭矿山等通过发展旅游业得到综合利用，充分发挥了旅游对保护和利用生态资源、推进生态文明建设的引领作用，推动建设美丽中国、健康中国。

（七）旅游区域效益突出

旅游发展能够促进旅游消费和投资从经济发达地区流向落后地区，实现财富在经济发达地区和落后地区之间的转移；发展旅游业，有助于促进不同区域之间、城乡之间的良性互动；旅游合作是区域合作的重要载体。因此，旅游具备促进区域平衡发展的内在特质，促进不同区域之间的互动交流，有效地解决发展不平衡不充分的问题。近年来，旅游业是改变老少边穷地区面貌，平衡区域发展的重要支撑，是统筹城乡发展、促进新型城镇化的新增长点的抓手。

（八）旅游业民族团结效益明显

旅游业有力地促进了边疆民族地区的发展，加强了各族人员之间的交流，是促进民族团结与社会和谐，加强社会融合的黏合剂。就经济而言，旅游能使更多少数民族群体获得参与经济发展的机会，提高收益，提升技能，增加就业；在社会文化方面，旅游能够更好地促进不同多元的价值观的认同，提高对社会的参与度和融合度；就政治而言，旅游激发少数民族群体对社会事务、政策制定等的参与热情，并提升社会融合能力。

（九）旅游业开放效益突出

旅游是我国与世界各国交流的重要桥梁和纽带，是促进国家外交的重要平台，旅游外交已经成为我国外交活动中最活跃、争议最少、效果最好的途径之一，是我国与世界各国交流的重要桥梁，旅游外交成为我国整体外交的一大亮点，我国旅游日渐从单一经济功能向外交等综合功能转变。旅游业已经成为全方位向世界发出中国声音、叙述中国故事、塑造中国形象、强化中国文化、推广中国服务、扩大中国影响的重要平台和窗口。

旅游业发展一直同外交工作紧密相连。在改革开放以前，旅游主要扮演着政治性、外事性接待的角色，旅游局也是由外交部代管。当时，接待境外游客是旅游外交的中心任务，同时也是国家旅游工作的头等大事。尽管在当时，旅游外交在国家外交中有一席之地，但由于旅游产业规模太小，因此也只是作为国家外交事业的延伸和补充，影响力非常有限。随着旅游从官方走向民间，以及入境旅游创汇功能得到国家层面的高度重视，旅游的经济属性开始凸显。1996 年，我国国际旅游收入突破 100 亿美元，标志着我国的入境旅游进入一个崭新的阶段。尽管入境旅游规模不断扩大，但在此期间，旅游行业的着眼点主要是放在经济方面，对外旅游工作的重心也主要是旅游宣传与促销，旅游外交更多表现为自发的对外交往行为，并未引起太大的关注。进入 21 世纪以来，旅游外交再次进入公众的视野。2003 年 9 月 22 日，由旅游界推动的纪念中日邦交正常化 30 周年友好交流大会在北京人民大会堂隆重举行，13800 名日本游客参加了活动，成为中日两国友好交流史上的一个盛举。特别是随着中国公民出境旅游人数的增加，各国纷纷积极争取成为中国公民旅游目的地国，国家元首也频频出席各类旅游活动和旅游国际合作签字仪式，旅游外交开始风生水起。近些年，各级旅游部门积极落实国家相关战略，通过推动“一带一路”倡议的实施、组织世界性重大活动、成立国际性重要组织、共同主办旅游年等一系列举措推动新一轮的对外开放。旅游外交效益日渐突出。

“一带一路”沿线国家赴中国的游客由 2013 年的 903 万人次增长到 2017 年的 1064 万人次；中国出境到“一带一路”沿线国家的游客由 2013 年的 1549 万人次增长到 2017 年的 2741 万人次。2017 年中国入境旅游收入 1234 亿美元中，由“一带一路”沿线国家创造的份额占 16.88%。近五年来，文莱、阿塞拜疆等 13 个“一带一路”沿线的国家对中国游客开放落地签或免签。按照大口径（即包含短期留学、务工、医疗等消费在内）计算，2017 年“一带一路”沿线国家实现国际旅游收入 3851 亿美元，其中约 30.82% 由中国大陆游客贡献 。

第二章
全面深化改革与旅游业发展

本章重点是如何认识改革开放，如何认识全面深化改革。从 40 多年改革开放历程看全面深化改革，分析全面深化改革的重要地位、面临的主要问题和挑战，突破口在哪里，全面深化改革的逻辑、基本线索和治理体现现代化等问题。从全面深化改革背景看旅游业，看待旅游业如何在全面深化改革背景中发挥作用。

一、从改革开放到全面深化改革：全面深化改革成为国家发展主轴

（一）40 多年改革开放历程及成就

改革开放是党和人民大踏步赶上时代的重要法宝，是决定当代中国命运的关键一招，也是决定实现“两个一百年”奋斗目标、实现中华民族伟大复兴中国梦的关键一招。以 1978 年中国共产党第十一届三中全会召开为起始标志，中国改革开放已经走过了 40 多年的历程。

1978 年 12 月 18—22 日党的十一届三中全会举行。邓小平在全会前召开的中央工作会议闭幕会上作《解放思想，实事求是，团结一致向前看》的总结讲话，开启了我国改革开放和社会主义现代化建设历史新时期。当时，世界经济快速发展，科技进步日新月异，而“文化大革命”十年内乱导致我国经济濒临崩溃的边缘，人民温饱都成

问题，国家建设百业待兴。党内外强烈要求纠正“文化大革命”的错误，使党和国家从危难中重新奋起。党的十一届三中全会冲破长期“左”的错误的严重束缚，拉开了我国改革开放的大幕。

改革开放是党在新的时代条件下带领全国各族人民进行的新的伟大革命，是当代中国最鲜明的特色。党的十一届三中全会召开以来，不断推进经济体制、政治体制、文化体制、社会体制、生态文明体制和党的建设制度改革，不断扩大开放，决心之大、变革之深、影响之广前所未有。

改革开放给中国经济社会带来了全面的变革。1978—2017年这40年我国国内生产总值由3679亿元增长到82.7万亿元，年均实际增长9.5%，远高于同期世界经济2.9%左右的年均增速。1977年中国人均GDP按当时汇率折算是198美元，2017年为8836美元。如果用人民币不变价衡量，人均GDP增长了25倍。中国国内生产总值占世界生产总值的比重由改革开放之初的1.8%上升到15.2%，多年来对世界经济增长贡献率超过30%。我国货物进出口总额从206亿美元增长到超过4万亿美元，累计使用外商直接投资超过2万亿美元，对外投资总额达到1.9万亿美元。1978年，中国人均GDP只有384美元，在全球200多个国家排在倒数第七位，2017年中国人均GDP将达到9281美元，中国是一个中等收入国家。1977年中国的城镇化率只有17.5%，即80%以上中国居民是农民，2017年城镇化率58.5%，农村居民下降到不到一半。全国居民人均可支配收入由1978年的171元增加到2017年的2.6万元，中等收入群体持续扩大。我国贫困人口累计减少7.4亿人，贫困发生率下降94.4个百分点，谱写了人类反贫困史上的辉煌篇章。

40多年改革开放，我国经济社会发展发生了翻天覆地的变化，成绩举世瞩目。第一，中国实现了从低效率的计划经济转向效率更高的市场经济。第二，从封闭转向了开放。改革前中国对外贸易非常少，既没有对外投资，也没有外来投资，和世界经济几乎是不连通的，人员和世界各地之间几乎是不交往的，现在变成了一个总体上开放的经济。第三，从过去的国有经济一统天下转变为混合经济，实际上民营经济已经占了一大半。改革开放前，农业以外基本上是国有经济，在工业产出中，1977年国有企业占比77%，其余部分是集体所有制企业。2017年非国有经济占工业企业主营业务收入的比重已达78%，国有控股企业只占22%。1978年，中国没有一家私营企业，全是国有企业且在世界五百强中微不足道。2017 年，世界五百强企业中，中国企业数量已经达到了 115 家，其中有超过 25 家是民营企业。

（二）改革开放是当代中国最显著的特征

40 多年来，改革开放突破了无数理论与实践难题，从实行家庭联产承包、乡镇企业异军突起、取消农业税牧业税和特产税到农村承包地“三权”分置、打赢脱贫攻坚战、实施乡村振兴战略，从兴办深圳等经济特区、沿海沿边沿江沿线和内陆中心城市对外开放到加入世界贸易组织、设立自由贸易试验区、谋划中国特色自由贸易港、成功举办首届中国国际进口博览会，从“引进来”到“走出去”，从搞好国营大中小企业、发展个体私营经济到深化国资国企改革、发展混合所有制经济，从单一公有制到公有制为主体、多种所有制经济共同发展和坚持“两个毫不动摇”，从传统的计划经济体制到前无古人的社会主义市场经济体制再到使市场在资源配置中起决定性作用和更好发挥政府作用，从以经济体制改革为主到全面深化经济、政治、文化、社会、生态文明体制和党的建设制度改革，党和国家机构改革、行政管理体制改革、依法治国体制改革、司法体制改革、外事体制改革、社会治理体制改革、生态环境督察体制改革、国家安全体制改革、国防和军队改革、党的领导和党的建设制度改革、纪检监察制度改革等一系列重大改革扎实推进，各项便民、惠民、利民举措持续实施，改革开放成为当代中国最显著的特征。

1. 市场价值取向

改革开放 40 多年中，始终坚持发挥市场在资源配置中的基础性作用，推动传统计划经济向社会主义市场经济体制的转轨，不断增强市场机制作用。无论是家庭联产承包责任制、股份制改革、价格的改革，还是国有企业改革，都始终坚持市场化的价值取向，充分发挥市场在资源配置中的决定性作用。

2. 渐进式改革

中国改革开放按照从农村到城市、沿海到内地、局部开放到全方位开放、商品市场到要素市场、重塑微观主体到建立健全宏观管理体制、经济领域到社会领域、引入市场因素到计划与市场的结合、有计划的商品经济到确立社会主义市场经济体制，坚持实践先行，理论联系实际，重大改革通过局部实验取得经验然后在更大范围内推广，走的是一条渐进式的改革之路。渐进式改革基本上是先确定一个基本取向和大致思路，选择一些比较容易推进且可以较快取得成效的领域，特别是从计划经济体制较为薄弱的环节开始突破，由易到难，由浅入深，由外围到核心，由局部到全国。以此来减少改革阻力，降低改革风险，实现改革成本低、震动小。

3. 试验试点

中国改革开放采取先试点后推广，通过小范围内试点，先探索后规范，不断总结经验探索，适时进行规范性的制度建设和法律法规建设。遵循先重点突破后整体推进，先局部开放后全方位开放。1980 年建立四个经济特区，吸引外资，逐步开放自由贸易。20 世纪 80 年代中期把特区的一部分政策扩大到天津、上海等 14 个沿海开放城市，随后逐步把这些开放政策推向全国，而且为减小改革阻力，中央决定在偏远的沿海地区建立经济特区，进行试点。除此之外，改革开放过程中设立了很多的区，叫特区、开发区、实验区、自贸区、自由港等。遵循先体制外后体制内，在原有的计划经济制度之外，发展新的市场主导部门，使其成为推动市场化改革的强大动力。比如，价格体制改革，允许部分商品自主定价，市场组织改革，通过体制外倒逼体制内改革。遵循先增量后存量。原有计划经济系统内以增量改革带动存量改革，着眼于让市场机制在资产增量的配置上发挥作用，使得市场机制在计划体制内生长和壮大。

4. 制度创新突破

改革是对既有经济体制的变革，不仅涉及体制结构的所有方面，每个局部改革之间也必然存在内在的逻辑。改革开放初期的改革，是通过制度创新实现的，解决了微观个体的激励机制问题，改革所带来的收益也能够迅速传递到贫困人口。通过改善激励机制和解放生产要素，在农村内部挖掘效率潜力的过程。大规模劳动力依次向更加广阔的生产领域转移，农村经济内部效率改进的机会获得更加全面的开发，农村劳动力得到更充分的利用。

40 多年的改革实践证明，改革开放是党和人民大踏步赶上时代的重要法宝，是坚持和发展中国特色社会主义的必由之路，是决定当代中国命运的关键一招，也是决定实现“两个一百年”奋斗目标、实现中华民族伟大复兴的关键一招。

（三）改革新纪元：全面深化改革正成为新的时代条件下的国家发展主轴

党的十九大报告中指出："经过长期努力，中国特色社会主义进入新时代，这是我国发展新的历史方位。"我国社会主要矛盾已经转化为人民日益增长的美好生活需要和不平衡不充分的发展之间的矛盾。党的十八大以及十八届三中、四中、五中全会以来，特别是2013年11月党的十八届三中全会制定了全面深化改革的顶层设计和行动纲领《关于全面深化改革若干重大问题的决定》，振聋发聩地提出"使市场在资源配置中起决定作用"，意味着新一轮改革的正式启动，也进一步明确了此番改革的价值取向。

当前，全面深化改革持续推进，经济社会发展迎来改革新纪元。党的十八届三中全会通过的《中共中央关于全面深化改革若干重大问题的决定》明确了经济体制、政治体制、文化体制、社会体制、生态文明体制等全面深化改革的要点和任务，对全面深化改革做出了全面部署和系统安排；党的十八届四中全会通过了《中共中央关于全面推进依法治国若干重大问题的决定》，对全面推进依法治国、建设法治中国做出重大部署和明确要求；党的十八届五中全会通过了《中共中央关于制定国民经济和社会发展第十三个五年规划的建议》，明确了全面建成小康社会的目标以及"创新、协调、绿色、开放、共享"五大理念。

2012年12月31日，第十八届中央政治局第二次集体学习，习近平总书记指出："改革开放是前无古人的崭新事业，必须坚持正确的方法论，在不断实践探索中推进。""我国改革已经进入攻坚期和深水区"的判断，强调"改革不停顿、开放不止步"。庄严宣告："中国改革开放永不停步！下一个40年的中国，定当有让世界刮目相看的新成就！"2012年7月23日在湖北的部分省市负责人座谈会上，习近平指出："必须以更大的政治勇气和智慧，不失时机地深化重要领域改革，攻克体制机制上的顽瘴痼疾，突破利益固化的藩篱，进一步解放和发展社会生产力，进一步激发和凝聚社会创造力。"2013年12月30日中共中央政治局会议决定成立中央全面深化改革领导小组，负责改革的总体设计、统筹协调、整体推进、督促落实。2018年3月，中央全面深化改革领导小组改名为中央全面深化改革委员会。党的十八大以来，以习近平同志为核心的党中央以巨大的政治勇气和政治智慧部署全面深化改革，全国各项改革形成夯基垒台、积厚成势、蹄疾步稳、纵深推进的良好态势。

二、全面深化改革的总目标、基本特征、主要领域、面临的挑战和问题

（一）总目标

新时代下，全面深化改革的总目标是完善和发展中国特色社会主义制度，“让市场在资源分配中发挥决定性作用”，手段是“推进国家治理体系和治理能力现代化”。必须更加注重改革的系统性、整体性、协同性，加快发展社会主义市场经济、民主政治、先进文化、和谐社会、生态文明，让一切劳动、知识、技术、管理、资本的活力竞相迸发，让一切创造社会财富的源泉充分涌流，让发展成果更多更公平地惠及全体人民。正如习近平总书记指出的那样：“我们说坚定制度自信，不是要故步自封，而是要不断革除体制机制弊端，让我们的制度成熟而持久。”①

（二）基本特征

1. 市场作为一个整体

全面深化改革核心是紧紧围绕使市场在资源配置中起决定性作用深化经济体制改革，将市场作为一个整体，处理好政府与市场的关系，坚持和完善基本经济制度，加快完善现代市场体系、宏观调控体系、开放型经济体系，加快转变经济发展方式，加快建设创新型国家，推动经济更有效率、更加公平、更可持续发展。

2.“统筹”

全面深化改革的首要是全面，不是某个产业，不是某个领域，而是涉及全方位、多方面的改革。不是单个领域体制的调整和修补，而是各个方面体制与制度的深度革新，是全方位的改革和改进。习近平总书记强调，“全面深化改革，全面者，就是要统筹推进各领域改革”，“这项工程极为宏大，零敲碎打的调整不行，碎片化修补也不行，必须是全面地系统地改革和改进，是各领域改革和改进的联动和集成”。这是全面深化改革的阶段性特征。

① 习近平．完善和发展这个特色社会主义制度　推进国家治理体系和治理能力现代化［EB/OL］．人民网，2011-02-18.

3.“系统”

全面深化改革是系统性的改革，即不是各个领域体制改革的单向推进，而是各领域、各层次、各环节改革的系统推进。

4.“集成”

全面深化改革是集成性改革，即不是止步于改进体制机制，而是要着眼于制度聚合与集成，形成总体性的制度成果和制度文明。

（三）全面深化改革的主要领域

全面深化改革涉及经济社会的各个领域，其中经济体制改革是全面深化改革的重点，核心问题是处理好政府与市场的关系，使市场在资源配置中起决定性作用和更好发挥政府作用。

1. 市场与政府的关系

市场决定资源配置是市场经济的普遍规律，健全社会主义市场经济体制必须遵循这条规律，着力解决市场体系不完善、政府干预过多和监管不到位问题。全面深化改革的核心在于处理好市场在资源配置中如何起决定性作用？政府又如何更好发挥作用？核心是把政府和市场之间的关系理清楚，把资源配置交给市场，在市场失效的那些领域政府要承担主要责任。积极稳妥地从广度和深度上推进市场化改革，大幅度减少政府对资源的直接配置，推动资源配置依据市场规则、市场价格、市场竞争实现效益最大化和效率最优化。政府的职责和作用主要是保持宏观经济稳定，加强和优化公共服务，保障公平竞争，加强市场监管，维护市场秩序，推动可持续发展，促进共同富裕，弥补市场失灵。

2. 完善市场体系

凡是能由市场形成价格的都交给市场，政府不进行不当干预。第一，建立公平、开放、透明的市场规则：实行统一的市场准入制度。当前一些产业部门垄断程度较高，竞争性企业负担还偏重，政府的审批、干预偏多。近期在减少政府审批这些方面有进步，但还有很多没有解决的问题。第二，允许农村集体经营性建设用地出让、租赁、入股，实行与国有土地同等入市、同权同价。

3. 土地制度

推进土地资源配置市场化。第一，赋予农民对承包地占有、使用、收益、流转及承包经营权抵押、担保权能，允许农民以承包经营权入股发展农业产业化经营。第二，改革完善农村宅基地制度，选择若干试点，慎重稳妥推进农民住房财产权抵押、担保、转让。第三，保障农民公平分享土地增值收益。目前土地市场是由各级政府垄断，独家征地、独家卖地，抬高了地价、房价，对收入分配有严重的不良影响。

4. 金融投资制度

在银行体制方面，现在还是大银行主导，行为还未完全市场化，进入门槛太高，小型民间金融机构没有发展起来，这妨碍了小微企业融资和发展。在投资领域，政府参与过多。整体来看，要素市场发育仍然不良，影响了资源配置效率，也影响了收入公平分配。

5. 国有企业改革

完善各类国有资产管理体制，改革国有资本授权经营体制，加快国有经济布局优化、结构调整、战略性重组，促进国有资产保值增值，推动国有资本做强做优做大，有效防止国有资产流失。深化国有企业改革，发展混合所有制经济，培育具有全球竞争力的世界一流企业。

6. 开放型经济

放宽投资准入，统一内外资法律法规，保持外资政策稳定、透明、可预期。第一，在上海自由贸易区试点基础上，选择若干具备条件的地方发展自由贸易园（港）区。第二，支持内陆城市增开国际客货运航线，发展多式联运。第三，允许沿边重点口岸、边境城市、经济合作区在人员往来、加工物流、旅游等方面实行特殊方式和政策。第四，扩大对香港特别行政区、澳门特别行政区和台湾地区开放合作。

7. 生态文明

建立系统完整的生态文明制度体系，用制度保护生态环境。第一，对限制开发区域和生态脆弱的国家扶贫开发工作重点县取消地区生产总值考核。第二，探索编制自然资源资产负债表，对领导干部实行自然资源资产离任审计。第三，实行资源有偿使用制度和生态补偿制度。第四，改革生态环境保护管理体制。

（四）全面深化改革面临的挑战和问题

当前，我国发展进入新阶段，改革进入攻坚期和深水区，必须以强烈的历史使命感，最大限度地集中全党全社会智慧，最大限度地调动一切积极因素，敢于啃硬骨头，敢于涉险滩，以更大决心冲破思想观念的束缚、突破利益固化的藩篱，推动中国特色社会主义制度自我完善和发展。

当前中国经济的最大问题是市场没有在资源分配中发挥决定性作用。根据中央党校周天勇教授分析："截至 2013 年 11 月底，现行宪法及法律共计 534 部、行政法规 490 部、司法解释 194 部、部委规章及文件 7767 部、地方性法规 8600 多件。"其中部委法规和地方法规，大多数是部门立法，不是第三方立法，部门权力利益（如审批、年检、收费和罚款等）的色彩很浓厚，主要是从行政管理角度出发，重行政管制、轻市场规则的意图；绝大部分是按照对企业和居民正面清单管理的思维方式进行立法，而且对政府和行政的约束性立法很少或不严。① 这些法规深入经济社会的方方面面，很多法规已经成为市场经济发展的阻力。

从改革本身看，经过几十年快速发展，改革开放的复杂程度、艰巨程度、敏感程度日益严峻，不合时宜的思想观念和体制机制弊端正在成为阻碍改革开放步伐的"绊脚石"。过去的改革是只有获益者而没有受损者，以及自下而上推进为特点的改革，完成了微观经济单位的激励机制和治理模式再造，基本建立了市场配置资源的体制。中国改革中只有人受益而无人受损的"帕累托改进"空间已经用完，业已十分坚固的部门利益、局部利益和短期利益的局限性，相当广泛地表现在一系列具体的改革与发展事项上，正日益凸显其惰性和阻碍作用。我国改革开放已经进入攻坚期、深水区，一些问题之所以难推进、难解决，是因为有的属于体制机制遗留的老问题，有的属于前进过程中出现的新问题，有的源自思想观念障碍，有的受到利益格局掣肘。随着改革的深入，这种"帕累托改进"机会大大减少，改革越来越难以避免触动既得利益，对进一步的改革提出了顶层设计的要求，也要求进行一些自上而下的改革。

我国改革已进入深水区，解决制约社会经济发展深层次的问题成为改革的关键。当前我国全面深化改革已进入新阶段，改革的复杂性、敏感性、艰巨性更加突出。改

① 周天勇．曲解"立法在先、依法改革"必会阻碍改革［N］．社会科学报，2016-09-08（003）．

革，就是利益的调整。如果说改革开放之初普惠式的改革让所有人受益，如今的改革则需要打破固有利益格局。全面深化改革必须在一个新的起点上出发，消除利益的藩篱对改革的阻碍。因此，习近平总书记指出：“必须以更大的政治勇气和智慧，不失时机深化重要领域的改革，攻克体制机制上的顽瘴痼疾，冲破思想观念障碍，突破利益固化的藩篱。”

（五）新时代要进一步推动全面深化改革

进入新时代，我国发展环境面临着深刻复杂变化，当今世界正经历百年未有之大变局，我国已转向高质量发展阶段，发展不平衡不充分问题仍然突出，重点领域、关键环节改革任务仍然艰巨，未来仍然需要进一步推进全面深化改革。

早在2017年党的十九大报告指出，“全党同志一定要登高望远、居安思危，勇于变革、勇于创新，永不僵化、永不停滞，团结带领全国各族人民决胜全面建成小康社会，奋力夺取新时代中国特色社会主义伟大胜利”。新时代要“更加自觉地投身改革创新时代潮流，坚决破除一切顽瘴痼疾”，要进一步“坚持全面深化改革”。因为“只有改革开放才能发展中国、发展社会主义、发展马克思主义。必须坚持和完善中国特色社会主义制度，不断推进国家治理体系和治理能力现代化，坚决破除一切不合时宜的思想观念和体制机制弊端，突破利益固化的藩篱”。

2018年12月18日，习近平在庆祝改革开放40周年大会上发表重要讲话时强调，“改革开放是中国人民和中华民族发展史上一次伟大革命，正是这个伟大革命推动了中国特色社会主义事业的伟大飞跃！”改革开放的道路是正确的，我们必须一以贯之、锲而不舍。改革开放这场中国的第二次革命，不仅深刻改变了中国，也深刻影响了世界！当前，“改革开放已走过千山万水，但仍需跋山涉水，摆在全党全国各族人民面前的使命更光荣、任务更艰巨、挑战更严峻、工作更伟大”，未来要“坚持问题导向，聚焦我国发展面临的突出矛盾和问题，深入调查研究，鼓励基层大胆探索，坚持改革决策和立法决策相衔接，不断提高改革决策的科学性。我们要拿出抓铁有痕、踏石留印的韧劲，以钉钉子精神抓好落实，确保各项重大改革举措落到实处。我们既要敢为天下先、又要敢闯敢试”。需要“将改革开放进行到底，不断实现人民对美好生活的向往，在新时代创造中华民族新的更大奇迹！”

2019年，党的十九届四中全会发布《中共中央关于坚持和完善中国特色社会主义制度、推进国家治理体系和治理能力现代化若干重大问题的决定》，提出要坚持和完善中国特色社会主义制度、推进国家治理体系和治理能力现代化问题，正是考虑这是把新时代改革开放推向前进的根本要求。党的十九届四中全会强调，新时代谋划全面深化改革，要深刻把握我国发展要求和时代潮流，把制度建设和治理能力建设摆到更加突出的位置，继续深化各领域、各方面体制机制改革，推动各方面制度更加成熟、更加定型，推进国家治理体系和治理能力现代化。

2020年3月，中共中央国务院发布《关于构建更加完善的要素市场化配置体制机制的意见》。经过40多年改革开放，我国商品市场发育较为充分，商品和服务价格97%以上由市场定价，要素市场建设和改革也取得重要进展，但与商品和服务市场相比，土地、劳动力、资本、技术、数据等要素市场发育相对滞后，市场决定要素配置范围有限、要素流动存在体制机制障碍、新型要素市场规则建设滞后等，影响了市场对资源配置决定性作用的发挥，成为高标准市场体系建设的突出短板。为此，《关于构建更加完善的要素市场化配置体制机制的意见》强调，要“坚持深化市场化改革、扩大高水平开放，破除阻碍要素自由流动的体制机制障碍，扩大要素市场化配置范围，健全要素市场体系，推进要素市场制度建设，实现要素价格市场决定、流动自主有序、配置高效公平，为建设高标准市场体系、推动高质量发展、建设现代化经济体系打下坚实制度基础”，并提出了推进土地要素市场化配置、引导劳动力要素合理畅通有序流动、推进资本要素市场化配置、加快发展技术要素市场、加快培育数据要素市场、加快要素价格市场化改革、健全要素市场运行机制七大任务。

2020年5月，《中共中央国务院关于新时代加快完善社会主义市场经济体制的意见》发布，强调当前我国市场体系还不健全、市场发育还不充分，政府和市场的关系没有完全理顺，还存在市场激励不足、要素流动不畅、资源配置效率不高、微观经济活力不强等问题，推动高质量发展仍存在不少体制机制障碍，必须进一步解放思想，坚定不移深化市场化改革，扩大高水平开放，不断在经济体制关键性、基础性重大改革上突破创新。重点要“以完善产权制度和要素市场化配置为重点，全面深化经济体制改革，加快完善社会主义市场经济体制，建设高标准市场体系，实现产权有效激励、要素自由流动、价格反应灵活、竞争公平有序、企业优胜劣汰，加强和改善制度供给，推进国家治理体系和治理能力现代化”，要“推动生产关系同生产力、上层建筑同经济基础相适应，促进更高质量、更有效率、更加公平、更可持续的发展”。要“以要素市场化配置改革为重点，加快建设统一开放、竞争有序的市场体系，推进要素市场制度建设，实现要素价格市场决定、流动自主有序、配置高效公平”。

2020 年，李克强总理在《政府工作报告》中也提出，要“依靠改革激发市场主体活力，增强发展新动能。”“困难挑战越大，越要深化改革，破除体制机制障碍，激发内生发展动力。”“深化新一轮全面创新改革试验，新建一批双创示范基地，坚持包容审慎监管，发展平台经济、共享经济，更大激发社会创造力。”

2020 年 10 月，党的十九届五中全会召开并发布《中共中央关于制定国民经济和社会发展第十四个五年规划和二〇三五年远景目标的建议》，提出“十四五”时期要坚持深化改革开放，坚定不移推进改革，坚定不移扩大开放，加强国家治理体系和治理能力现代化建设，破除制约高质量发展、高品质生活的体制机制障碍，强化有利于提高资源配置效率、有利于调动全社会积极性的重大改革开放举措，持续增强发展动力和活力。要全面深化改革，构建高水平社会主义市场经济体制。要充分发挥市场在资源配置中的决定性作用，更好发挥政府作用，推动有效市场和有为政府更好结合。要激发各类市场主体活力，完善宏观经济治理，建立现代财税金融体制，建设高标准市场体系，加快转变政府职能。

2020 年 11 月，中共中央总书记、国家主席、中央军委主席、中央全面深化改革委员会主任习近平主持召开中央全面深化改革委员会第十六次会议并发表重要讲话，指出，“十四五”时期我国将进入新发展阶段，改革又到了一个新的关头。贯彻党的十九届五中全会精神，要继续把握好改革和发展的内在联系，深刻认识我国社会主要矛盾变化带来的新特征、新要求，深刻认识错综复杂的国际环境带来的新矛盾、新挑战，深刻认识全面深化改革的阶段性新特点、新任务，紧扣贯彻新发展理念、推进高质量发展、构建新发展格局，紧盯解决突出问题，提高改革的战略性、前瞻性、针对性，使改革更好对接发展所需、基层所盼、民心所向，推动改革和发展深度融合、高效联动。指出，基层是改革创新的源头活水，要注重激发基层的改革创新活力，支持开展差别化创新。地方抓落实要深刻领会党中央战略意图，既找准定位，又突出特色，有条件的地区要奋力走在前列。

2020年10月，中共中央办公厅、国务院办公厅印发《深圳建设中国特色社会主义先行示范区综合改革试点实施方案（2020—2025年）》，支持深圳实施综合授权改革试点，强调要“赋予深圳在重点领域和关键环节改革上更多自主权，支持深圳在更高起点、更高层次、更高目标上推进改革开放，率先完善各方面制度，构建高质量发展体制机制，推进治理体系和治理能力现代化，加快形成全面深化改革、全面扩大开放新格局，推动更高水平深港合作，增强在粤港澳大湾区建设中的核心引擎功能，努力创建社会主义现代化强国的城市范例”。要“完善要素市场化配置体制机制，支持在土地管理制度上深化探索、完善适应超大城市特点的劳动力流动制度、支持在资本市场建设上先行先试、加快完善技术成果转化相关制度、加快培育数据要素市场、健全要素市场评价贡献机制。”同时，提出要营造改革氛围，弘扬特区精神，继续大胆地闯、大胆地试。健全改革的正向激励机制，注重在改革一线考察识别干部，大胆提拔使用敢于改革、善于改革的干部，充分调动和激发广大干部参与改革的积极性、主动性和创造性。全面落实“三个区分开来”，建立健全容错纠错机制，宽容干部在改革创新中的失误错误，对干部的失误错误进行综合分析，该容的大胆容，不该容的坚决不容。

当前，在国内外环境发生深刻复杂变化的背景下，越是面对逆风和回头浪，我们越要坚持实施更大范围、更宽领域、更深层次对外开放，越是要全面深化改革，实行高水平对外开放。更加坚定不移推进改革开放的决心和定力，要更加注重改革的系统性、整体性、协同性，通过深化改革更好应对风险挑战、有效破解高质量发展中的难题、充分释放发展的活力、动力、创造力。

三、全面深化改革背景下的旅游业

（一）全面深化改革与旅游业息息相关

旅游业是综合性产业，具有综合性作用。旅游业是一个牵一发而动全身的产业，同样，抓旅游业可以解决我们发展中遇到的一系列问题。而且，任何行业无不打上时代的烙印，在进一步深化改革的大潮前，旅游业同样面临着深化发展的掣肘问题，而这些问题都是关系改革全局的深层次问题在旅游业中的反映。无论是“放管服”改革、财税制度改革、金融体制改革，还是国企国资改革、农村土地制度改革、生态文明体制改革、自然资源产权管理制度改革等都取得了突破性进展，这些改革对于消除旅游发展所面临的要素资源制约、保障政策制约、管理体制制约等都创造了良好的条件。

当前社会经济的深层次矛盾和问题，要求深入研究那些具有普遍性、全局性的问题，特别是这些问题由于体制机制固化、利益格局固化，在旅游业内部的反映。全面深化改革与旅游业息息相关。

（二）新时代旅游业的特征

1. 大众旅游新时代

40 多年间，旅游从少数人的消费发展成为人民群众的寻常生活，并担负起满足人民美好生活需要的历史使命。我国国内旅游统计数据始于 1984 年，当年国内旅游人次为 2 亿，2018 年则达到 55.39 亿；出境旅游人次从 1992 年的 298.87 万增长到 2018 年的 1.41 亿；国民人均出游次数从 1995 年的 0.524 次增长到 2018 年的 3.7 次。国民旅游从“有没有”朝“好不好”转向，从城市居民向农村居民普及，从发达地区向欠发达地区延伸，从国内出行向境外旅游跨越，从走马观花向深度体验转变。中国已是全球最大的国内旅游消费市场了，保持世界第一大出境旅游客源国和全球第四大入境旅游接待国地位，旅游业完成了大众化的转变。

2. 旅游产业作用提升

40 多年间，旅游从早期的“外交事业”、出口创汇产业到后来的国民经济新的增长点，逐步发展成为国民经济战略性支柱产业和五大幸福产业之首。旅游业的定位经历了一个不断提升的过程，从外交事业到经济产业，又从经济产业到综合性产业。旅游业发展 40 多年来，经历了从单纯注重事业的定位，到转向经济产业定位；又从经济产业定位，转变为既重视经济产业，又看重事业属性。改革开放之初，按照邓小平同志的指示，旅游业逐渐从外交事业转变到经济产业；然而，在很长一段时间内，经济产业的定位也是不充分的，仅仅作为增加外汇收入的一项手段，在扩大内需和刺激消费中发挥的作用极为有限。作为经济产业定位得到完全认可是在 1998 年，中央经济工作会议明确提出将旅游业确定为国民经济新的增长点。这才真正实现了旅游业从外交事业到经济产业定位的转变。到 2001 年，国务院《关于进一步加快旅游业发展的通知》中，又提出要树立大旅游的观念，这标志着旅游业从经济产业定位上升为综合性产业。进入 21 世纪以来，围绕着旅游业定位，具有两个标志性的事件，即国发〔2009〕41 号文将旅游业确定为国民经济战略性支柱产业和国办发〔2016〕85 号文把旅游业作为幸福产业之首，旅游在国民经济和社会发展中的战略地位不断提升。根据中国旅游数据中心的测算，2017 年我国旅游业综合贡献 8.77 万亿元，对国民经济的综合贡献为 11.04%，旅游综合最终消费占同期国民经济最终消费总额的比重超过 14%，旅游综合资本形成占同期国民经济资本形成总额的比重约为 6%，旅游综合出口占国民经济出口总额的比重约为 6%，旅游对社会就业综合贡献达 10.28%。

3. 旅游功能综合性

40 多年间，旅游业的功能不断扩大。早期发展旅游以赚取外汇为主，而后逐渐转变到扩大国内消费、带动经济增长、转变经济结构上来。党的十八大以后，随着“五大发展理念”“五位一体”总体布局和“四个全面”战略布局等一系列新思想、新理念、新战略的提出，旅游已经超越经济功能，在满足民生需求、实现社会和谐、促进文化发展、平衡区域发展、保护生态环境、提升国家形象等方面发挥了更大作用。

随着对旅游业定位的变化，赋予旅游业承担的功能也日渐丰富。40 多年来的发展，旅游业从承担经济功能，转变为承担经济功能、社会功能、政治功能、外交功能。从经济功能来看，旅游业已经成为经济增长的新引擎；到 2017 年，全国旅游业对 GDP 的综合贡献为 8.77 万亿元，占 GDP 总量的 11.04%。从社会功能来看，旅游业已经成为吸纳就业和摆脱贫困的主要渠道；到 2017 年，旅游直接就业 2825 万人，旅游直接和间接就业 7990 万人，占全国就业总人口的 10.28%；旅游业的发展已使超过 10% 的国内贫困人口脱贫。

4. 旅游改革创新步伐加快

40 多年间，我国旅游业增长速度显著高于国民经济增长速度，也显著高于全球旅游平均增速。目前我国旅游业正在从高速增长向优质发展转变；从更加注重规模的数量增长到更加注重高质量发展；从强调规模、速度的外延式、粗放型发展向追求品质、效益的内涵式、集约型发展转变；从资源、要素驱动向创新、效率驱动转变。在跨界融合、突破固有模式、依靠新技术、创新形式等发展思维的影响下，旅游业以技术应用创新为引领，市场、资本和企业家精神驱动的创新活跃，旅游创新步伐加快，旅游企业的创新能力不断提升，在商业模式、产品和业态、内容、业务界面和管理流程等方面实现了革新，各类制度创新、组织创新、服务创新等在内的综合创新和集成创新快速发展，产品创新、业态创新、技术创新、主体创新、制度创新、服务创新全面变革，推动旅游业向高质量发展迈进。

酒店、旅游度假产品、景区门票、机票、社交媒体、租车等快速实现在线化，在线旅游度假产品、在线度假租赁、旅游网络购物、在线租车平台等快速生长，以携程、去哪儿、马蜂窝、七天、途家为代表的一批新型旅游企业不断发展。以 AR、VR 和 AI 为代表的新技术正推动景区、主题公园、酒店等行业的内容创新，衍生出诸如娱乐化、旅游直播和 VR+ 旅游等多种新型旅游产品；大数据在重构产业格局，数字技术打造沉浸式体验等产品；物联网、互联网综合技术推动旅游产品服务界面和管理流程再造；文化、旅游与相关产业及技术的融合引领旅游产品内容生产不断翻新和演进；基于分享、共享思想引领商业模式创新，旅游攻略社区、共享住宿、共享交通等快速发展。

5. 旅游市场主体

40 多年间，我国旅游市场主体不断发育，从以政府和外资投资为主，到国家、地方、部门、集体、个人“五个一起上”，再到今天形成了民营为主、国有企业和政府投资共同参与的多元主体投资格局。由中国旅游集团、首都旅游、华侨城等大型国有旅游集团，携程、凯撒等新型旅游市场主体，以及各种类型的旅游创业企业构成的旅游市场群体多元发展、齐头并进。我国旅游发展主体从政府主导转向全社会参与，各类主体积极参与旅游发展，共享旅游发展成果。私人资本、外国资本等社会投资在旅游发展中的比重日益提高，当地社区、民间组织等社会组织在旅游管理中的地位不断提升，各类智库、大众媒体等社会力量在旅游决策中的作用受到重视。通过改革开放 40 多年的市场化改革，尽管我国旅游业中国有企业总量并没有降低，但是国有企业已经不再是旅游业的主体，特别是近年民营经济在旅游业投资早已超过 50%，而且旅游业中的国有企业都是完全的市场经济主体，没有其他行业中国有企业的政策优势，更形不成国有企业的寡头垄断。

6. 旅游管理体制

40 多年间，我国旅游管理体制从部门管理向现代治理体系转变，旅游综合协调职能显著增强，旅游法律、法规制度全面优化，旅游业现代治理体系初见成效、治理能力显著提升。政府机构、社会组织、行业协会、社会大众、旅游者等主体共建共治共享，法律、行政、经济、社会等各种手段相互配合、综合使用，一个立体、高效的旅游治理体系以及与之相配套的组织体系、制度体系、运行体系、评价体系和保障体系正在构建之中。

旅游管理体制从最初的旅游局直属企业管理，转向行业管理，当前已演变到公共管理的新阶段。从世界范围内来看，大多数旅游发达国家对旅游业进行的是公共管理。可以看到，改革开放初期，为了极大地统筹稀缺的旅游资源，大力发展入境旅游业，政企不分，政府对旅游企业采取的是直接管理的模式，尤其是旅游饭店和旅行社直接由政府管理，中国旅行游览事业管理总局局长，也会同时兼任国旅总社的社长，北京旅游局副局长同时兼任合资饭店董事长等。经过几年的发展，政企不分的体制弊端非常明显，才于 1982 年将中国旅行游览事业管理总局更名为国家旅游局，与国旅总社分开办公。这也意味着由政府逐渐退出对旅游企业的管理，而逐步过渡到行业管理阶段的开始。最为代表性的事件，就是在 1986 年 1 月 30 日，国务院批准成立了中国旅游协会，这是中国第一个旅游全行业组织，截至目前，全国 31 个省份都成立了旅游协会。然而，一直以来中国旅游协会缺乏独立性，人事与财务依赖旅游行政管理等部门，没有发挥出行业协会在旅游发展过程中的重要作用。针对这个不足，2015 年，国家旅游局又出台了《旅游行业协会改革发展的指导意见》，提出要推动实现各级各类旅游协会的人员和财务关系要与旅游行政管理等部门脱钩的改革目标，逐步增强旅游协会的独立性。

从旅游治理主体来看，从单一地以旅游行政主管部门为中心，形成了政府、市场主体、行业协会等多元化的治理格局；从治理方式来看，从人治转向了法治。2013 年，经过多方努力，终于颁发实施《中华人民共和国旅游法》，在中国旅游业的发展进程中具有革命性意义，尤其是党的十八大以来，为了推动旅游供给侧改革，地方加快成立旅游发展委员会等新机构，旅游管理迈入新阶段。

7. 旅游国际地位

40 多年间，我国旅游业对外开放水平不断提升，从改革开放初期的对外开放窗口向全方位开放转变；从被动跟从国际规则向积极主动的旅游国际合作和旅游外交转变；从以接待入境游客为主到现在全球第一的出境客源国。越来越多的中国游客、中国旅游企业走向世界，越来越多中国发起成立的国际旅游组织聚合力量，中国正逐渐深度融入世界旅游分工体系，成为推动全球旅游发展的重要力量。

中国旅游业改革开放 40 多年来取得的巨大成就，最直观的体现是全球旅游竞争力快速提高、国际影响力显著增强。中国全球旅游竞争力的提升，得益于旅游业改革开放 40 多年来，在旅游公共服务体系、旅游产品体系建设、旅游信息化和旅游管理体制改革等方面做出的巨大努力，尤其是近年来掀起的厕所革命，更是改善了外国游客对中国旅游形象的认知。

中国世界旅游竞争力稳步上升。根据世界经济论坛《2019 年全球旅游业竞争力报告》，中国旅游竞争力指数的总分是 4.9 分，在全球 140 个国家中排名第 13 位。2015 年和 2017 年中国旅游竞争力排名为第 17 位和第 15 位，相比之下，向前提升了 4 位。在各项竞争力指标中，中国在文化资源和商务旅游（得分 7.0，位居第一位）、自然资源（得分 5.1，位居第四位）、人力资源和劳动力市场（得分 5.2，位居第 24 位）、机场航空基础设施（得分 4.3，位居第 31 位）、地面和港口基础设施（得分 3.9，位居第 48 位）、价格竞争力（得分 5.7，位居第 43 位）等方面比较有优势，全球排名相对靠前。

改革开放之初，中国只是全球旅游规则的被动跟随者，如今已经成为全球旅游规则的制定者，国际旅游组织多项重要会议纷纷在中国召开，在中国倡导下成立了由中国主导的国际旅游组织。中国在全球旅游业影响力和话语权的日益提升，在全球旅游分工体系中占据着越来越核心的地位，正开始主动参与到国际旅游规则的制定当中，一系列的重大活动促进了我国在国际舞台发挥作用。从世界重要的旅游会议来看，随着中国旅游竞争力的不断增强，成为全球旅游业竞争增长的引擎，大量的会议在中国召开。首届世界旅游发展大会、“一带一路”旅游部长会议、中日韩旅游部长会议、中俄蒙旅游部长会议、中国—中东欧旅游高级别会议等成功举办，中国在全球旅游发展中的影响力日渐提升。从国际旅游组织来看，随着中国旅游国际影响力的增强，由中国倡导成立了三个国际旅游组织。2012 年 9 月 15 日，世界上首个以城市为主体的全球性国际旅游组织世界城市旅游联合会在中国北京成立；2017 年 8 月，在贵州省成立国际山地旅游联盟，这是世界上第一个以山地旅游为主题的国际旅游组织；2017 年 9 月，由中国发起成立的第一个全球性、综合性、非政府、非营利世界旅游组织——世界旅游联盟（World Tourism Alliance，WTA）正式成立。

8. 从景点旅游向全域旅游转变

40 多年间，我国旅游发展实现了从以景点、饭店、旅行社等为主的散点式旅游向全域旅游转变，并将按照“宜融则融，能融尽融，以文促旅，以旅彰文”的原则实现文化与旅游的融合发展。目前，各地以文化和旅游融合发展为主线，加快推进机构改革，统一规划布局，优化公共服务，促进产业融合，加强综合管理。各级政府和广大企业正着力提升旅游的文化内涵和文化品位，同时通过现代手段，将更多文化资源和文化要素转化为深受旅游者喜爱的旅游产品，不断拓展文化和旅游融合发展的方式、广度和深度。

改革开放之初，受限于低下的国民经济发展水平，国内公路、铁路、民航等基础设施以及旅行社、旅游饭店等接待设施和厕所、停车场等相关接待条件极为短缺，成为制约旅游业快速发展的瓶颈，也成为当时旅游业发展亟待解决的突出矛盾。改革开放 40 多年来，国家统筹各种力量和聚集各类资本，从宏观到微观、由全局到具体，全方位地完善基础设施、旅游接待设施和条件，构建起了丰富完善、品质优越和结构合理的旅游供给体系，大大提升了游客的出游品质。旅游供给体系逐步健全，满足了不同类型游客的旅游需求。

从旅游基础设施和接待设施来看，旅游交通、信息和城市公共设施建设水平都实现了质的提升，逐渐健全。截至 2017 年年底，我国高铁覆盖 65% 以上的百万人口城市；高速公路覆盖 97% 的 20 万人口城市及地级行政中心，二级及以上公路通达 96.7% 的县；民航运输机场达 229 个，服务覆盖全国 88.5% 的地市、76.5% 的县。2006 年以来，各类飞行起降架次持续增长，2017 年达到了 928 万架次，年均增长率约为 9.7%；总航班量达到 532 万架次，月均 443572 班，日均 14583 班。信息基础设施建设也已具有相当规模，至 2017 年年底，全国移动电话用户普及率上升至 102.5 部 / 百人，互联网普及率达到 55.8%。城市基础设施中，2017 年全国公厕达到 12.6 万座，三类以上标准的公共厕所有 9.5 万座，至 2017 年年底，全国共完成建设旅游厕所 7 万座。

从旅游产业结构来看，伴随着旅游接待设施和条件逐步健全，星级饭店、旅行社、A 级景区等旅游产业结构趋向合理化和高级化。通过对传统旅游业态的改造，坚持“旅游 +”融合发展战略，旅游业态和产品持续创新和丰富，推动着旅游产业结构升级，提升了游客的出游品质。特别是从党的十八大以来，我国经济进入新常态，顶层设计又提出供给侧结构性改革，推动着旅游产业转型升级，“旅游 +”得到认可，推动了旅游业与互联网、工业、农业、林业、航空、水利、交通、中医药、卫生、科技、文化、教育、装备制造业、军事等领域的深度融合，形成了满足多样化、个性化和品质化游客的旅游新业态。比如，为了推动旅游与农业融合，在 2007 年评定全国工农业旅游示范点 306 个；大力发展邮轮旅游，国内天津、上海、广州等城市目前已经开通了到日本、韩国、东南亚的多条长短途邮轮旅游线路，国内长江三峡也开辟了邮轮旅游线路，2017 年，中国邮轮旅游发展实验区 6 个；2016 年，中国自驾游人数达 26.4 亿人次，占国内出游总人数的 59.5%，专做自驾游的约有 3200 家，旅居车销售量约 8000 辆，保有量约 45000 辆，现有在建自驾车房车营地 514 个。

（三）旅游业是全面深化改革的突破口

当改革进入攻坚阶段，好改的已经都改完，深化改革怎么改，选择什么产业启动下一轮改革，成为关键的一步。选择一个关联性较强的产业先行先试，是有效推进全面深化改革的关键。在改革元年的 2014 年，国务院出台了《关于促进旅游业改革发展的若干意见》，显然是把旅游业作为全面深化改革的突破口。这是因为：

第一，旅游业轻、小、灵等基本特点没变，旅游业的窗口效应作用没变，旅游业船小好掉头的特点没变。旅游业与传统产业不同，传统产业，如工业，其产业格局一旦形成，很长时间都难以改变，比如东北是我国的重工业基地，这个格局形成后几十年都难以改变。无数的案例说明，旅游业可以在相对较短的时间形成比较大的产业比重，成为一个地区经济社会发展的动力产业。

第二，旅游业是国民经济战略性支柱产业。旅游业的规模相当于 GDP 的 5% 以上，已经成为国民经济的战略性支柱产业，大力发展旅游业对于缓解经济下行压力、弥合收入两极分化、扩大内需、调整产业结构、解决环境压力，实现中国梦等作用更加凸显。旅游业已经成为国民经济的战略性支柱产业，其本身的关联带动作用在调整产业结构、缓解生态环境压力、破解区域发展不平衡等问题方面越发凸显。

第三，旅游业是我国改革开放后市场化程度最高的行业之一，其内部制约相对较少。与其他产业相比，旅游业市场化程度较高，内部制约相对较少，在对外开放中，较容易推进，遇到的阻力小。当前，经过改革开放几十年，我国很多行业内部仍然存在明显政府干预的“准入机制”，形成了事实上的行业壁垒。旅游业内部行业壁垒几乎为零，国家旅游行政管理部门无权审批宾馆、景点等旅游企业的设立，旅游业是完全对社会资本开放的行业，1998 年旅游行业率先实行了“政企分开”，并且旅游行政管理部门开始用市场化的手段进行行业管理。① 但任何行业无不受到“外部制约”的影响，旅游业的投资依然受到规划、土地等部门的制约。旅游业所有的制约突破，几乎都是对外部制约的突破。因此，旅游业内部的深化改革，实际上对外部营商环境的改变更大。

第四，旅游业是综合性产业，牵一发而动全身。同样，抓旅游业可以解决我们发展中遇到的一系列问题。很多改革都是牵一发而动全身，是根本性和全局性的改革。这样的改革往往不是旅游部门所能操控的，而和国家层面的顶层设计紧密相关。旅游的发展涉及改革和开放两个大的方面，不仅是改革问题，也不仅是开放问题，抓旅游两个方面都涉及，一定意义上会形成一种牵一发而动全身的效应。旅游业是一个关联全局的重要产业，旅游业与相关产业的融合度、关联度越来越高，旅游对社会、经济、文化生态各个领域的辐射性、渗透性越来越广，影响面和影响力越来越大。旅游治理能力和治理体系是国家治理能力和治理体系的综合折射，最能体现一个国家或者某个地区的综合治理水平。②

（四）旅游是引领全面深化改革的重要手段

在国家改革大背景下，旅游业因其“软硬兼备、融合度高、覆盖面广、拉动力强的综合性实力”的产业特性，将发挥全局性、战略性的作用。旅游业的改革，是终端

① 戴学锋 . 改革开放 40 年：旅游业的市场化探索［J］. 旅游学刊，2019（2）.
② 戴学锋 . 助力全面深化改革——新时代旅游业的核心战略［J］. 旅游学刊，2018（10）.

式的消费联动改革，是集群式的产业联动改革，是前沿式的破除障碍改革。全面深化旅游业改革，是落实国家改革部署的战略需要；旅游业自身的改革，牵动国家改革大局，是国家改革的重要方面。《中共中央关于全面深化改革若干重大问题的决定》涉及56类改革大项、336个改革小项，其中共有25类改革大项、156个改革小项涉及旅游业，还有6个行业改革项目与旅游业发展直接相关。党的十八届四中全会通过的《中共中央关于全面推进依法治国若干重大问题的决定》、党的十八届五中全会通过的《中共中央关于制定国民经济和社会发展第十三个五年规划的建议》等文件，均赋予了旅游业改革创新的使命。

当前，旅游业发展面临前所未有的良好机遇，同时又面临人民日益增长的美好旅游生活需要与不平衡不充分的旅游发展之间的矛盾。旅游业一是通过扩大产业面，从传统的饭店、旅行社、景区开始，把产业领域扩大到社会的方方面面；二是逐步延伸产业链，从下游产业逐步延伸到上游产业，形成一个完整的产业链条；三是形成产业群，以旅游企业为基础逐步扩大，使社会其他各类企业在旅游发展过程中都有自己的一席之地，从而形成一个完整的产业群。

因此，全面深化改革时代下，要发扬旅游业的传统，树立引领全社会深化改革的担当精神和全局意识。

（五）旅游业改革发展对全面深化改革具有重要意义

旅游业是综合性产业，但旅游改革远远不是旅游部门一家能够推进的，因此通过试点探索各类有利于统筹协调旅游业发展的体制机制，加快形成旅游业发展的合力就很有必要。当前，我国旅游业的发展因各管理部门的管理方式固化、体制机制固化，处于难以推动的尴尬局面，解决困境的关键点在于全面深化改革。

一是应从全面深化改革的战略层面，去认识旅游业改革发展的重要性。旅游业的改革发展，重点不在于旅游业内部体制机制等方面的突破，重点是通过内部体制机制的突破，打破外部非市场化制约，通过让旅游市场在旅游业发展中发挥作用，带动市场在更广阔的领域发挥作用。

二是重点突破限制旅游业改革开放的旅游法规、文件，为开启全域旅游模式提供制度保障。如前所述，按照党的十八届三中全会的精神看，当前很多法规文件已经不再适应社会主义市场经济的发展，应以改革创新的精神，通过旅游业内部市场化探索，对不同部门制定的涉旅法规、文件进行系统梳理，及时废除陈旧落后的法规文件。

三是有效协调不同旅游管理部门的利益，打破条块分割的旅游管理体制。

四是要注意结合国家推动的各项重大改革试点，使旅游改革能参与其中。比如，在“多规合一”改革中，争取在旅游发达地区形成以旅游业为主导的规划模式；在土地改革中，探索有利于乡村旅游发展的改革模式；在绩效考核试点中，借鉴山东等地的经验，将旅游业发展指标纳入地方党委政府的考核指标。

第三章
全域旅游的基本理论与实践发展

全域旅游是实现旅游引领全面深化改革的重要手段，以全域旅游为抓手带动经济社会的全面发展。通过发展全域旅游，逐步突破束缚旅游业发展的体制机制困境。以全域旅游为旅游改革发展主线，通过体制机制改革，构建新的旅游治理体系，通过各种创新试点，探索旅游改革经验。一方面是旅游内部供给产品和服务的改革，如市场、公共服务等；更为重要的是从全局角度看，由于旅游业的内部制约为“零”，旅游业的内部改革，如体制机制、旅游用地等尽管是旅游业内部问题，但具有全局性。通过旅游业的改革，探索让旅游市场在资源分配中发挥决定性作用，必将带动外部制约的突破，为全面深化改革再次贡献旅游业的力量。①

一、全域旅游的发展历程

全域旅游是近几年在实践工作中形成和发展的新战略。2016 年 1 月，国家旅游局组织召开全国旅游工作会，开始提出全域旅游的发展方向。随后国家旅游局积极开展国家全域旅游示范区的创建活动，公布了 506 家全域旅游示范区创建单位，全域旅游上升为国家旅游发展战略。

---

① 戴学锋 . 全域旅游：实现旅游引领全面深化改革的重要手段［J］. 旅游学刊，2016（9）.

全域旅游的发展关乎全面深化改革，对于今后中国经济的发展模式具有重要的探索价值。全域旅游概念提出后，党中央、国务院非常重视，全域旅游已成为国家战略，全国已设立 506 家国家全域旅游示范区创建单位，国家全域旅游示范区创建工作正全面开展。

党中央、国务院对全域旅游工作高度重视。2016 年 7 月，习近平总书记在宁夏视察时指出，“发展全域旅游，路子是对的，要坚持走下去”。2018 年 4 月，习近平总书记在庆祝海南建省办经济特区 30 周年大会上的讲话中明确指出“要培育旅游消费新业态新热点，提升服务能力和水平，推进全域旅游发展，为国内外游客和当地群众提供更多优质服务”。习近平总书记有关全域旅游的重要指示精神，为推动全域旅游发展提供了根本遵循，为开启新时代旅游业发展新征程指明了前进方向。

2017 年 3 月，李克强总理在政府工作报告中指出“要大力发展全域旅游”。2018 年 3 月，李克强总理在政府工作报告中，提出要“创建全域旅游示范区”，把全域旅游工作落实到实处。2019 年李克强总理在政府工作报告提出要“发展全域旅游，壮大旅游产业”。2018 年 4 月，国务院发布《关于促进全域旅游发展的指导意见》，提出要“开展全域旅游示范区创建工作，打造全域旅游发展典型”。要“把促进全域旅游发展作为推动经济社会发展的重要抓手，从区域发展全局出发，统一规划，整合资源，凝聚全域旅游发展新合力”。2016 年 12 月，《国务院关于印发“十三五”旅游业发展规划的通知》明确，“‘十三五’期间创建 500 个左右全域旅游示范区”。2018 年 9 月，《中共中央 国务院关于完善促进消费体制机制 进一步激发居民消费潜力的若干意见》明确提出“开展全域旅游示范区创建工作”；2019 年 8 月，《国务院办公厅关于进一步激发文化和旅游消费潜力的意见》提出“推进国家全域旅游示范区建设”。中共中央办公厅、国务院办公厅将国家全域旅游示范区创建工作列入 2019 年重点督查计划。2020 年 5 月，全国评比达标表彰工作协调小组办公室将“全域旅游示范区”列入第一批全国创建示范活动保留项目目录予以公布。

显然，国务院不仅仅是看重全域旅游对旅游业的带动作用，更看重全域旅游对于我国经济社会全面发展的作用。2019 年国务院政府工作报告，提出要“发展全域旅游，壮大旅游业”，继续强调要大力发展全域旅游。2019 年 3 月，文化和旅游部办公厅关于印发《国家全域旅游示范区验收、认定和管理实施办法（试行）》和《国家全域旅游示范区验收标准（试行）的通知》，规范国家全域旅游示范区验收、认定和管理工作，开始验收一批国家全域旅游示范区，发挥国家全域旅游示范区的引领作用。5月，文化和旅游部公布了96家全域旅游示范区入围名单。9月，首批71家国家全域旅游示范区通过验收，通过率约为74%。文化和旅游部会同财政部通过旅游发展基金的拨付和补助，对国家全域旅游示范区建设给予了11.18亿元的资金扶持。9—11月，文化和旅游部先后在贵州盘州、山西洪洞、河南新县召开了三期全国全域旅游培训班。11月，文化和旅游部召开全国全域旅游推进会，提升国家全域旅游示范区创建水平，促进全域旅游向纵深发展。2020年12月，北京市昌平区等97家全域旅游示范区创建单位验收通过为第二批国家全域旅游示范区。截至2020年，全国国家全域旅游示范区有168家（表3–1）。

表3–1　全域旅游理念的提出及演进一览

时间	事件	意义
2016年2月	国家旅游局公布首批创建“国家全域旅游示范区”名单，海南省和北京市昌平区等262个市县成为首批国家全域旅游示范区创建单位。	标志着全域旅游步入实质性的推进创建工作阶段。
2016年5月	国家旅游局在浙江桐庐召开全国全域旅游创建工作现场会。	推进全域旅游创建。
2016年9月	国家旅游局在宁夏召开第二届全国全域旅游推进会，国家旅游局发布了《国家全域旅游示范区创建工作导则》及《国家全域旅游示范区认定标准（征求意见稿）》。	全域旅游示范区创建工作开始进入更加规范化和标准化的阶段。
2016年9月	习近平在宁夏考察时指出“发展全域旅游，路子是对的，要坚持走下去”。	标志着全域旅游的思路获得总书记的认可和支持。
2016年11月	国家旅游局公布第二批共238家创建“国家全域旅游示范区”名单。	全域旅游示范区扩容。
2017年3月	国务院总理李克强在政府工作报告中提出，完善旅游设施和服务，大力发展乡村、休闲、全域旅游。	“全域旅游”首次写入政府工作报告。
2017年6月	国家旅游局关于印发《全域旅游示范区创建工作导则》的通知，提出“规定六个程序、实现五个目标，突出六项原则，落实八方面任务”的内容。	为全域旅游示范区创建工作提供行动指南。

续表

时间	事件	意义
2018 年 3 月	《国务院办公厅关于促进全域旅游发展的指导意见》强调，发展全域旅游要坚持统筹协调、融合发展，因地制宜、绿色发展，改革创新、示范引导的原则，将一定区域作为完整旅游目的地，以旅游业为优势产业，统一规划布局、优化公共服务、推进产业融合、加强综合管理、实施系统营销，有利于不断提升旅游业的现代化、集约化、品质化、国际化水平，更好满足旅游消费需求。提出了发展全域旅游要落实好八个方面重点任务。	为指导各地促进全域旅游发展。
2018 年 4 月	习近平总书记在庆祝海南建省办经济特区 30 周年大会上的讲话中明确指出“要培育旅游消费新业态新热点，提升服务能力和水平，推进全域旅游发展，为国内外游客和当地群众提供更多优质服务”。	进一步指明全域旅游发展方向。
2019 年 3 月	2019 年政府工作报告，提出要“发展全域旅游，壮大旅游业”。	进一步发展全域旅游。
2019 年 3 月	文化和旅游部办公厅关于印发《国家全域旅游示范区验收、认定和管理实施办法（试行）》和《国家全域旅游示范区验收标准（试行）》的通知。	规范国家全域旅游示范区验收、认定和管理工作，充分发挥国家全域旅游示范区在促进全域旅游发展中的示范引领作用。
2019 年 3 月	文化和旅游部办公厅印发《关于开展首批国家全域旅游示范区验收认定工作的通知》。	开展首批全域旅游示范区验收认定。
2019 年 9 月	《文化和旅游部关于公布首批国家全域旅游示范区名单的通知》。	北京市延庆区等 71 家单位认定为首批国家全域旅游示范区 。
2020 年 7 月	文化和旅游部办公厅印发《关于开展第二批国家全域旅游示范区验收认定工作的通知》。	开展第二批国家全域旅游示范区验收认定工作。
2020 年 12 月	《文化和旅游部关于公布第二批国家全域旅游示范区名单的通知》。	北京市门头沟区等 97 家单位认定为首批国家全域旅游示范区。

二、全域旅游的基本概念

全域旅游，是指在一定区域内，以旅游业为优势产业，通过对区域内经济社会资源尤其是旅游资源、相关产业、生态环境、公共服务、体制机制、政策法规、文明素质等进行全方位、系统化的优化提升，实现区域资源有机整合、产业融合发展、社会共建共享，以旅游业带动和促进经济社会协调发展的一种新的区域协调发展理念和模式。

从这个角度看，全域旅游是将旅游发展与经济社会全面发展相结合，与全面深化改革有机结合的旅游业发展理念和模式，是新时代旅游发展的新理念、新模式。

三、全域旅游的理论阐释

（一）全域旅游的整体性

全域旅游涉及经济社会发展的各个领域，是以发展旅游为抓手，促进区域内经济社会资源，包括旅游资源、相关产业、生态环境、公共服务、体制机制、政策法规、文明素质等进行全方位、系统化的优化提升，实现区域资源有机整合、产业融合发展、社会共建共享。全域旅游指向的是一个区域经济社会发展的整体性、系统性问题，既涉及发展旅游自身方方面面内部事情，也关涉整个区域发展各个领域。对全域旅游的理解，必须坚持整体性、系统性的观点，需要将全域旅游放在一个区域发展中来整体考虑。

近年来，各地对全域旅游的理解也更加深入，将全域旅游作为一种发展理念和模式，越来越多的地方将全域旅游作为县域发展和县域善治的关键纽带，在全域旅游发展过程中，突出整体而系统的发展理念，全域旅游对地方经济社会产生出更大的作用，成为促进基层治理体系和治理能力的转变的重要路径，成为统领县域经济社会发展的重要抓手，成为创建破解县域治理难题的重要方式。

（二）全域旅游的立体性："硬币模型"的阐释

全域旅游既是新发展格局下的旅游发展模式和理念创新，其本身也是经济社会发展的重要内容，是促进和带动区域经济社会发展的重要抓手。要完整理解全域旅游的概念，既需要从旅游业发展本身角度来理解全域旅游，也需要将全域旅游放置在经济社会发展的大格局中来考量。

全域旅游，一方面涉及新发展格局中的旅游业如何建设、如何发展，如何适应新的发展需求和发展要求，另一方面，也涉及如何处理旅游发展呈现的新格局所带来的新问题，涉及如何能够实现旅游的创新发展，涉及怎么解决好旅游业与经济社会发展的相关互动和交叉问题。全域旅游要在这些互动交叉沟通过程中，既推动旅游业的创新发展，实现旅游业发展目标，也要带动和影响经济社会发展的相关重大命题的破解，进而促进区域经济社会发展，实现以旅游业带动经济社会突破发展的重要目标。

从这个角度看，全域旅游实质是旅游业内外、上下同时推进的改革，是整体、系统的旅游发展模式。对全域旅游的理解，可以从两个“硬币模型”来阐释。对全域旅游的解释可以比喻为从两个硬币的四个面来理解，全域旅游的内容既包括了旅游业的建设、拓展和发展内容，也包括了与之相关的经济社会改革创新的内容，两者加在一起才是全域旅游的全部内容。如果把旅游业的自身的建设和发展，包括旅游业硬件和软件建设看成是旅游业总体的建设为第二个硬币的一面，那么另一面就是旅游业的改革创新和制约的突破。这两个硬币的四个方面合在一起才是全域旅游的全部。

比如，一个地方发展旅游业进行游客服务中心的建设，游客服务中心建设本身是旅游业的硬件建设，同时如果要让游客服务中心正常运作，必须建立起一套行之有效的管理制度，这两者缺一不可，犹如一个硬币的两面；同时，游客服务中心的建设必然牵扯到规划、土地、资金等一系列问题，很多是地方旅游部门自己难以解决的问题，甚至有些还是长期制约旅游业发展的瓶颈问题，这便是第二个硬币的另一面（图 3–1）。

图 3–1　全域旅游的硬币模型

1.“第一个硬币”：全域旅游的建设发展

全域旅游首先涉及的是在新发展格局中如何推进旅游业发展，如何打造旅游发展新格局的问题，也即旅游业内部自身的建设、拓展和发展问题，包括了旅游业内部的硬件建设和软件建设。硬币的正面是旅游业的硬件建设，硬币的反面则是旅游业的软件建设。发展全域旅游就是要通过新的发展路径和模式，通过旅游业的软件和硬件建设，促进旅游业的全面发展，塑造旅游发展的新格局。

（1）“建设发展硬币”是全域旅游的核心内容

从全域旅游建设发展这个硬币面来看，全域旅游之所以会成为新时代下旅游业发展的新战略，就在于需要通过全域旅游回应旅游发展的新需求，需要适应旅游产业转型升级的需要，由此旅游业的发展理念需要全面升级。

第一，当前旅游资源发生了新变化。

经过40多年的发展，传统的旅游业进入了成熟期，以往的景点建设开始步入老化和更新周期，相应的，一些新的旅游资源开始涌现出来，旅游资源日渐呈现出泛在化、社会化和生活化的特征。对于旅游发展的理解，也就需要跳出传统的模式和框架体系。

第二，旅游市场呈现了新需求、新变化。

一是旅游市场需求将快速扩张。随着经济的持续发展，城乡居民消费收入稳定增长，中国消费需求将不断升级，旅游消费市场仍将继续保持较快的增长态势，迎来一个巨大发展潜力的消费市场，开始迈入大众旅游时代。中国有14亿人口的消费需求，有4亿中等收入群体的规模市场，各级群体有巨大消费需求，“50后”进入老年阶段，推动老龄消费需求（养老、医疗健康、家庭服务等）快速增长；“60后”关注生活品质改善，对健康养生、休闲娱乐等服务需求更突出；“80后”是教育培训、文化娱乐和家庭服务等需求的主力。加上工业化、城镇化进程加快，将带来新的城市消费需求。而且，居民休闲时间不断增多，国家统计局2019年发布了中国居民时间利用的十年变化情况，在每天的24小时内，个人自由支配活动的时间从2008年15.6%增加到16.4%；休闲娱乐时间从40分钟增加到65分钟，这为居民消费创造了更多的时间。此外，居民消费需求持续升级。居民消费将继续向发展型、享受型消费快速升级转化，消费品质由中低端向中高端转变，消费形态由物质型向服务型转变，教育、健康、医疗、文化、旅游、信息等领域的人民最迫切的美好生活需要将成为新的消费热点。

二是旅游市场需求面临转型升级。首先，是品质化趋势。人民群众对旅游服务的要求正在从“有没有”“缺不缺”向“好不好”“精不精”转变，需求品质化日益显露，游客追求更优质的旅游产品和服务，对基础设施、公共服务、生态环境要求越来越高；旅游消费也从观光看景到体验目的地品质生活，休闲度假需求趋势更加明显，关注对象从单一的交通、住宿和著名景区点延伸到目的地生活环境。这要求旅游业要回应市场的品质、便利的旅游诉求，要发展优质旅游，在供给端进一步改革创新，创新产品、提升服务质量。其次，是个性化趋势。游客服务需求从标准化向个性化服务转变，不断求新求变，这是旅游业要回应市场个性化的需求，重视长尾市场发展，创新旅游服务模式，满足游客个性化的旅游需求。最后，是民生需求。进入大众旅游时代，旅游已从少数人的奢侈品发展成为人民群众大众化的日常消费，是人民生活水平提升的重要标志，如何提供满意的旅游服务已成为关系国民基本需求的民生问题。这些需求的不断扩大和升级，要求旅游业的发展也顺应社会主要矛盾变化，围绕人民美好生活需要，改善消费环境，培育新的消费热点，不断创造新产品、新技术、新业态，为居民提供更加新颖、多样化的、个性化的消费产品及服务，充分释放居民消费潜力以促进消费结构转型升级。

第三，区域发展格局出现了新变化。

近年来，交通的快速发展，特别是高铁的快速兴起，越来越压缩了时空距离，游客的出游行为发生了变化。空间的格局发生变化，需要全域旅游区解决点、线、面的发展问题，怎么去跳出传统的点和线的问题，更多围绕社会经济大背景和旅游活动大环境，去提升旅游者所面对的旅游生态环境、设施环境、服务环境。

从这个角度来看，全域旅游是应对全面小康社会之下大众旅游规模化需求的新理念、新模式和新战略。通过全域旅游的软硬件建设，来解决旅游有效供给不足、市场秩序不规范、服务水平不高等问题，来改善消费环境，培育新的消费热点，不断创造新产品、新技术、新业态，充分释放居民消费潜力以促进消费结构转型升级。为此，全域旅游首先需要解决的是旅游产业自身层面如何能够实现旅游业现代化、品质化、国际化，如何能够最大限度满足大众旅游时代人民的旅游需求。全域旅游是旅游发展走向成熟的标志，是旅游业提质增效和可持续发展的客观要求，代表着现代旅游发展的新方向。

（2）全域旅游建设发展的主要内容

从全域旅游的建设发展这个硬币面来看，全域旅游涉及的是旅游业内部的发展建设内容，这也是国家全域旅游示范区的建设要求。创建国家全域旅游示范区的首要任务就是要进行硬件建设和软件建设，打造一个完善的旅游目的地。

第一，旅游发展的硬件建设。

一是要完善旅游供给体系。要推动旅游产品、旅游业态、旅游产业创新，打造一批全域旅游的新产品新业态新产业。首先，要完善旅游供给要素，食、住、行、游、购、娱各要素布局合理，高、中、低档次结构良好，既有城市旅游业态，也有乡村旅游业态，能够适应游客多元需求。其次，要推动与相关产业深度融合发展，推动旅游与文化、工业、交通、环保、国土、气象、科技、教育、卫生、体育等深度融合，形成一批高水平的产业融合业态和产业集聚区，并具有较好的市场成长性和可持续性。再次，要大力发展休闲度假产业，发展旅游度假区、旅游小镇、乡村度假、研学旅游基地、养老旅游基地等新业态，形成观光、休闲、度假业态协调发展的新格局。复次，要建设核心旅游吸引物，建设国家5A级旅游景区、国家级旅游度假区品牌等具有市场影响力的核心旅游品牌，推动其他产业要素的建设和不断完善，形成多要素、多产业共生的目的地供给体系。最后，要促进城市和乡村作为旅游吸引物品牌的建设，强化城市历史文化街区、城市休闲街区、古城、古镇、古村、古寨等作为旅游吸引物的吸引能力，发挥区域旅游产业对社会经济发展的带动作用。

二是要完善旅游公共服务体系。旅游公共服务是旅游发展不可或缺的基本要素，也是发展全域旅游的核心内容。区域旅游发展质量越来越取决于整个区域综合环境，体现在旅游公共服务环节上。要通过旅游公共服务建设适当超前发展，引领社会公共服务发展，优化全域旅游发展环境，带动地区经济社会发展。重点是要围绕游客需求，从全域整体优化旅游环境，有选择性地推进旅游公共服务建设，优先推进“快进”“慢游”综合旅游交通网络、城市和乡村旅游交通配套设施（包括旅游集散中心、咨询服务中心、停车场、旅游标识系统、公路服务区）、旅游厕所、智慧旅游公共服务平台等建设。

第二，旅游发展的软件服务提升。

一是要完善旅游市场秩序，提供高品质服务。这是保障游客合法权益、提升旅游竞争力的重要内容，也是全域旅游发展的基本要求之一。这要求改革创新旅游综合监管制度，建立健全旅游与公安、工商、质检、食药监、物价、司法等部门的联合执法新机制；健全旅游投诉处理机制，建立12301智慧旅游服务平台、12345政府服务热线以及手机App、微信公众号、热线电话、咨询中心等多种投诉平台，形成线上线下联动、高效便捷畅通的旅游投诉受理、处理、反馈机制；加强事中和事后的监管处罚力度，加强对旅行社、导游人员日常监管，完善旅游领域社会信用体系，不断提高游客满意度。

二是要打造良好的旅游发展环境。要严格保护好地方自然和人文资源，注重为旅游发展营造良好的整体环境，改善和优化环境，促进城乡人居环境改善和资源环境更可持续发展。重点促进旅游发展的整体环境、城乡建设水平、景观质量、卫生环境整治、社会环境提升与优化。

三是要坚守旅游安全底线，完善旅游安全管理机制，保障游客合法权益。一方面，要加强旅游安全制度建设，建立旅游、公安、交通、安监、卫生、食药监等有关部门联动安全监管体系；另一方面，要求加强日常旅游安全风险管理，确保旅游景区、旅行社、饭店等重点领域及环节的安全监管，同时完善旅游救援和旅游保险制度，营造安全、舒适、和谐的旅游环境。

四是要加强旅游服务标准化管理，制定推出旅游公共服务建设规范和质量服务标准，提高旅游公共服务标准覆盖率，完善旅游公共服务质量保障体系。强化旅游公共服务标准宣传和推广培训，开展标准化试点和示范工作，加强绩效评估，提升旅游公共服务标准化水平，积极探索推进旅游服务个性化和差异化，全面提升旅游服务品质。比如，完善旅游业标准体系，扩大旅游标准覆盖范围，强化标准实施与监督，加强涉旅行业从业人员培训，提高从业人员服务意识与服务能力，树立友善好客的旅游服务形象。实施旅游服务质量标杆引领计划，鼓励企业实行旅游服务规范和承诺，建立优质旅游服务商目录，推出优质旅游服务品牌。开展以游客评价为主的旅游目的地评价，不断提高游客满意度。以旅游服务智慧化为主要保障，建立服务工作站，制定管理激励制度，开展志愿服务公益行动，提供文明引导、游览讲解、信息咨询和应急救援等服务，打造旅游志愿服务品牌。

在这之下，对于地方政府来说，发展全域旅游的核心任务就是建设高品质的旅游目的地，就是要关注旅游业发展的软件和硬件建设，创新旅游目的地的服务供给模式，提高旅游服务供给能力，以全域旅游模式促进旅游产业高质量发展。

2.“第二个硬币”：全域旅游的改革创新

全域旅游发展建设过程中，在构建完善的“全域旅游建设发展硬币”中，就需要进一步融入经济社会发展的大环境中，需要延伸到经济社会发展的界面里面，这涉及如何与经济社会发展其他领域的沟通。为了实现旅游业软硬件建设的目标，需要去突破这些经济社会发展大格局中存在外部的制约和障碍，也即需要改革创新突破，这也就是全域旅游示范区的改革创新内容。

从经济社会角度看，从全局角度看的旅游业的内部发展和改革（比如，全域旅游的发展建设过程中遇到的体制机制问题、旅游用地问题、规划问题、生态环境问题等）又是经济社会发展的一个部分。旅游业的软硬件建设会涉及经济社会的其他方面，需要其突破外部的制约，在这个过程中会形成与经济社会发展其他领域的互动改革。因为尽管是旅游业内部问题但具有全局性的改革，解决涉及全局的发展问题，就建立起了旅游业与经济社会整体发展的沟通机制，实现了旅游业对经济社会其他领域的促进、引领作用。

“全域旅游的改革创新硬币”一面是旅游业的软硬件建设（全域旅游的建设发展的内容），另一面则是改革创新，是旅游业软硬件建设过程中如何突破经济社会的外部制约和障碍，如何改革创新进而带动全域旅游建设发展也带动经济社会的整体改革，这是全域旅游发展的灵魂所在。

（1）“改革创新硬币”是全域旅游的灵魂

从旅游发展自身逻辑来看。在旅游业发展早期，由于游客行为能力和旅游开发能力有限，使得一个阶段之下，旅游的开发、经营和游览活动被限制在一定的区域，形成了一个相对固定的旅游空间或者区域范围。这里面涉及一个旅游业与区域经济社会发展交叉沟通界面空间的概念。

一定时间之下，旅游业的发展空间与整个区域经济社会空间之间会交互存在一个交叉界面空间，这个空间是游客和产业供给的共有空间，也是旅游业与经济社会的沟通联系界面。旅游业发展初期阶段，旅游业的活动包括游客和产业活动都局限在旅游景点景区之内，经济社会外部环境会形成一个对于旅游业发展的限制和管理规范，此时相应的旅游业与经济社会发展的交叉沟通的界面空间比较小。随着旅游业发展到一定阶段，特别是产业化发展后，旅游活动的空间和边界迅速扩大，延伸到更广阔的区域之外。

由此，一方面，旅游业与区域经济社会发展交叉沟通界面空间会随着旅游业的延伸扩展不断扩大，交叉互动的面和深度都会提高。另一方面，在初期发展阶段形成的一些对于旅游业发展的限制和管理规范很长时间仍然会保持在较为稳定的状态，难以迅速地跟上旅游业的发展步伐。这些外部的制度、规范、条例就会形成对旅游业进一步发展的障碍，会制约旅游业的发展。

在这之下，旅游业要想进一步发展，就需要打破这些障碍，进行改革创新。而旅游业的改革创新，也会随着旅游业与区域经济社会发展交叉沟通界面空间扩大，会更深度地反馈给经济社会发展，会影响整体的经济社会的改革创新，进而释放出更大的改革创新效应。

A. 旅游发展规律的逻辑要求

从旅游业发展的一般路径和规律来看，全域旅游是新发展格局下的旅游创新和新模式，全域旅游的进一步发展，就必然会涉及改革创新的问题，改革创新就会成为全域旅游的灵魂所在。因为，一旦无法突破已有的在初期发展阶段对旅游业形成的各种限制和规范，“全域旅游的建设发展硬币”的这个目标也就难以实现，旅游业也难以转型升级，旅游业的效益也难以持续释放。

全域旅游是在新格局、新市场、新需求、新目标之下的旅游发展，就会带来发展空间、发展资源的进一步扩展。而且，全域旅游的发展会带来整体社会形态的变化，社会治理的变革，主客关系的变迁，这些都会体现在对旅游发展的上层建筑或者是体制机制的变革要求之上。随着旅游所涉及的人群、产业也越来越广，对旅游治理的要求也在提升。但是地方政府和旅游行政主管部门在现有体制下难以施展拳脚。从这个角度上说，全域旅游是旅游治理模式的新的升级，由此，如何推动体制机制的改革创新，建立现代旅游治理体系就成为全域旅游发展的关键问题。比如，对于社区居民发展旅游业来说，需要创新性地解决旅游资源、旅游土地的产权和经营权的问题，建立参与旅游发展、公平获益的机制和模式。

为此，发展全域旅游重点要去掉行业门槛、割除行业藩篱、打破行业边界，要打破传统旅游模式中经营与社会割裂的局面，突破资源框架限制和资源价值限制；要突破旅游生产要素的景区障碍、行业障碍、部门障碍、区域障碍等，实现资源在全域范围内自由流动和优化配置；要建立与全域旅游发展适应的上层体制，就要促进部门之间的协调改革，要求政府各个部门都能全面了解和支持全域旅游发展的旅游管理新体制，形成主客共享的现代旅游治理体系。

从实际发展来看，随着中国旅游业的发展，中国旅游业的发展面临高负荷（即产业发展在资源、用地、能源、融资等多方面仍然面临高成本的问题）、多限制（在游客、资本和人才的流入流出上仍有较多不畅的环节）等多方面问题，旅游业在资源、用地、融资、规划、环境等方面仍受到体制性障碍约束，亟待改革破题。而且，旅游业将面临城镇化、乡村振兴、大都市圈成长、区域重构等政策的一系列改革，旅游业与区域、城乡等诸多宏观发展环境的关系都非常紧密，在这些改革中能否发挥作用，将决定旅游业发展的层次和深度。

发展全域旅游，就要求进一步打通旅游业内部和外部、区域之间、行业之间的要素流动，就需要打通不同部门、不同区域、不同体制之间的分割，促进各类要素在全域旅游范围内充分流动和优化配置，以促进全域旅游发展。要通过创新领导体制、创新管理机制、创新政策体系和保障机制，形成全域化的资源调动和全域化的行动响应。如此，才能形成以旅游为主导的现代旅游综合产业体系，形成旅游对全域经济的整合力、控制力和影响力，才能对接和服务国家战略体系，才能以全域旅游为抓手推进产业发展，提升产业管控能力，实现现代治理在旅游领域的延伸和渗透。

中国旅游业进入新时代，全域旅游的不断发展，会进一步影响经济社会发展的领域，倒逼一些不再适合改革发展的部门法律、法规、文件、办法做出调整，实现旅游业对整个社会经济和区域的引领和带动，用旅游促进全域公共服务、全域社会治理方式的优化。

B. 全面深化改革的发展要求

全域旅游强调以改革创新为动力，全面调整改革所有不适应旅游业发展的法律法规和体制机制，围绕旅游产业“让市场在资源分配中发挥决定性作用”，形成新的发展理念和模式。发展全域旅游首要目的在于通过旅游业的改革创新，先行先试，探索全域旅游的新实践，创新旅游管理新模式和新方式，既为全域旅游发展提供可推广经验，也通过旅游业改革创新带动经济社会领域改革，发挥旅游业对全面深化改革的窗口效应和示范带动作用。

党的十八届三中全会审议通过《中共中央关于全面深化改革若干重大问题的决定》，开启了我国全面深化改革的新征程，其意义和 1978 年的改革开放同样重大。改革开放之前，我国社会经济铁板一块，生产要素全面固化到既定单位上。在那个特定背景下，总设计师邓小平同志审时度势，以旅游业为突破口，通过1979年黄山讲话等一系列举措，开启了改革开放的航船。此后，随着“全国学建国”等举措从旅游业向全社会渗透，旅游业成为启动改革的点睛之笔。

与1978年相比，当前则是各管理部门的管理方式固化、体制机制固化，改革过程中的制度固化为永久的制度，甚至固化形成部门利益，越来越不适应社会主义市场经济发展的需要，因此迫切需要改革不再适应社会主义市场经济发展规律的体制机制和法律法规，让市场在资源配置中发挥决定性作用。旅游业市场化程度较高，同时受各种体制机制约束也较大，完全可以再次充当改革先锋，成为引领我国全面深化改革的破冰产业。因此，在《中共中央关于全面深化改革若干重大问题的决定》出台之后不到一年的时间内，国务院颁发了《关于促进旅游业改革发展的若干意见》，显然是希望旅游业在全面深化改革中发挥重要作用。

和1978年的改革开放相比，全面深化改革的困难和复杂程度并不稍逊。此次全面深化改革，最为关键的是要让市场在资源配置中发挥决定性作用，而市场是一个整体，选择旅游业作为促进深化改革的突破口，也必须要把旅游业作为一个不可切分的整体。因此，如何从社会经济子系统的角度，把旅游业作为一个整体，推进旅游业全方位的改革，是实现旅游业带动社会经济全面深化改革的关键。但从实施路径来说，又不能简单地启动自上而下的改革，因为那样需要调整所有相关的法律、法规、文件、条例，这几乎是不可能完成的工作。就像改革开放之初小平同志利用基层改革动力顺利推行联产承包责任制一样，旅游业的深化改革也必须在把旅游业作为一个整体的同时发挥基层的活力。

在《中共中央关于全面深化改革若干重大问题的决定》的指引下，《关于加快发展生活性服务业促进消费结构升级的指导意见》《关于进一步促进旅游投资和消费的若干意见》《完善促进消费体制机制实施方案》《关于进一步激发文化和旅游消费潜力的意见》《国务院办公厅关于进一步激发文化和旅游消费潜力的意见》等文件的出台推进，形成了综合交叉的改革格局。

面对当前和未来的发展格局，党和国家制定了新的战略发展框架，旅游业对于落实其中诸多重大倡议、战略、举措都有重要意义。党的十九大报告明确提出，从十九大到二十大，是“两个一百年”奋斗目标的历史交会期，在第一个一百年要全面建成小康社会，第二个一百年要乘势而上开启全面建设社会主义现代化国家新征程。新征程提出了两个阶段的战略目标，第一个阶段“在全面建成小康社会的基础上，再奋斗十五年，基本实现社会主义现代化”，第二个阶段“在基本实现现代化的基础上，再奋斗十五年，把我国建成富强民主文明和谐美丽的社会主义现代化强国”。在此基础上，国家形成了全新的战略发展框架，旅游业与此框架中的诸多重大倡议、战略、举措，都有很大的响应空间和支撑能力。旅游业对于推动社会进步、生态文明，以及乡村振兴、扶贫攻坚、刺激消费、投资不振、就业带动、消化库存、利用产能和树立核心价值观的红色旅游等诸多方面都有特殊的支撑贡献。国际层面的“一带一路”倡议推进、新的经贸关系的构建、国际关系的重整，国内区域层面的京津冀协同发展、长三角一体化、长江经济带构建、粤港澳大湾区发展、三区三州旅游扶贫等，以及改革层面综合改革的推进，消费层面新的消费经济格局的确立，文化层面的文旅融合，民生层面的助力全面建成小康社会目标的实现等，旅游业都有其立足点和发力点。

全域旅游就是将旅游业与全面深化改革有机结合的旅游业发展理念和模式。所谓全域旅游，是指在一定区域内，以旅游业为优势产业，通过对区域内经济社会资源尤其是旅游资源、相关产业、生态环境、公共服务、体制机制、政策法规、文明素质等进行全方位、系统化的优化提升，实现区域资源有机整合、产业融合发展、社会共建共享，以旅游业带动和促进经济社会协调发展的一种新的区域协调发展理念和模式。全域旅游坚持了旅游业的整体性，强调以改革创新为动力，全面调整改革所有不适应旅游业发展的法律法规和体制机制，围绕旅游产业“让市场在资源分配中发挥决定性作用”，形成新的发展理念和模式。通过发展全域旅游，充分调动基层的活力，强调在一定区域内通过发展旅游业带动经济社会的整体发展，对于具有较好旅游发展基础和较大潜力的地区来说具有很大的积极性。全域旅游还通过资源有机整合、产业融合发展、社会共建共享等，充分发挥旅游业的综合带动作用，有利于以旅游业改革促进相关产业和相关部门的全面深化改革。而且，全域旅游的最终目标是通过旅游业的发展促进社会经济的全面可持续发展，这完全符合“五位一体”总体布局和“四个全面”战略布局的要求。

为此，如何依托旅游业的高质量转型，就需要站在更高起点推进力度更大、要求更高、举措更实的旅游业综合改革，推进交通、土地、金融、规划等旅游相关的配套改革，破解旅游业发展的体制机制障碍，落实国家战略，推动我国从旅游大国向旅游强国的转变，将成为关系旅游产业发展的重要方面。

发展全域旅游，设立国家全域旅游示范区的首要目的在于通过示范区的改革创新，先行先试，探索全域旅游的新实践，创新旅游管理新模式和新方式，既为全域旅游发展提供可推广经验，也通过旅游业改革创新带动经济社会领域改革，发挥旅游业对全面深化改革的窗口效应和示范带动作用。

发展全域旅游的核心在于以旅游为优势产业的区域，通过改革创新，破除全域旅游发展的障碍，促进全域旅游发展，以旅游业引领和促进全面深化改革。全域旅游突出改革。强调针对旅游发展的重大问题，探索新的发展模式和路径，提出系列旅游改革发展的具体措施，解决长期制约旅游发展的瓶颈，形成适应全域旅游发展的体制机制。

（2）全域旅游改革创新的主要内容

改革创新是全域旅游发展的核心主线，制度创新与变革是全域旅游发展的关键环节。发展全域旅游就是要研究那些制约全域旅游发展的制度性因素，将那些层层叠叠，甚至相互交织的制度性因素进行系统梳理，以便理清现有的各类制度性因素对全域旅游发展造成的影响和制约，明确需要打破或改革的体制性障碍。

为此，我们看到，在全域旅游示范创建过程中，发展全域旅游的核心在于以旅游为优势产业的区域，通过改革创新，破除全域旅游发展的障碍，促进全域旅游发展，以旅游业引领和促进全面深化改革。创建国家全域旅游示范区主要目的在于选择一些地区，一方面，通过示范区的探索实践，破除制约旅游发展的瓶颈。另一方面，通过示范区的创新实践，探索适应全域旅游发展新机制、新举措。主要包括两个方面。

第一，强调解决旅游发展瓶颈问题。要从本地实际出发，敢于突破，大胆实践，能够绕开现有不合理的体制限制，找到能够解决地方长期发展问题的突破性、实质性的措施，包括在土地政策、财政投入政策、投融资政策、项目审批、旅游人才教育政策等领域，并取得显著成效。比如，某地在现有土地法规下，对旅游用地增减挂钩、旅游用地招拍挂、点状供地等方面进行探索实践，解决旅游用地难点和瓶颈问题。

第二，强调改革创新，鼓励国家全域旅游示范区通过不断的创新实践，确立了发展全域旅游示范区的创新举措，如在旅游管理体制、市场监管、公共服务、产品开发、产业融合、营销推广、全域旅游政策支持、旅游数据统计等方面，而且通过先行先试，成效显著，在全国产生了重要影响，具备可借鉴可推广的条件，有助于促进其他地区发展全域旅游。比如，某地设立旅游产业促进基金，以政府资金引导社会资本投资旅游业，创新旅游投融资渠道。比如，某市通过“资源变资产、资金变股金、农民变股东”的三变改革，形成全域旅游、全民参与、共建共享的发展格局，带动乡村振兴和脱贫致富，成为全国示范性的新模式。比如，某地创新旅游与交通部门合作机制，建设高速公路旅游服务区，形成交通、生态、旅游等一体化的复合型特色化公路服务区。

因此，对于全域旅游改革创新硬币来说，主要的改革创新内容如表 3–2 所示。

发展全域旅游就进一步深化改革，去除创新的障碍，建立包括高流动的基本要素体系、低负荷的产业运行机制、双牵引的产业动力机制、快替代的综合升级机制、绿色化的均衡发展机制，引导旅游业从投入依赖型的增长模式转为全要素增长型的发展模式；注重政府层面的制度创新、政策创新、治理创新，要进行旅游领导、旅游管理、旅游执法、旅游社会化管理等方面的体制、机制和政策创新，构建现代旅游治理体系；通过新的开放机制和区域联动机制，要改革创新旅游业发展引导机制，放宽市场，放开政策，放活主体，优化土地、财税、资源、金融、人才、技术等资源要素配置措施，建立游客、资本、人才、要素国内国际充分流动的要素体系；要通过综合改革，切实降低中国旅游业的发展面临的高负荷问题，建立低负荷的产业运行机制；完善创新创业的知识产权保护制度，营造创新创业的政策环境、制度环境和公共服务体系；加大旅游产业发展的金融支持，支持旅游企业通过 PPP 模式、旅游项目资产证券化等方式扩大融资渠道。

发展全域旅游，改革创新是全域旅游发展的核心动力。全域旅游发展对体制机制的依赖性极大，发展全域旅游要改革创新建立现代旅游治理体系。发展全域旅游关键性的问题依然在于现有机制体制的创新，以此来促进旅游业转型升级，提升产业质量。

表 3–2　全域旅游改革创新硬币涉及的主要制度性因素一览

制度性因素		具体内容	涉及部门
管理体制方面	旅游管理制度	改革旅游发展的领导、管理体制，解决“小马拉大车”问题	文化旅游部门
	旅游综合协调制度	解决旅游跨部门协同问题，统筹产业融合发展事宜	旅游、财政、国土、公安、住建、交通等部门
	旅游综合监管制度	解决旅游市场监管制度问题，建立常态化的联合执法或综合执法机制或机构	文化旅游、公安、市场监督局、法院、物价、交通、城管
土地制度方面	旅游用地类型制度	解决旅游用地缺乏相应的法律法规明确规定	文化旅游、国土部门
	旅游用地规划制度	解决旅游规划缺乏与土地利用总体规划的衔接问题	文化旅游、国土、自然资源等部门
	土地利用政策	破产农村集体用地用于旅游的制度性障碍，建设用地增减挂钩、“点状供地”、新业态用地等	文化旅游、国土、农业农村、自然资源等部门
投融资制度方面	投资多元化制度	放宽旅游投资门槛，促进旅游投资多元化	文化旅游、人民银行、银保监会、发改委等部门
	投融资机制制度	多元化融资模式，如 PPP 模式、旅游证券化、旅游产业促进基金、旅游产权交易制度、私募股权、创业投资基金、产业融资担保等体制	文化旅游、财政部、人民银行、银保监会、发改委等部门
	旅游财政投入制度	多元化财政投入机制，如旅游发展专项资金、贷款贴息、奖励补助政策等	文化旅游、财政部、人民银行、银保监会、发改委等部门
公共服务制度方面	旅游公共服务规划建设制度	解决旅游公共服务与社会公共服务的协调问题，公共服务供给模式问题	文化旅游、财政、发改委、交通、住建、工业信息化、农业农村、生态环境等
规划制度方面	多规合一制度	解决以旅游与其他规划的协调融合，解决规划实施、评估、督导等制度统筹发展	文化旅游、发改委、自然资源、住建等部门
生态环境制度方面	生态环境制度	解决旅游发展过程中的资源环境保护问题，建立绿色、生态的可持续发展制度	文化旅游、生态环境部、自然资源部等
门票价格制度方面	门票价格形成机制	解决景区多头管理问题，创新门票价格形成新模式	文化旅游、发改、住建、水利、宗教等部门
创新体系制度方面	创新体制和环境	解决制约创新的体制和环境问题，推动产品创新、业态创新、营销创新、公共服务创新等	文化旅游、科技、工业信息化、发改、财政等部门

（三）全域旅游的多维性：三个维度

从两个硬币的四个面来理解全域旅游就可以认识到，全域旅游的建设是立体的系统性的内容，在这之下可以分解为三个维度，这三个维度是有机一体的，它们共同构成了全域旅游的全部。在全域旅游示范区的创建过程中，这三个维度共同组成了全域旅游示范区创建的打分标准。

1. 第一个维度：旅游者需求下的全域旅游

旅游者是产业服务的对象，发展全域旅游，要为旅游者提供更优质的旅游服务，提高旅游者的满意度，使旅游成为提升生活品质的重要途径，提高旅游者的幸福感。

当前，我国人均 GDP 超过 10000 美元，城镇化率超过 50%，居民收入持续增加，国民旅游价值观念和旅游需求方式发生巨大转变，旅游日渐成为人们基本生活方式，已迈入大众化、日常化、普遍化的大众旅游新时代。国内旅游游客数量从 2015 年的 40 亿人次增长到 2018 年的 55.39 亿人次，平均增速 11.3%；入境旅游人数从 2015 年的 1.34 亿人次增长到 2018 年的 1.41 亿人次，出境旅游人数从 2015 年的 1.17 亿人次增长到 2018 年的 1.5 亿人次。旅游成了人们追求美好生活的一种表现。

而且，人民群众休闲度假需求快速增长，对基础设施、公共服务、生态环境的要求越来越高，对个性化、特色化旅游产品和服务的要求越来越高，旅游需求的品质化和中高端化趋势日益明显，从观光旅游向休闲度假等多重需求转型，传统的景点旅游越来越难以满足游客的旅游需求，游客更多关注的是景点之外的旅游活动和旅游需求。这一旅游方式的变革，促进旅游业进入全域旅游时代，以适应旅游需求的转型升级，以适应大众旅游时代发展的新要求，以满足人民群众美好幸福生活的新需要。

从现实发展来看，这些年我们在景区景点的建设、管理上有了长足的发展，特别是 A 级景区等级标准的推出，对于提升景区内部的公共服务和管理水平起到了极大的推动作用。通过创 A 级景区，提升了景区内部道路、标识、卫生、厕所、安全等方面的建设，为旅游者提供了良好的服务。然而，由于我国社会公共服务长期欠账，当旅游者在更广阔的城市、乡村自助旅游时就碰到了极大的困难，甚至无法解决内急问题。

党的十九大报告明确指出，“新时代我国社会主要矛盾是人民日益增长的美好生活需要和不平衡不充分的发展之间的矛盾，必须坚持以人民为中心的发展思想，不断促进人的全面发展、全体人民共同富裕”。因此，作为公共服务的提供者，为满足旅游者的新需求，各级政府必须为旅游者提供全空间、全时段的旅游公共服务。

从这个维度来看，发展全域旅游就是要推进旅游目的的全要素提升，提升和完善旅游产品体系，推进旅游产业融合发展，就是需要完善区域旅游公共服务，提高旅游公共服务的覆盖面，要深化科技在旅游业的应用，以满足旅游者的休闲旅游需求。

但是在这里，特别要注意的是，全域旅游不是“全域”的旅游。从字面看，全域旅游就是到处都能旅游，显然这个解释与党中央国务院对于全域旅游的定位和发展指导思想并不完全一致，甚至完全不一致。于是，就有人把这个“到处都能旅游”的“全域”旅游解释为：全时空、全产业、全要素、全员参与的旅游，还有人在全时空、全产业、全要素、全员参与之外，再加上全部门、全社会等，不一而足。这些理解并不完全错误，然而，这些理解如同盲人摸象一样，仅仅是解释了全域旅游的某几个方面，并非全域旅游的核心，更非全域旅游的全部内容。

因此，对全域旅游的理解也不能仅仅把全域旅游解读为与景区景点对应的全空间旅游。全域旅游作为一个全新的理念，不能简单理解为“全域”的“旅游”，“全域旅游”作为一个整体是全新的概念，不能简单拆分。习近平总书记提出，全域旅游路子是对的要坚持走下去，这是从国家高度，从破解当前我国社会经济发展难题的背景下提出的，绝不仅仅是与景区景点对应的全域旅游。

2. 第二个维度：产业转型升级下的全域旅游

改革开放以来，我国旅游业快速发展，但是以质量的角度来衡量，我国旅游业仍然更多地呈现出“旅游大国”的面貌，在深层次结构上与“旅游强国”仍有较大的差距。一方面，我国旅游业已经形成较大的规模，并且仍处于增长之中；另一方面，仍有大量结构性问题是增长无法解决的，如发展动能的结构性支撑不足、旅游消费的结构性深化不足、可持续发展的结构性平衡不足、国家战略的产业性优化不足，旅游总体发展速度保持上一阶段水平，发展质量和效益仍有较大发展空间。

这主要是在于长期以来，旅游业发展思路狭窄简单，甚至单纯依靠景区景点、宾馆饭店、旅行社等内部要素，这种发展模式一方面使得旅游业自身难以做大做强，另一方面旅游业对社会经济的带动作用难以发挥。

首先，中国的旅游管理体制是从管理旅行社和饭店为主建立起来的，直到 2000 年以后，才通过 A 级景区管理办法把景区纳入行业管理的范畴，因此自助旅游者等不通过旅行社安排、不住星级酒店、不在旅游景区内游玩的旅游者就很难得到满意的服务。经常出现的情况是，景区一道围墙内的世界清静、卫生又方便，出了景区围墙则是另外一个嘈杂、混乱、肮脏的世界，甚至很多景区大门口就如同鲍鱼之肆一样，巨大的反差让旅游者难以适应。但由于景区外旅游行政管理部门鞭长莫及，尽管旅游者满腹牢骚，旅游管理部门也无能为力。

其次，旅游者的需求是全方位的，而我们旅游行政管理部门的服务则无法全面覆盖。比如，几年前山东出现的 38 元大虾，旅游者极为不满，然而旅游管理部门却真的无能为力，因此板子打在旅游管理部门身上确实是有点冤枉。因此，在新时代为适应散客旅游者的需求，就必须树立起旅游综合管理的理念。

此外，即便是传统旅游项目，如景区等，在建设开业过程中，也必须有相关部门的理解和支持。当前旅游市场异常火爆，然而很多旅游投资却难以落地，因为旅游业往往不被地方政府重视，在考虑用地指标等重要资源分配时，经常要给其他投资让路。这也是当前景区供给不足，依然人满为患的重要原因。

为了更好地满足旅游者全时空的旅游需求，就必须建立起符合新时代旅游者需求的旅游业运行管理体制，就必须对旅游业进行全要素、全行业、全过程的综合管理。

在国务院于 2016 年印发的中国《"十三五"旅游业发展规划》中，明确指出："改革开放以来，我国旅游业主要依靠景点景区、宾馆饭店等基础旅游要素的发展模式，已经不能适应大众旅游新时代的要求。'十三五'时期，必须创新发展理念，转变发展思路，加快由景点旅游发展模式向全域旅游发展模式转变，促进旅游发展阶段演进，实现旅游业发展战略提升。"并且进一步提出："以推动全域旅游发展为主线，加快推进供给侧结构性改革，努力建成全面小康型旅游大国，将旅游业培育成经济转型升级重要推动力、生态文明建设重要引领产业、展示国家综合实力的重要载体、打赢脱贫攻坚战的重要生力军，为实现中华民族伟大复兴的中国梦做出重要贡献。"也就是必须用全域的概念来实现旅游业内部经营管理方式的转变，具体说来就是以下转变：

一是从单一景点景区建设向综合目的地服务转变。目前，中国的旅游景点，特别是高 A 级景区的管理水平已经达到国际先进水平，但是景区之外则是另一个世界，以至于人民群众戏说，"景点之内像欧洲，景点之外像非洲"。全域旅游就是要把景区内的管理水平推广到旅游目的地，要实施多规合一、公共服务一体化、旅游监管全覆盖等措施，把整个旅游目的地都建设成为 A 级景区的水平。

二是从门票经济向产业经济转变。目前，很多地区的景区景点发展得较好，效益也不错，但是由于没有脱离门票经济的桎梏，旅游业对地方经济、脱贫致富等还缺乏整体的带动，要探索利用景区的发展带动旅游产业全面发展的新发展模式，完善产业结构，延伸产业链，让旅游业真正成为国家全域旅游示范区的支柱产业。

三是要从粗放低效方式向精细高效方式转变。从供给侧改革的角度看，由于我国旅游业长期粗放低效运行，导致旅游供需极不平衡，在景区上的表现尤为突出，景区人满为患，供给严重不足。只有向精细化高效化转变，才能彻底解决旅游供需不平衡的问题。这也是从粗放型旅游大国，向集约型旅游强国发展的必然要求。

四是要从封闭的旅游自循环向开放的“旅游 +”转变。长期以来，我国旅游业孤立发展，缺乏与相关产业的融合和沟通，这造成一方面旅游业难以满足人民群众日益增长的物质文化需求，另一方面旅游产业也难以做大做强，更难成为带动经济社会全面发展的动力产业。因此，必须加大旅游业与农业、林业、工业、商贸、金融、文化、体育、医药等相关产业的融合力度，形成综合新产能。

五是从企业单打独享到社会共建共享转变。旅游业中的很多顽疾，如欺诈旅游者、零负团费等，都是社会问题在旅游业中的反映。要想解决这些问题，就必须放在社会经济的大盘子中通盘考虑，统筹管理。因此，要充分调动各方参与旅游的积极性，以全域旅游示范区的核心旅游发展为导向，整合资源，强化企业和政府的社会责任，推动建立旅游业发展的共建共享机制。

六是从景区内部管理向全面依法治理转变。长期以来由于景区景点的封闭发展，与周边无关，形成了传统的景区内部封闭式的管理模式，这是一种法制含量最低的治理模式，而且各景区标准不一，自由裁量权大，缺乏规范的制度约束力，因此要通过全域旅游综合形成现代化的集约治理模式，建立全面依法治理的新模式。

七是要从部门行为向党政统筹推进转变。长期以来，旅游业发展似乎仅仅是旅游局的工作，而旅游业是一个社会化极强，关联性极强的产业，必然出现所谓“小马拉大车”的局面，这也是旅游业中的很多顽疾得不到根治的原因之一。在中国现有体制下，必须党政统筹，部门联动，形成综合管理的局面，才能使旅游业真正成为现代化的产业。

八是要从景点景区接待国际游客和狭隘的国际合作向全域接待国际游客、全方位、多层次国际交流合作转变。长期以来，在旅游市场上，重视入境旅游、轻视出境旅游，重视国内游、轻视国际合作，重视旅游业的经济效益、轻视旅游业的综合作用。发展全域旅游就是让旅游业成为全方位、多层次国际交流合作的平台。

最终是要实现从小旅游到大旅游的转变，从低效率旅游到高效率旅游的转变，由低品质旅游到高品质旅游的转变。发展全域旅游，就是要推进旅游发展的理念创新、政策创新、体制创新、产品创新、业态创新、营销创新、公共服务创新等，探索出一条适合当地创建全域旅游的路径和方式，形成全域旅游发展的新模式，以带动和引领旅游业的转型升级。就是要适应大众旅游的新需要，从供给端入手，深化旅游供给侧结构性改革，提高旅游供给体系质量和效率，增强旅游发展持续增长动力，推动旅游业向高质量发展阶段迈进。

从这个维度来看，发展全域旅游是旅游业本身转型升级需要。对于地方政府来说，全域旅游建设的重点就是在如何加快旅游业内部管理体制、运行机制的转变，建立适应旅游需求变化的旅游管理体制；如何适应旅游市场供给体系变化，如何推进全域旅游目的地建设，建立独立的旅游目的地体系、树立综合型旅游目的地的形象、品牌核心产品；如何做大旅游产业，提升旅游效益，提升对经济社会的全面贡献（表 3–3）。

表 3–3　全域旅游发展的内涵及任务一览

全域旅游内涵	具体内容
为什么	一、推进全域旅游是贯彻落实五大发展理念的现实要求，也是旅游扶贫和全面建设小康社会的客观要求； 二、推进供给侧改革的重要抓手； 三、推进旅游转型升级和可持续发展的必然选择； 四、顺应全民旅游、自助游、自驾游趋势的时代要求； 五、推进我国新型城镇化和新农村建设的有效载体； 六、全面提升旅游国际竞争力的规律使然。
怎么搞	一、创新发展战略，改革管理体制； 二、创新经济社会发展规划和旅游规划； 三、改革评价体系； 四、创新投融资体制机制； 五、创新旅游业态； 六、试点先行、示范引领。
十大突破	一是在综合管理体制改革上要有突破； 二是在规划上要有突破； 三是在以旅游厕所为代表的公共服务设施供给上要有突破； 四是在“旅游 +”上要有突破； 五是在旅游扶贫上要有突破； 六是在旅游富民上要有突破； 七是在文明旅游上要有突破； 八是在旅游市场监管上要有突破； 九是在旅游数据上要有突破； 十是在旅游外交上要有突破。

续表

全域旅游内涵	具体内容
九大转变	一是实现从单一景点景区建设管理到综合目的地统筹发展转变； 二是从门票经济向产业经济转变； 三是从导游必须由旅行社委派的封闭式管理体制向导游自由有序流动的开放式管理转变； 四是从粗放低效旅游向精细高效旅游转变； 五是从封闭的旅游自循环向开放的“旅游 +”融合发展方式转变； 六是从旅游企业单打独享到社会共建共享转变； 七是从景点景区内部的“民团式”治安管理、社会管理向全域旅游依法治理转变； 八是从部门行为向党政统筹推进转变； 九是从仅是景点景区接待国际游客和狭窄的国际合作向全域接待国际游客、全方位、多层次国际交流合作转变。 最终实现从小旅游向大旅游、从低效旅游向高效旅游、从低层次旅游向高层次转变。
五大特征	一是在全域优化配置经济社会发展资源，充分发挥旅游带动作用； 二是全域按景区标准统筹规划建设； 三是构建全域大旅游综合协调管理体制； 四是全域发挥“旅游 +”功能，使旅游与其他相关产业深度融合、相融相盛，形成新的生产力和竞争； 五是全民共建共享全域旅游。
八大误区	一是防止竭泽而渔、破坏环境，不顾实际情况和资源承载力，盲目开发、过度开发、掠夺式开发行为； 二是防止简单模仿，千城一面、千村一面、千景一面； 三是防止粗暴克隆，低劣伪造； 四是防止短期行为、盲目涨价； 五是防止不择手段，不顾尊严，低俗媚客； 六是防止运动式、跟风式一哄而起和大拆大建； 七是防止重推介、重形式，轻基础、轻内容； 八是防止在全域旅游改革中换汤不换药，换牌子不换体制，换机构不换机制，换人不换理念。
五种模式	一是龙头景区带动型，典型代表有湖南张家界、四川都江堰； 二是城市全域辐射型，典型代表有辽宁大连、福建厦门等地； 三是全域景区发展型，典型代表有浙江桐庐、河南栾川、宁夏中卫等地； 四是特色资源驱动型，典型代表有重庆武隆、云南抚仙湖、贵州花溪等； 五是产业深度融合型，典型代表有南京江宁区、北京昌平区。
五个要求	国家全域旅游示范区的基本要求包括体制机制、综合贡献、旅游规划、旅游厕所、安全文明共五个方面。

3. 第三个维度：全面深化改革下的全域旅游

对于全域旅游的理解，此前提出的很多类似概念，对全域旅游的提出做了很好的铺垫。比如，1999 年国家旅游局组织专家出版了《新世纪 新产业 新增长》，提出旅游业对社会经济的全面带动作用；2013 年北京市旅游委组织专家出版了《广义旅游学》，提出了旅游业的无边界性，进一步阐释了旅游业对经济社会各个方面的全面带动作用；2010 年前后就有专家提出“无边界旅游”“泛旅游”“大旅游时代正向我们走来”。泛旅游、无边界旅游、大旅游、广义旅游等概念与全域旅游在某些方面重合，但这些概念更偏向全时空、全产业、全要素等方面。全域旅游是在党的十八届三中全会后，落实国务院2014年31号文件，以旅游业带动全面深化改革的新的发展理念和模式，这是全域旅游与其他概念最大的不同。

全域旅游之所以受到党中央国务院领导的重视，关键在于其与国家改革发展背景结合在一起。在国家改革大背景下，旅游业因其“软硬兼备、融合度高、覆盖面广、拉动力强的综合性实力”的产业特性，将发挥全局性、战略性的作用。旅游业的改革，是终端式的消费联动改革，是集群式的产业联动改革，是前沿式的破除障碍改革。全面深化旅游业改革，是落实国家改革部署的战略需要；旅游业自身的改革，牵动国家改革大局，是国家改革的重要方面。《中共中央关于全面深化改革若干重大问题的决定》涉及56类改革大项、336个改革小项，其中共有25类改革大项、156个改革小项涉及旅游业，还有6个行业改革项目与旅游业发展直接相关。全域旅游的发展思路与旅游业自身特点、定位以及改革之间必须有着天然的契合。新时代的旅游改革，是以全域旅游理念引导的深入灵魂的改革。旅游业作为改革的先导产业和优势产业，是一个与社会经济各方面紧密联系的有机整体，通过对旅游业进行全方位、系统化的优化提升，实现区域资源有机整合、产业融合发展、社会共建共享，进而带动和促进经济社会协调发展。

中国的改革走的是一条渐进式改革的道路，渐进式改革的最大特点是逐步探索不断前进。由于我国社会主义市场经济管理体制是逐步建立起来的，在建立过程中，部门划分越来越细，管理也越来越全面，到2013年年底的时候，我国各大部委出台的法规性文件就有7767部。首先这些文件大都不是第三方立法，行政管理的色彩非常浓；其次这些文件大都是从管理的角度设立的，很少有从服务市场经济角度设立的；更重要的是，由于我国经济体制改革是渐进式的，很多早期的法规性文件越来越不适应当前市场经济发展的需要。到2013年年底时，越来越多的有识之士认为我们的市场经济被“管死”了。

因此，2013年年底我党召开的十八届三中全会上，提出了“要让市场在资源分配中发挥决定性作用”的理念，提出要进行全面深化改革，“全面深化改革的总目标是完善和发展中国特色社会主义制度，推进国家治理体系和治理能力现代化”。这开启了我国全面深化改革的新征程，其意义和1978年的改革开放同样重大。强调要紧紧围绕使市场在资源配置中起决定性作用深化经济体制改革，坚持和完善基本经济制度，加快完善现代市场体系、宏观调控体系、开放型经济体系，加快转变经济发展方式，加快建设创新型国家，推动经济更有效率、更加公平、更可持续发展。必须积极稳妥从广度和深度上推进市场化改革，大幅度减少政府对资源的直接配置，推动资源配置依据市场规则、市场价格、市场竞争实现效益最大化和效率最优化。政府的职责和作用主要是保持宏观经济稳定，加强和优化公共服务，保障公平竞争，加强市场监管，维护市场秩序，推动可持续发展，促进共同富裕，弥补市场失灵。

改革开放之前，我国社会经济铁板一块，生产要素全面固化到既定单位上。在那个特定背景下，总设计师邓小平同志审时度势，以旅游业为突破口，通过1979年黄山讲话等一系列举措，开启了改革开放的航船。此后，随着“全国学建国”等举措从旅游业向全社会渗透，旅游业成为启动改革的突破点。

2013年年底的党的十八届三中全会上，提出了要“让市场在资源分配中发挥决定性作用”的全面深化的改革战略决策。仅仅半年后的2014年，国务院随即出台了《关于促进旅游业改革发展的若干意见》，实际上国务院再次把旅游业作为我国全面深化改革的突破点。31号文件原本是国家旅游局和国家发改委共同拟定的关于旅游业扩大内需的文件，然而在2014年年初，李克强总理却把该文件改为“关于促进旅游业改革发展”的文件，并且在文件最后加上了“部级联席会”。显然，在全面深化改革的改革元年，李克强总理希望把旅游业作为全面深化改革的破冰产业。① 因为，旅游业船小好掉头；旅游业一业兴百业旺，对国民经济的作用大；更为重要的是，旅游业是一个内部限制几乎为“零”，而外部制约与其他部门一样多的行业。通过对旅游业改革发展的探索，必然对解决我国市场经济管得过“死”的问题探索解决之道。为此，李克强总理还提出建立旅游业发展的部级联席会议制度，解决旅游业的外部制约问题。

当前的改革与1978年改革开放之初非常类似，1978年改革开放之初，我国的社会经济铁板一块，所有生产要素全部固化，不能流动。为此，改革开放的总设计师

① 戴学锋．旅游业应定位为引领社会经济全面深化改革的破冰行业［J］．旅游学刊，2015（3）．

邓小平同志，对旅游业发展有30多次直接的指导和讲话，利用旅游业先行先试，创建了北京建国饭店模式和广州白天鹅模式。此后，深谙小平改革开放理念的胡耀邦同志提出全国学建国①（先是在旅游业内，全国建50个类似建国饭店的饭店；后逐步推广到全社会），旅游业为我国改革开放打破生产要素固化坚冰起到了四两拨千斤的作用。

要让被“管死”的经济活起来，就必须打破一些不合理的规章制度，就要以一个产业作为突破口进行全面的改革。这便是31号文件出台的重要背景。正如习近平总书记在2013年7月23日湖北省武汉市主持召开部分省市负责人座谈会时强调的那样，“必须以更大的政治勇气和智慧，不失时机深化重要领域改革，攻克体制机制上的顽瘴痼疾，突破利益固化的藩篱，进一步解放和发展社会生产力，进一步激发和凝聚社会创造力”。

以旅游业整个产业进行全面深化改革的试点必然要碰到各大部委的文件法规，这就产生一个悖论，改革要依法进行，但要依现有法规文件，则根本无法改革。事实上，全面深化改革，不能依据那些改革过程中的中间法，而是应该以党的十八届三中全会通过的《中共中央关于全面深化改革若干重大问题的决定》为依据，该决议应该成为全面深化改革的“改革大法”。②尽管如此，但以一个产业全面探索深化改革必然要碰到与各大部委的文件法规抵牾的局面，旅游业也不例外。

改革开放总设计师小平同志在启动改革开放时，有一个重要的手段，就是利用基层改革的动力倒逼上层改革以推动全面改革，如利用小岗村18个农民要求分田到户的基层改革愿望，顺利推行了联产承包责任制，使得农村改革率先成功。而今，在打破被“管死”的经济时，让“市场在资源分配中发挥决定性作用”更需要基层的活力。此时的“基层”则是基层的行政管理层，也就是区县层面，即所谓“百代犹行秦法政”，而秦法政的核心就是郡县制，从那时起，县就成为中国的最基层组织。而全域旅游正是“以旅游业为优势产业”的区县发挥基层活力，尝试全面深化改革。因此，应该从推进全面深化改革的角度来看待全域旅游的重要性。

① 何光暐.中国改革全书——旅游业体制改革卷（国务院批转国家旅游局关于推广北京建国饭店经营管理方法有关事项的轻视的通知）[M].大连出版社，1999：206.

② 周天勇.正确认识“立法在先、依法改革”的真正含义[J].中国经济时报.2014-07-29.

自从秦始皇提出郡县制后，我国“百代都行秦政制”，县级政府成了最基本的行政管理细胞，所谓“上面千条线，下面一根针”，各大部委的法规文件都要县级层面来落实，因此发展全域旅游的核心是县级。

发展全域旅游就是要实现“要让市场在资源分配中发挥决定性作用”的全面深化改革探索，对“完善和发展中国特色社会主义制度，推进国家治理体系和治理能力现代化”具有极为重要的作用，因此党中央、国务院极为重视。

推进全域旅游示范区建设的潜台词是：如果以旅游业为优势产业的地区，能够围绕旅游业建立起新的符合旅游市场的体制机制和发展模式，那么以工业为优势产业的地区，以农业为优势产业的地区，和以第三产业其他方面为优势产业的地区，就可以学习旅游业的做法，这样全面深化改革就能在全国各处进行全面探索。

从这个角度来看，发展全域旅游，就是要以旅游业为突破点破解全面深化改革的难题，就是要充分释放地方积极性，将全域旅游作为落实全面深化改革的抓手，推进改革创新，实现旅游业先行先试、引领发展的突破口。

四、全域旅游的基本释义

全域旅游，是指在一定区域内，以旅游业为优势产业，通过对区域内经济社会资源尤其是旅游资源、相关产业、生态环境、公共服务、体制机制、政策法规、文明素质等进行全方位、系统化的优化提升，实现区域资源有机整合、产业融合发展、社会共建共享，以旅游业带动和促进经济社会协调发展的一种新的区域协调发展理念和模式。

（一）“全”在哪里?

全域旅游重点全在以下几个方面：

首先全在全新理念，全域旅游是站在社会经济全面发展的角度，按照党的十八届三中全会提出的全面深化改革的思路，以旅游业为抓手，根据国务院 2014 年 31 号文件，突出改革发展的思想，以旅游业为优势产业的县域为突破口，实现旅游业带动地方经济社会全面发展的全新理念。

其次全在全新模式，即在旅游业为优势产业地区，以旅游业的发展带动经济社会全面发展的全新模式。这个新模式不再是旅游业单打独斗地发展，而是与经济社会的各个方面有机融合，相互影响，共同促进的发展模式。

最后全在全面改革创新，全域旅游最核心的内涵是要以党的十八届三中全会，以及党的十九大系列全面深化改革思路为统领，进行全方位的改革创新，特别是在那些制约旅游业发展的方面，在那些不能让旅游市场在资源分配中发挥作用的方面，进行改革创新，形成具有示范意义的举措，能够在全国推广。

全域旅游单从这四个字上看，似乎不是新的概念，甚至在很多年前就有人用过“全域旅游”四个字，但那时用全域旅游不过是“全域”的旅游，重点是时空上的全域，与当前提出的以全面深化改革为核心的全域旅游不是一回事，不能简单画等号。

（二）强调以县级为核心

全域旅游强调在一定区域内，这里的“一定区域”指的是中国郡县制体制下的县级。改革开放之初，旅游业曾经被作为启动改革的突破口。新的时代背景下，旅游业完全可成为全面深化改革的重要抓手。发展全域旅游，创建国家全域旅游示范区的核心目的就在于以全域旅游为着力点，推动旅游业改革创新带动全面深化改革。

当前全面深化改革面临的问题是各管理部门的管理方式固化、体制机制固化，甚至固化形成部门利益，越来越不适应社会主义市场经济发展的需要，因此迫切需要改革不再适应社会主义市场经济发展规律的体制机制和法律法规，让市场在资源配置中发挥决定性作用。以旅游业整个产业进行全面深化改革的试点必然要碰到各大部门的文件法规，这就产生一个悖论，改革要依法进行，但要依现有法规文件，则根本无法改革。因此，从实施路径来说，不能简单地启动自上而下的改革，因为那样需要调整所有相关的法律、法规、文件、条例，这几乎是不可能完成的工作。这样，就像改革开放之初小平同志利用基层改革动力顺利推行联产承包责任制一样，旅游业的深化改革也必须在把旅游业作为一个整体的同时发挥基层的活力。改革开放总设计师小平同志在启动改革开放时，有一个重要的手段，就是利用基层改革的动力倒逼上层改革以推动全面改革，如利用小岗村 18 个农民要求分田到户的基层改革愿望，顺利推行了联产承包责任制，使得农村改革率先成功。

“基层”是基层的行政管理层，也就是区县层面，即所谓“百代犹行秦法政”，而秦法政的核心就是郡县制，从那时起，县就成为中国的最基层组织，是探索社会改革实践的基本单位。当前，中国各级地方政府不仅扮演着对地方经济发展“经济干预者”的角色，而且扮演着准公司的角色。地方政府积极发挥作用以及地方政府之间展开竞争，是迄今为止“中国经济奇迹的秘诀之一”。可以说，地方政府积极作为，则经济增长迅速；地方政府懒政、怠政，则经济增长迟缓。

为此，全域旅游发展的核心在于充分调动基层的活力，强调在一定区域内通过发展旅游业带动经济社会的整体发展。国家全域旅游示范区创建单位包括省、地市、县 3 个不同行政区域层级。全域旅游发展的重点是发挥基层的活力解决一体化的管理问题，故必须把重点放在县级行政区域。

（三）强调以旅游业为优势产业

全域旅游强调要“以旅游业为优势产业”，什么是以旅游为优势产业。旅游为优势产业主要体现在：具有不少于 1 个国家 5A 级旅游景区，或国家级旅游度假区，或国家级生态旅游示范区；或具有 2 个以上国家 4A 级旅游景区；或具有 2 个以上省级旅游度假区；或具有 1 个国家 4A 级旅游景区和 1 个省级旅游度假区。

总体上看，旅游业为优势产业关键是看其综合带动作用，然后才是总量、比重、就业、综合带动等。

（四）全域旅游发展的手段

实现全域旅游发展手段是通过对区域内经济社会资源尤其是旅游资源、相关产业、生态环境、公共服务、体制机制、政策法规、文明素质等进行全方位、系统化的优化提升。这里强调的是蛹化蝶的过程，是全方位整合，是系统提升。在全域旅游发展过程中，要突出改革创新、有机整合、融合发展、协调发展、共建共享。

全域旅游突出改革。强调针对旅游发展的重大问题，探索新的发展模式和路径，提出系列旅游改革发展的具体措施，解决长期制约旅游发展的瓶颈，形成适应全域旅游发展的体制机制。在发展全域旅游过程中，特别强调要解决旅游发展瓶颈问题，从本地实际出发，敢于突破，大胆实践，能够绕开现有不合理的体制限制，找到能够解决地方长期发展问题的突破性、实质性的措施。

全域旅游突出创新。强调全面推进旅游发展的理念创新、政策创新、体制创新、产品创新、业态创新、营销创新、公共服务创新等，切实解决制约全域旅游发展的问题。在全域旅游发展过程，强调通过不断的创新实践，确立发展全域旅游发展创新举措，如在旅游管理体制、市场监管、公共服务、产品开发、产业融合、营销推广、全域旅游政策支持、旅游数据统计等方面，而且通过先行先试，成效显著，在全国产生了重要影响，具备可借鉴可推广的条件，有助于促进其他地区发展全域旅游。

（五）全域旅游发展的目标

全域旅游发展的目标是实现旅游业带动全面深化改革的突破，实现旅游业对社会经济发展的综合带动，最终建立一种新的模式和理念。

（六）突出示范试点

全域旅游强调各地先行先试，大胆实践，勇于尝试，突破已有不合理规章制度束缚，发挥旅游业在改革开放中敢为天下先的优良传统，形成全域旅游发展的新模式，带动相关经济社会改革。强调探索出一条适合当地创建全域旅游的路径和方式，找到适合当地旅游业发展的模式，形成可借鉴可推广的经验。

（七）强调党政统筹

此次全面深化改革的重点是改变政府对市场经济的管理模式，让市场在资源分配中发挥决定性作用，同时必须把市场作为一个整体来看待，不能简单切分。因此，以县域为核心发展，全域旅游必须在党政领导统筹下进行。也就是讲，不能囿于旅游业内解决制约旅游业发展的问题，必须有更大的视野，更大的范围。在现有体制下只有党政一把手亲自挂帅才能充分释放全域旅游理念冲击僵化体制机制的应有作用。全域旅游建设需要坚决摒弃就旅游谈旅游的惯性思维，从区域经济社会发展的全局出发谋划旅游业的发展。在国家层面已经建立旅游部级联席会议制度的基础上，创新党政有效统筹协调的机制。因此，发展全域旅游强调体制机制建设，特别是在统筹协调机制、统筹发展能力等方面提出了具体的要求。

（八）强调通过融合发展撬动相关改革的突破口

以全域旅游推动全面深化改革，强调坚持旅游与相关产业的融合发展，“旅游 +”和“+ 旅游”的方式是丰富旅游产品的有效手段。坚持融合发展，充分发挥旅游业对相关产业的带动作用，是实现区域旅游发展全域化的关键环节，也是带动相关领域改革，充分发挥全域旅游冲击利益固化藩篱，充分释放以旅游为突破口带动地区全面改革能量的关键环节。对创建单位来讲，必须根据自身优势，因势利导地发展“旅游 +”，而不是什么都做，哪方面都“+”。

（九）强调规划先行

全域旅游发展必须坚持规划先行，但应特别注意，这里说的是区域旅游规划，也就是按照全面深化改革，转变发展理念，建立起适应市场经济发展的体制机制，具有改革创新举措的规划；同时这个规划必须与地方社会经济发展规划、城乡规划、土地利用规划、道路等基础设施规划等相关规划相互关联，甚至是影响这些规划的规划。全域旅游示范区的规划不能简单囿于旅游业的空间规划、产品规划等传统旅游规划的思路，必须从社会经济全面发展，全面深化改革，释放市场活力，实现旅游业带动社会经济全面发展的角度来制定。因此，发展全域旅游对全域旅游规划提出了多规融合、推进机制等方面更高的要求。

（十）强调全面提升公共服务

公共服务是旅游业发展的重要保障，而当前我国公共服务总体水平还相对较低。因此发展全域旅游的一个重要方面就是通过大力发展旅游公共服务，引领我国全社会公共服务的全面提升。

（十一）突出地方特色

突出地方特色建设就是要因地制宜，在各方面体现地方特色，适应全域旅游发展的需要，要在体制机制上形成特色，为探索多种发展模式做出贡献；要在地方旅游产品、公共服务、营销方式等方面探索适合地方发展的道路，最终形成各个示范区“各美其美，美美与共”的局面，推进全域旅游的特色化发展新方式。

（十二）突出绿色发展

全域旅游发展建设不仅要防止出现破坏环境，杜绝竭泽而渔，运动式盲目开发的问题，而且要成为绿色发展的典范地区。因此，要特别注重绿色发展，在绿色酒店建设、垃圾清运处理等方面都提出了具体的要求；同时在消费一端积极引导，以让更多的旅游者践行乐活理念，全域旅游在这些方面也提出了相应要求。全域旅游不仅要有维护绿水青山的环境，更要成为主动改善已经污染了的环境和培养新一代环境友好旅游者的重要力量。

五、全域旅游对全面深化改革的作用

全域旅游坚持了旅游业的整体性，强调以改革创新为动力，全面调整改革所有不适应旅游业发展的法律法规和体制机制，围绕旅游产业“让市场在资源分配中发挥决定性作用”，形成新的发展理念和模式。全域旅游充分调动了基层的活力，强调在一定区域内通过发展旅游业带动经济社会的整体发展，对于具有较好旅游发展基础和较大潜力的地区来说具有很大的积极性。

（一）全域旅游有助于推进全域旅游体制，打破部门利益固化

通过全域旅游，有助于推进旅游体制机制改革，打破部门的固化，使市场在资源配置中发挥决定性作用，带动体制机制改革。发展全域旅游要通过旅游领域体制机制的改革创新，打破旅游发展的管理体制障碍，带动其他领域管理体制改革创新；强调依法治旅，不断完善旅游治理体系，健全旅游业可持续发展的法制环境，提高现代旅游治理能力。

（二）全域旅游有助于创新旅游用地政策，推进土地制度改革

在全域旅游发展过程中，各地贯彻国家相关土地政策，努力保障旅游用地，创新旅游用地政策，在土地政策方面的先行先试，解决旅游发展用地矛盾关系，打破土地政策的束缚，促进全域旅游大发展。全域旅游发展中的用地政策创新实践，也为其他

产业领域乃至整个土地政策的创新改革提供借鉴，推动土地资源配置的市场化。

（三）全域旅游有助于创新旅游投资体系，完善资本要素市场

资本要素是全域旅游发展的核心要素，完善的旅游投融资体制是促进全域旅游发展的重要基础。全域旅游发展过程中，各地不断创新财政、税收、金融等支持政策，探索投融资政策和市场化运作模式，先行先试，形成适应全域旅游发展的市场投资环境，极大地为全域旅游发展提供了保障。

（四）全域旅游有助于加快门票价格改革，完善市场价格制度

全域旅游理念很重要的一点，就是要实现从门票经济向产业经济转变。当前，门票价格居高不下的一个很重要的因素也在于现有景区经营模式的滞后，导致其过度依赖景区门票作为景区主要的收入来源。在发展全域旅游过程中，各级各地政府积极创新，推动景区门票价格的创新改革，健全适应全域旅游发展的景区门票价格的市场化机制。

（五）全域旅游有助于优化旅游公共服务，引领社会公共服务

旅游公共服务是旅游业发展不可或缺的基本要素，也是发展全域旅游的核心内容和基本保障。从当前中国社会公共服务所处特殊阶段看，我国经济社会仍处初级阶段，社会公共服务建设相对滞后，通过旅游公共服务适当超前发展，能够引领社会公共服务发展。发展全域旅游，一方面，适应游客旅游需求，促进区域旅游业发展。另一方面，通过旅游公共服务建设适当超前发展，引领社会公共服务发展，优化全域旅游发展环境，带动地区经济社会发展。

（六）全域旅游有助于创新旅游规划体系，提升旅游发展顶层设计水平

旅游规划成为引领旅游业发展的前瞻性方案。全域旅游带动了旅游规划的转型升级。发展全域旅游，以全域旅游来促进、引领全面深化改革，核心也就落在了旅游规划能否体现国家全面深化改革的要求，旅游规划能否与经济社会发展战略、与全面深化改革发展相结合。全域旅游带动了旅游规划的转型升级。全域旅游规划是全域旅游发展的

先导内容。如何充分发挥规划对全域旅游发展的引领与统筹作用，为全域旅游科学健康可持续发展提供规制，确保全域旅游正确发展方向，降低全域旅游发展风险，这是全域旅游发展需要解决的首要问题。面对社会经济发展新阶段和全面深化改革的新要求，全域旅游规划应围绕全面深化改革的主要内容和要求，突出全域旅游规划特点，转变规划观念、创新规划模式、提高规划质量，使旅游规划更好地促进全域旅游发展，更好地体现全面深化改革的要求，更好地服务全面深化改革，引领全面深化改革。

（七）全域旅游有助于创新扶贫新模式，助力全面小康社会建设

旅游扶贫是我国扶贫攻坚的最有效途径之一，是旅游功能在新领域的拓展与延伸，是国家脱贫攻坚战略的重要组成部分，是产业扶贫的主要方式，是全面建成小康社会的重要推动力量。全域旅游作为一种全新的旅游发展模式，通过旅游发展的全域化、旅游供给的品质化、旅游治理的规范化、旅游效益的最大化，带动区域经济社会发展，是推动旅游扶贫一个突破口和重要抓手。在全域旅游发展过程中，各地大力实施旅游扶贫工程，各地充分发挥旅游的扶贫带动功能，提高旅游扶贫的精准性，真正让贫困人口稳定受益脱贫。对非贫困地区，不断提高旅游富民的受益面，让老百姓从旅游发展中获得更多实惠。

六、新时代发展全域旅游的重要性和紧迫性

（一）全域旅游是落实全面深化改革、推进旅游高质量发展的突破口

党的十八大以来，全面深化改革持续推进，经济社会发展进入改革新纪元。党的十八届三中全会通过《中共中央关于全面深化改革若干重大问题的决定》，对全面深化改革做出了全面部署，开启了全面深化改革的新征程。2020 年 3 月，中共中央国务院发布《关于构建更加完善的要素市场化配置体制机制的意见》提出，要“坚持深化市场化改革、扩大高水平开放，破除阻碍要素自由流动的体制机制障碍，扩大要素市场化配置范围，健全要素市场体系，推进要素市场制度建设”，并提出了推进土地要素市场化配置、引导劳动力要素合理畅通有序流动、推进资本要素市场化配置、加快发展技术要素市场、加快培育数据要素市场、加快要素价格市场化改革、健全要素市

场运行机制七大任务。

2020 年 5 月，《中共中央国务院关于新时代加快完善社会主义市场经济体制的意见》发布，强调必须坚定不移深化市场化改革，扩大高水平开放，不断在经济体制关键性基础性重大改革上突破创新，重点要“以完善产权制度和要素市场化配置为重点，全面深化经济体制改革”，要“以要素市场化配置改革为重点，加快建设统一开放、竞争有序的市场体系，推进要素市场制度建设，实现要素价格市场决定、流动自主有序、配置高效公平”。

2020 年 10 月，党的十九届五中全会召开并发布《中共中央关于制定国民经济和社会发展第十四个五年规划和二〇三五年远景目标的建议》，提出“十四五”时期要坚持深化改革开放，坚定不移推进改革，坚定不移扩大开放，加强国家治理体系和治理能力现代化建设，破除制约高质量发展、高品质生活的体制机制障碍。2020 年 11 月，中共中央总书记习近平主持召开中央全面深化改革委员会第十六次会议并发表重要讲话，指出，“十四五”时期我国将进入新发展阶段，要深刻认识全面深化改革的阶段性新特点新任务，要推动改革和发展深度融合、高效联动。同时指出，基层是改革创新的源头活水，要注重激发基层的改革创新活力，支持开展差别化创新。地方抓落实要深刻领会党中央战略意图，既找准定位，又突出特色，有条件的地区要奋力走在前列。

2016 年 5 月 9 日，李克强总理在全国推进简政放权放管结合优化服务改革电视电话会议上指出：“要加快推进政府职能转变，以敬民之心，行简政之道、革烦苛之弊，施公平之策、开便利之门，推动双创深入开展，加快发展新经济、培育壮大新动能，提高全要素生产率，使中国经济的无限活力充分迸发。”2020 年政府工作报告中李克强总理也提出要“依靠改革激发市场主体活力，增强发展新动能”，“困难挑战越大，越要深化改革，破除体制机制障碍，激发内生发展动力”，“深化新一轮全面创新改革试验，新建一批双创示范基地，坚持包容审慎监管，发展平台经济、共享经济，更大激发社会创造力”。全域旅游示范区在某种程度上是双创示范基地的一个重要类型，也是推动改革创新的重要载体。

经过多年发展，可以说我国旅游业发展有没有问题已经基本解决，好不好的问题越来越突出，旅游产业结构与市场需求不适应，低端供给过剩与中高端供给不足并存，适应群众需要的优质旅游产品不足，景区收入过多依靠门票，旅游产业链不够长，国内旅游的便利度、舒适性、体验感有待提升，文化和旅游融合发展力度、广度、深度还不够等。这背后深层次的原因又在于，我国体制机制创新不够充分、政策支撑不够有力、公共服务不够完善、市场管理不够到位等，对旅游发展形成了制约和掣肘。要解决这些问题，推动旅游业高质量发展是必由之路。要推动旅游业高质量发展，需要推进全面深化改革，破除我国旅游业发展在资源、用地、能源、融资、规划等多方面的体制机制障碍。

全域旅游是落实全面深化改革、推进旅游业高质量发展的重要突破口。在国家改革大背景下，旅游业与相关产业的融合度、关联度高，对社会经济文化生态各个领域的辐射性、渗透性越来越广，在全面深化改革进程中具有重要的战略性作用。《中共中央关于全面深化改革若干重大问题的决定》涉及 56 类改革大项、336 个改革小项，其中共有 25 类改革大项、156 个改革小项涉及旅游业。旅游业的改革，是终端式的消费联动改革，是集群式的产业联动改革，是前沿式的破除障碍改革。推动旅游业深化改革是落实国家改革部署的战略需要。

对于旅游产业，实现转型升级、把握重大发展机遇的关键就是破除阻碍要素自由流动的体制机制障碍，充分发挥市场作用。从总体上，首先，应建立有效的综合性工作机制，整合行政资源，统筹产业发展，减少地方行政部门各自为政、利益多头管理、旅游资源监管分散的情况。其次，加快市场化改革，推动旅游资源管理权和经营权相互分离，减少行政力量对价格的管制约束，让旅游产品、服务和生产要素的价格更多由市场决定、有序流动。最后，鼓励地方进行旅游业发展的差异化、首创性探索，尤其在生产要素市场化配置等方面先行先试。

从具体生产要素角度，对于土地要素，应有更为灵活的制度政策安排，在旅游业为优势产业的地区，土地利用规划应充分考虑旅游需求，土地指标适当向旅游用地倾斜；在旅游用地紧张的城镇探索空间上下延伸、建设空间共享、区域腾笼换鸟、以土地租用代替土地开发等多元化的土地供给方式；在乡村旅游发展地区，缜密制定乡村旅游用地规划，鼓励农民土地入股或利用乡村空间开展旅游经营，创新土地流转方法与模式。对于资本要素，首先需要发挥政府作用，加大扶持力度，实现政策和体制创新，构建地方旅游投融资平台、旅游集团，引导金融机构、银行业、保险业等各类资本创新金融产品为旅游业发展提供支持。其次要充分激发各市场主体活力，破除旅游资源管理体制障碍，为资本进出创造便利条件，还可通过相互股权投资、IPO等方式灵活运用社会资金，提升市场主体旅游投资开发的积极性。对于数据要素，既要积极推进旅游新基建，也要减少大数据中心等的重复建设，尤其注重打破数据孤岛效应，破除数据封闭，引导不同省份以及省内各地区旅游大数据的共享和流动。要与具有数据收集、利用、分析优势的企业加强合作，充分发挥数据对其他要素的倍增作用。

发展全域旅游就是要在以旅游业为优势产业的区域，通过旅游业改革创新，先行先试，启动基层改革活力，创新旅游管理新模式和新方式，改革不适应旅游业发展的体制机制，破除全域旅游发展的障碍，以旅游业改革创新引领和促进经济社会领域改革，发挥旅游业对全面深化改革的窗口效应和示范带动作用。

发展全域旅游就是要突出改革，就是要坚定不移地走深化改革的道路，针对旅游发展的重大问题，创新旅游体制和治理体系。推进交通、土地、金融、规划等旅游相关的配套改革，解决长期制约旅游发展的瓶颈。解决旅游有效供给不足的结构性、体制性问题，推进旅游业治理体系和治理能力现代化，促进旅游要素的自由流动，释放旅游业发展的红利，提高旅游供给体系质量和效率，提升旅游全要素生产率，推动旅游业向高质量发展阶段迈进，探索出一条以旅游业带动和促进经济社会协调发展的一种新的区域协调发展新理念和新模式。如果以旅游业为优势产业的地区，能够围绕旅游业建立起新的符合旅游市场的体制机制和发展模式，那么以其他产业为优势产业的地区，就可以学习旅游业的做法，这样就能推动全面深化改革在全国各处进行全面探索，落实党的十八届三中全会以及党的十九大以来系列全面深化改革思路和战略部署。

（二）全域旅游是满足人民美好生活需要的重要载体

党的十八届五中全会进一步提出了“坚持以人民为中心的发展思想”，落实以人民为中心的发展思想要坚持人民主体地位，顺应人民群众对美好生活的向往，不断实现好、维护好、发展好最广大人民根本利益，做到发展为了人民、发展依靠人民、发展成果由人民共享。党的十九大报告指出，我国社会基本矛盾已转化为“人民日益增长的美好生活需要和不平衡不充分的发展之间的矛盾”，坚持以人民为中心的发展思想，就是要在经济社会发展的各个环节，落到实处，满足人民美好生活需要。

进入新时代，旅游已成为人们的刚性需求、常态化的消费选择，是人们美好生活需要的重要组成部分。旅游是人民生活水平提高的一个重要指标，是人们获得幸福感和获得感的重要承载。全域旅游就是要顺应人民美好生活需要，夯实旅游幸福产业基石，这是新时代解决我国旅游业发展不平衡不充分矛盾、满足人民美好生活需要的重要载体。发展全域旅游，就是要坚持以人民为中心，融入“六保”工作，落实“六稳”任务的要求中，丰富产品供给，坚持共享发展理念，共建基础设施、公共服务和社会环境，共享美好生活，建立更优质、更便利、更普惠的旅游业，有效解决游客反映强烈、社会关注度高的热点难点问题，保障人民群众的旅游权利和度假权利，使游客出行更便利、更舒适、更满意，更加自由地享受到旅游乐趣；发展全域旅游，就是要推动旅游发展成果的普惠与共享，落实旅游惠民富民工程，增进民生福祉，放大旅游民生效应，让本地居民和游客更有获得感、安全感和幸福感。

（三）全域旅游是提升社会治理体系和治理能力现代化的需要

社会主义现代化的重要标志在于实现国家治理的现代化。党的十八大以来，党中央和国务院大力推进国家治理体系和治理能力现代化。党的十八届三中全会提出，全面深化改革的总目标是完善和发展中国特色社会主义制度，推进国家治理体系和治理能力现代化。党的十九届四中全会提出，必须加强和创新社会治理，完善党委领导、政府负责、民主协商、社会协同、公众参与、法治保障、科技支撑的社会治理体系，建设人人有责、人人尽责、人人享有的社会治理共同体。

全域旅游是以旅游带动经济社会发展的新模式，以全域旅游促进全域经济、全域公共服务、全域社会治理方式的全面升级。全域旅游涉及面广、综合性强，是探索旅游业治理体系和治理能力现代化的生动实践。当前，旅游主体多元化、旅游时空全域化、旅游产业融合化、旅游活动社会化特征明显，全域旅游关系到经济社会发展与旅游工作的协同、旅游产业与其他产业融合、旅游环境与市场秩序的多部门共同治理、本地居民与外来游客的有效管理，是最能体现一个地区社会治理体系和治理能力水平的领域。

发展全域旅游是提升社会治理体系和治理能力现代化的重要抓手。推进全域旅游，就是要完善旅游治理机制，实现多主体间的共建共治共享，充分发挥政府不同机构、社会组织、行业协会、社会大众、旅游者等不同主体作用，建立现代化、社会化的旅游治理体系，提升旅游治理能力，并通过旅游治理体系和治理能力的现代化，促进社会治理体系和治理能力的现代化。通过全域旅游，有助于强化旅游部门综合协调职能，形成与公安、工商、交通等相关联动的联合治理机制，实现多部门联动管理、多主体共治共管的治理新格局。通过全域旅游，能增强全社会参与意识，形成全民共建共享、主客互动的氛围，调动全民参与本地社会治理中，实现政府治理和居民自治的良性互动。通过全域旅游，能健全旅游行业协会自律监督机制、消费者权益保护机制、社会信用体系等制度，建立行业协会、社会组织、企业、媒体、公众之间的有效治理结构，完善旅游治理的社会支撑体系，推进社会治理创新。

（四）全域旅游是打造“双循环”新发展格局的重要支点

当前，世界政治经济形势严峻，保护主义抬头、新冠肺炎疫情冲击影响持续、全球市场萎缩，国内国际经济形势呈现出前所未有的复杂格局。在这种背景下，2020 年 5 月 14 日中央政治局常委会会议提出，要充分发挥我国超大规模市场优势和内需潜力，构建国内国际双循环相互促进的新发展格局。7 月 30 日中央政治局会议再次强调，要加快形成以国内大循环为主体、国内国际双循环相互促进的新发展格局。“双循环”新发展格局已成为我国经济发展的新战略，被纳入“十四五”和 2035 年远景规划，为今后一个时期做好国内经济社会发展工作、实现高质量发展提供了根本遵循和重要指引。

“双循环”新发展格局，意味着要牢牢把握扩大内需这个战略基点，把满足国内需求作为发展的出发点和落脚点，进一步促进消费。2020 年 2 月中共中央政治局会议部署统筹做好疫情防控和经济社会发展工作，强调要“积极扩大有效需求，促进消费回补和潜力释放”。无论是着眼长期高质量发展，还是满足当前常态化疫情防控的需要，都需要努力扩大内需，发挥消费对经济发展的促进作用。

事实上，相关数据显示，近 20 年来我国基尼系数一直保持在 0.46 以上，甚至一度接近 0.5，[①] 在经济社会整体发展水平不高的同时，部分高收入群体却有着强烈的高端旅游需求。另一方面在供给侧，我国旅游业的有效供给不足，品质化旅游产品缺乏，一些优质旅游资源未被很好开发利用，不够完善的基础设施建设和旅游公共服务也无法满足游客需求，从而促使游客赴境外寻找更优质旅游目的地，以上供需两方面的因素都导致我国旅游消费长期外流，逆差日益严重。从我国旅游发展水平来看，根据世界经济论坛《2019 年全球旅游业竞争力报告》，中国在文化资源和商务旅游（得分 7.0，位居第一）、自然资源（得分 5.1，位居第四），但是公共服务相关的排名靠后，如人力资源和劳动力市场（得分 5.2，位居第 24）、机场航空基础设施（得分 4.3，位居第 31）、地面和港口基础设施（得分 3.9，位居第 48），这些制约了国内消费需求的实现，使得很多原本应释放在国内的消费被挤出了。

发展全域旅游是扩大内需，促消费、稳增长的重要抓手，是打造“双循环”新发展格局的重要支点和突破口，是实现“外需”转为“内需”的重要方面。旅游业具有“软硬兼备、融合度高、覆盖面广、综合带动强”的特性，在“双循环”新发展格局将发挥全局性、战略性的作用。旅游业是综合性产业，是拉动经济发展的重要动力，是发展经济、增加就业的有效手段。在扩大内需方面，旅游业孕育着巨大的潜力与活力，旅游消费是最终消费需求，是多层次、多样化、可重复的消费，能辐射到其他产业领域，为其他领域发展带来活力，对于扩大内需有重要的作用。2019 年国内游客达 60.1 亿人次，国内旅游收入 57251 亿元，旅游消费占国民消费比重达 3.46%，旅游综合最终消费占同期国民经济最终消费总额的比重超过 14%，旅游消费对住宿业的贡献率超过 90%，对民航和铁路客运业的贡献率超过 80%，对文化娱乐业的贡献率超过 50%，对餐饮业和商业的贡献率超过 40%，其中我国国内旅游市场做出了巨大贡献。我国拥有包括 4 亿多中等收入群体在内的 14 亿人口所形成的超大规模内需市场，2019 年我国人均 GDP 超过 1 万美元，居民人均可支配收入突破 3 万元，旅游消费市场仍将继续保持较快的增长态势。而且，我国旅游业主要以国内市场为主，旅游消费需求内化特征日益凸显，特别是在全球疫情之下，我国居民出境旅游消费需求正在向国内旅游市

① 联合国开发计划署等组织规定：低于 0.2 表示指数等级极低（高度平均）；0.2~0.29 表示指数等级低（比较平均）；0.3~0.39 表示指数等级中（相对合理）；0.4~0.59 表示指数等级高（差距较大）；0.6 及以上表示指数等级极高（差距悬殊）。

场转化，将为我国经济的内部循环注入新动力。

发展全域旅游，就是要面向国内国际两个大循环，推进改革创新，发挥市场配置资源的决定性作用，打通堵点、畅通循环，协同更多部门支持、完善公共服务、丰富旅游供给，充分释放旅游消费潜力，发挥旅游业在促进人流、物流、资金流、信息流等领域的渠道和先导作用，满足常态化疫情防控需要，促进居民消费回补和实现消费升级，增强旅游业对经济的引领和带动作用，助力打造“双循环”新发展格局。

当前我国需求的快速发展与供给的不畅使得中国出境游高端消费呈现出明显的回流趋势，我国卓有成效的疫情防控工作也为此需求回流创造了条件。自 2020 年 7 月国内疫情逐渐稳定，跨省游进一步放开以来，各种数据表明国内高端旅游度假休闲消费量价齐升。2020 年 5、6、7 月份，一些企业的房车订单量同比分别增长了 399%、220%、218%，订单总收入同比增长了 257%；① 2020 年国庆期间的高星级酒店订单占比相较于去年同期也有较大提升，古北水镇高端民宿、海南等地的高星酒店出现供不应求的情况；② 部分高价旅游产品也被用户争相抢订。

出境旅游消费的回流对我国构建以国内大循环为主体、国内国际双循环相互促进的新发展格局也至关重要。首先，出境旅游总体上是高端消费，③ 出境游人群的消费回流，不仅带来了消费人次的增加，还会提升国内游的人均消费水平，刺激国内旅游需求扩大的同时也带来更强的乘数效应，助推餐饮、交通、娱乐等其他生活服务相关产业的复苏与发展，为内循环提供动能。其次，出境游的回流，尤其是向中西部贫困地区旅游目的地的流动，本质上是一财富转移过程，即高收入群体通过旅游消费，提高贫困地区居民旅游收入，进而弥合收入两极分化、降低区域发展不均衡，扩大内需的同时促进社会公平。

随着出境消费回流，一批重大机遇地区及重大机遇产业业态逐渐显现。一些机构的研究表明，暑期及国庆假期，一些传统非热门旅游目的地的旅游需求迅速增加，其中宁夏、青海、甘肃、新疆等西北部省份，内蒙古、黑龙江、吉林等北部东北部省份

---

① 中国旅游研究院，《中国国内旅游发展报告 2020》。

② 美团研究院，《2020 年中秋国庆假期旅游预测报告》。

③ 根据中国旅游研究院与携程旅游大数据联合实验室共同发布的《2018 年中国游客出境游大数据报告》，2018 年我国人均单次境外旅游消费约为 800 美元（约 5400 元人民币），远高于国内旅游人均单次花费。

体现出极高的旅游发展潜力，可能成为重大机遇地区。[①] 乡村旅游、温泉度假、房车、沙漠、游轮、潜水等产业业态热度持续上升，可能成为重大机遇产业。[②]

因此，从旅游行业角度讲发展全域旅游，更关键的是要更加注重供给侧改革，破除体制机制障碍，完善旅游基础设施及公共服务水平，促进国内旅游消费的增长以及行业的整体复苏，实现外需向内需的转变，为内循环提供动能，为双循环格局的构建做出贡献。

（五）全域旅游是助力乡村振兴战略的重要抓手

党的十九大提出乡村振兴战略，强调要“建立健全城乡融合发展体制机制和政策体系，加快推进农业农村现代化”，以及“产业兴旺、生态宜居、乡风文明、治理有效、生活富裕”的总要求。《国家乡村振兴战略规划（2018—2022 年）》、2018 年和 2019 年中央 1 号文件对乡村振兴战略的实施做出了全面部署安排。

发展全域旅游是落实乡村振兴战略、推进新型城镇化、统筹城乡融合的重要抓手。实施乡村振兴战略，就是要推动乡村产业、生态、文化、社会、生活的全面振兴。2019 年休闲农业接待游客 32 亿人次，营业收入超过 8500 亿元，已成为推动乡村发展的重要产业。

全域旅游发展目标也与乡村振兴战略的要求契合。通过全域旅游，借助资源整合等有效方式发展乡村旅游，有助于推动乡村全面振兴。发展全域旅游能够推动乡村自然资源与人文景观得到优化开发，让产区变景区、田园变公园、劳作变体验、农房变客房，培育乡村新业态，带动乡村产业结构提质升级，助力“产业兴旺”；发展全域旅游有利于加强乡村资源环境保护，推进乡村人居环境整治，开展“三边”净化、绿化、美化，实行改厨、改厕、改客房，助力“生态宜居”；发展全域旅游注重深入挖掘历史文化、地域特色文化、传统农耕文化等，有助于提高乡村社会文明程度，助力“乡风文明”；发展全域旅游，有助于推动党委领导、政府负责、社会协同、公众参与、法治保障的现代乡村社会治理体制，能极大提高乡村治理能力，实现“治理有效”；发展全域旅游，能促进就业、增加农民收入，带动扶贫富民，实现“生活富

---

① 美团研究院，《2020 年中秋国庆假期旅游预测报告》。

② 新华网，http：//www.lvjie.com.cn/brand/2020/0913/19700.html。

裕”；发展全域旅游能够推动乡村基础设施和公共服务建设，推动城乡公共资源进一步均衡配置，带动资本、科技、创意和人才要素的“上山下乡”，建立健全城乡融合发展体制机制和政策体系，助力新型城镇化，促进城乡一体化。

（六）全域旅游是探索“两山理论”的转化路径的重要体现

2005 年 8 月，习近平总书记到浙江安吉考察时指出“绿水青山就是金山银山”。15 年来，“绿水青山就是金山银山”已经成为全党全社会的共识和行动，成为新发展理念的重要组成部分，为新时代经济社会建设提供了行动指南。

绿水青山本身就有含金量。贯彻“两山”理论，就是要坚持绿色发展，推动“绿水青山”向“金山银山”转化。绿色生态是最大财富、最大优势、最大品牌。生态本身就是经济，保护生态就是发展生产力。要坚定走可持续发展之路，在保护好生态前提下，积极发展多种经营，把生态效益更好转化为经济效益、社会效益。

旅游业是典型的绿色产业，是“环境友好型、资源节约型”产业，生态效益明显，是实践“两山理论”最佳领域之一。全域旅游是条“金扁担”，一头挑着“绿水青山”，一头挑着“金山银山”。发展全域旅游，就是要探索“两山”理论的转化路径，打通“绿水青山”向“金山银山”转化的重要通道，这是对习总书记“两山”理论重要论述的完美诠释。绿水青山是发展全域旅游的先决条件，是旅游业的“聚宝盆”，全域旅游是绿水青山的“保护伞”。

通过全域旅游，加强对自然生态、田园风光、传统村落等资源保护利用，推动旅游与生态的深度融合，既保护绿水青山，把绿水青山建得更美，也促进生态资源优势向产业资源优势转化，带动居民致富增收，实现更多的经济效益，带来更优质的生活环境，把金山银山做得更大，形成旅游发展、生态良好、生活富裕的人与自然和谐共生旅游发展新格局，探索生态美、产业兴、百姓富的可持续发展之路，助力生态文明建设。

七、全域旅游示范区建设的核心工作

全域旅游示范区创建的核心目的是要探索全域旅游的实践，为今后全面推广全域旅游先行先试，甚至也是为探索今后不能做哪些工作，哪些方面行不通。有关全域旅游的导则、验收标准等是为了避免各地在创建全域旅游示范区过程中，做过多的无用功，进行很多无效尝试，防止在探索全域旅游的实践中走过多的弯路，错过宝贵的发展机遇、浪费大量的人力物力。在全域旅游示范区建设过程中，要特别注意以下几点：

首先，全域旅游示范区建设的灵魂在于创新，中国地区广阔，各创建全域旅游示范区的地区在社会经济、行政管理、风俗习惯、旅游吸引物和文化历史地理等方面的条件千差外别，各地要根据自己的实际情况，因地制宜地发展全域旅游，而不能简单跟风，搞千人一面。

其次，全域旅游示范区建设的重点在于改革，改革是更高层次上的创新，要按照党的十八届三中全会上提出的“让市场在资源分配中发挥决定性作用”，以及习近平总书记关于全面深化改革、全面建设小康社会的系列讲话为蓝图，改革所有制约旅游业健康发展的方面。

再次，全域旅游示范区建设要敢于尝试，要创新就不能因循守旧，就要敢于突破一些不合理的旧框框，要发挥旅游业在改革开放中敢为天下先的优良传统，为全面深化改革做出新贡献。

复次，全域旅游示范区建设要敢于突破就可能犯错误，要敢于承认错误，主要负责人要敢于承担责任，创新和尝试就有可能走错路，允许探索中犯工作性的错误（当然不能搞以权谋私等腐败行为）。

又次，全域旅游示范区要善于从试错中总结经验，随时修正在创建过程中被证明是错误的方面，随时总结在创建成果中的成绩，尽快摸索出一条适合当地创建全域旅游的路径和方式，尽快找到适合当地旅游业发展的模式，为今后总结经验在全国推广做出贡献。

最后，也是最为重要的，全域旅游示范区建设不是无目的地随便尝试，更不能以违法乱纪作为创新，各地要以党的十八届三中全会以及此后的党中央国务院文件为基础，在全域旅游示范区创建导则和细则的框架内进行创新和改革的尝试。

八、全域旅游改革创新发展的新格局

近几年来，各级各地党委政府深入贯彻落实党中央国务院关于全域旅游的重要论述，持续推进开展全域旅游的各项工作。文化和旅游部全面推动全域旅游战略实施，推进全域旅游示范区创建工作。各地党委政府更加重视全域旅游，对全域旅游的认识不断提高，不再认为全域旅游是全域的旅游，而是一种发展理念和模式。在这之下，各地紧扣旅游发展全域化、旅游供给品质化、旅游治理规范化、旅游效益最大化发展目标，将全域旅游作为地区经济社会发展转换动能、升级优化的新引擎新动力，因地制宜谋发展，改革创新求突破，在推进体制创新、政策保障、生态文明、共建共享、文旅融合、规划先行、示范引领等方面先行先试，做了大量富有成效的工作，开展了全域旅游的生动实践，取得了积极成果，全域旅游对地方社会经济产生了更大作用。

（一）坚持整体性系统性

全域旅游涉及经济社会发展的各个领域。近年来，各地对全域旅游的理解更加深入，将全域旅游作为一种发展理念和模式，越来越多的地方将全域旅游作为县域发展和县域善治的关键纽带，在全域旅游发展过程中，突出整体而系统的发展理念，全域旅游对地方经济社会产生更大的作用，成为促进基层治理体系和治理能力的转变的重要路径，成为统领县域经济社会发展的重要抓手，成为创建破解县域治理难题的重要方式。

比如，江苏省溧阳市党政领导亲自推动全域旅游发展，坚持以全域旅游为统领的县域治理思路与实践创新，走出一条全域旅游统领县域经济社会发展、推进县域治理能力现代化的“溧阳之路”。溧阳市以“1 号公路”为抓手，实现区域发展理念的转变，实现农村农民生产生活方式的转变。溧阳整个依托全域旅游创建破解县域治理难题的过程，实现县域层面的全域旅游新模式。又如，河南修武县以创建全域旅游示范区为总抓手，提出“以全域美学引领全域旅游”的新理念，在全国率先走出了一条以美学经济领航景城融合的全域旅游探索之路，其在全域旅游发展过程中，更加突出整体而系统的发展理念，全域旅游的发展模式转变为全县的发展模式，通过全域旅游提升基层治理体系和治理能力，真正实现基层治理体系和治理能力的转变（详见案例 3–1 和案例 3–2）。

（二）坚持体制创新

全域旅游涉及面广，是对旅游业全方位的改革创新，需要突破的难点多，要破题离不开高位推进。在全域旅游发展过程，各地各级党委政府坚持高位推进，把全域旅游作为地区经济社会发展转换动能、优化升级的新引擎新动力，纳入本地区经济社会发展重点工作，在体制机制创新方面取得了新进展。

党中央、国务院高度重视全域旅游工作，全域旅游连续 3 年被写入全国两会政府工作报告。2017 年政府工作报告中指出“要大力发展全域旅游”。2018 年政府工作报告中指出要“创建全域旅游示范区”。2019 年政府工作报告提出要“发展全域旅游，壮大旅游产业”。《国务院关于印发“十三五”旅游业发展规划的通知》《国务院办公厅关于促进全域旅游发展的指导意见》《中共中央、国务院关于完善促进消费体制机制进一步激发居民消费潜力的若干意见》《国务院办公厅关于进一步激发文化和旅游消费潜力的意见》等文件，都对发展全域旅游做出了部署。中共中央办公厅、国务院办公厅将国家全域旅游示范区创建工作列入 2019 年重点督查计划。

各省区市从全局高度系统谋划、整体推进，把发展全域旅游纳入本地区经济社会重点工作，部分地区围绕地方立法、实施方案等为全域旅游提供有效支持。吉林、陕西、湖南、浙江、广东、广西、安徽等地政府工作报告中，均对发展全域旅游作出部署。黑龙江、山东、青海等 19 个省（区、市）以省委、省政府或省委、省政府办公厅名义印发实施了推进全域旅游发展的实施意见。安徽省将发展全域旅游的要求纳入《安徽省五大发展行动计划》《安徽省“十三五”旅游业发展规划》等之中，出台《安徽省人民政府关于促进全域旅游发展加快旅游强省建设的实施意见》《安徽省人民政府办公厅关于促进全域旅游发展加快旅游强省建设若干政策的通知》，编制全省指导性规范《旅游全域化工作指南》。广西壮族自治区编制完成《广西全域旅游发展规划纲要》和《广西全域旅游三年行动计划》。《广东省旅游条例》将“全域旅游”作为地方旅游立法的指导思想。张家界市出台了湖南省第一部促进全域旅游发展的地方性法规《张家界市全域旅游促进条例》。

各示范区创建单位更加重视全域旅游发展，党政一把手亲自抓全域旅游，破解了旅游业发展过程很多长期难以解决的问题。各地普遍成立了由党政一把手担任组长的创建工作领导小组，建立适应全域旅游发展的党政统筹的领导机制，从高位推进全域旅游建设，把创建国家全域旅游示范区作为地区发展的“一号工程”，整合发展全域旅游的行政资源和社会资源，实现旅游发展模式由文化旅游部门行为向党政统筹推进的转换，推动示范区各级各部门学旅游、懂旅游、抓旅游，形成齐抓共建的创建格局。北京怀柔区、江西资溪县、河南新县、湖北恩施市、海南保亭县、青海祁连县、新疆兵团185团等创建单位把发展全域旅游与脱贫攻坚、乡村振兴、生态文明建设等国家战略相结合，同部署、同推进。福建武平县建立了县乡村三级抓全域旅游的党政统筹模式，江苏省秦淮区确定了“常委包块、政府包条”的责任体系。北京平谷区、内蒙古满洲里市、黑龙江漠河市、安徽霍山县、广西来宾市、云南石林县、新疆昭苏县等创建单位建立了以全域旅游为核心的工作指标考核体系。

此外，各地通过构建协调决策机制、实施党建引领机制、强化市场监管机制、创新资源开发机制等，努力从根本上解决工作落实问题。河北易县、江苏江宁区、贵州花溪区建立了联席会议制度，形成了“部门联动、共抓共管”的责任网络。江西婺源县、福建武夷山市、西藏鲁朗景区管委会建立了“景村”党建联席会议制度、“党建+行业协会”模式。海南吉阳区、湖南南岳区建立了全域旅游综合治理体系。天津蓟州区、甘肃敦煌市、湖北夷陵区积极推进景区所有权、管理权、经营权相分离，推进旅游资源由多头管理向集约高效开发方式转变。福建永泰县设立了旅游资源资产交易中心，为市场有效配置资源搭建平台。

（三）坚持基层示范

全域旅游是我国旅游发展的新理念、新模式，也是一项实践性很强的工作。为探索全域旅游发展的新路径，推动全域旅游改革创新，在全域旅游发展过程中，坚持示范引领，按照先创建后示范的模式，开展全域旅游示范创建工作。将创建国家全域旅游示范区作为推进全域旅游发展的现实路径，以鼓励示范区先行先试，推出一批全域旅游示范典型，探索全域旅游发展的新路子，打造旅游业改革创新发展的先行区和试验田，建设高质量旅游目的地的标杆和典范，为全国全域旅游发展提供学习样本。

自2015年开始，国家旅游局启动了“国家全域旅游示范区”创建工作，并先后公布了两批500家国家全域旅游示范区创建名录。2017年6月，国家旅游局发布《全域旅游示范区创建导则》指导各地全域旅游示范区创建工作。全域旅游示范区创建工作开展以来，经过四年创建，各地国家全域旅游示范区创建单位开展了卓有成效的创建工作，创建亮点不断、新模式不断涌现，全域旅游示范区从创建工作进入试点示范阶段。为加强对国家全域旅游示范区创建工作的顶层设计、统筹指导、标准引领和监督管理，做好国家全域旅游示范区试点验收工作，推出一批全域旅游发展典型，发挥其示范引领作用，促进全国全域旅游发展。2019 年文化和旅游部先后印发实施了《全域旅游示范区创建工作导则》《国家全域旅游示范区验收、认定和管理实施办法》《国家全域旅游示范区验收标准》等政策文件，启动全域旅游示范区验收认定工作。2019 年上半年启动了首批国家全域旅游示范区验收认定工作，共有 71 家创建单位被认定为首批国家全域旅游示范区，整体通过率为 74%。2020 年 7 月文化和旅游部启动了第二批国家全域旅游示范区的验收认定，继续推出一批国家全域旅游示范区典型样本。

同时，各地因地制宜、比学赶超，相继制定了省市级全域旅游示范区管理实施办法，验收认定了一批省市级全域旅游示范区创建单位，形成了蓬勃向上的发展态势，各地全域旅游工作有质有量、可圈可点。经初步统计，共有 18 个省（区、市）组织认定了 257 个省级全域旅游示范区。比如，浙江省以省人民政府名义分二批认定了 37 个省级全域旅游示范区；广西壮族自治区以自治区人民政府名义分两批认定了 12 个自治区级全域旅游示范区；山东省认定了 15 家省全域旅游示范区；贵州省验收认定了 36 家省级全域旅游示范区；四川省 2019 年出台了《四川省全域旅游示范区管理实施办法（试行）》，验收认定了 17 个省级全域旅游示范区，确定了 60 家省级创建单位；江苏省制定了《江苏省全域旅游示范区创建工作指南》，分两批验收认定了 23 家省级全域旅游示范区；河北省制定了《河北省全域旅游示范区创建工作指南（试行）》，分两批验收认定了 21 家省级全域旅游示范区；江西省制定了《江西省全域旅游示范区创建指南》《江西省全域旅游示范区管理办法》《江西省全域旅游示范区检查验收指标体系》，分两批验收认定了 16 家省级全域旅游示范区。

这些通过验收认定的全域旅游示范区是各地区全域旅游发展取得阶段性成果的体现，它们在创建方式、创建路径、创建成果上各具特色，为各创建单位提供了诸多有价值的经验做法，为推进全域旅游发展提供了许多可复制可推广的经验做法，特别是在文旅融合创新发展、旅游扶贫富民创新发展、城乡统筹创新发展、生态依托创新发展、景城共建创新发展、休闲度假创新发展、资源转型创新发展、边境开发开放创新发展等方面进行了探索实践，为全国其他地区全域旅游发展提供了参考借鉴。

同时，文化和旅游部会同财政部通过旅游发展基金拨付补助国家全域旅游示范区项目建设资金 14.18 亿元，支持示范区全域旅游发展。各省份也出台了对全域旅游示范区的奖励扶持政策。比如，河北省出台政策：凡列入“省级全域旅游示范区”名录的，将优先纳入省级和地方预算内投资支持对象；优先支持旅游基础设施建设；优先纳入旅游投资优选项目名录；优先安排宣传推广重点活动；纳入省旅游宣传推广重点支持范围，优先纳入省旅游改革创新试点示范领域；优先支持 A 级景区等省重点旅游品牌创建；优先安排旅游人才培训；优先列入全国全域旅游示范区创建单位推荐名单。

（四）坚持先行先试

政策供给是发展全域旅游的基本保障。各地在推进全域旅游发展过程中从本地实际出发，敢于突破，先行先试，探索解决全域旅游发展长期瓶颈问题的重大举措。包括创新土地供给政策、集成财政金融政策、强化资金支持政策等，加大全域旅游政策支持力度，把解决难题作为政策的出发点和落脚点，为全域旅游发展提供政策保障，取得了很多可推广复制的经验，也为其他产业领域乃至整个土地、资金政策的创新改革提供借鉴。

发展模式方面，六盘水市盘州市为破解“资金资源散小弱”制约农村发展的核心问题，推动农村发展向规模化、集约化、专业化利用资源资金，充分聚集生产要素释放规模化效益，将农村闲散的土地、林地、草地、水域等资源和资金整合起来，探索了“资源变资产、资金变股金、农民变股东”的“三变”改革模式，让村集体和村民资源资金劳动力入股，成功盘活土地、资金、劳动力等闲散资源，形成全域旅游、全民参与、共建共享的发展格局。

土地政策方面，各地出台了旅游用地和“多归合一”的各种政策，通过点状供地、增减挂钩、长期租赁、土地流转、盘活存量、农房改造等一系列创新措施保障旅游用地。比如，江苏省秦淮区走出了一条“向下生长、共建共享、腾笼换鸟”多元化旅游土地供给方式。黑龙江五大连池市、四川青川县、广西阳朔县、重庆巫山县等地采取点状供地、增减挂钩、长期租赁、土地流转等方式，优先安排旅游用地指标，加大旅游用地保障。浙江桐乡把旅游用地纳入省“新型业态用地改革试点”范畴，建立旅游项目用地计划单列制度，对涉及旅游项目的土地出让指标给予倾斜，每年安排新增建设用地指标不少于 500 亩，浙江遂昌提出每年旅游项目用地计划指标不少于全县年度用地计划指标的30%。

财政金融政策方面，各地坚持多渠道破解资金难题，既通过财政拨付、贴息贷款等财政投入手段，用好各类文化和旅游发展专项资金，充分发挥财政资金对全域旅游发展的引导性和引领性，撬动社会资金投入，又加强旅游金融政策创新，探索以旅游资产证券化、收费经营权质押、资产抵押等模式引入各类资本，充分运用股市、基金、债券、众筹、私募等现代旅游投融资手段，多渠道吸收市场资金、社会资金进军旅游产业。形成适应新时代旅游业发展的市场投资环境，极大地为全域旅游发展提供了保障。比如，北京延庆区搭建了乡村旅游融资担保平台，累计发放贷款5000余万元，带动村民创收近8亿元。河北涉县成立了水投、林投、城投、交投等11家投融资平台。贵州盘州市设立旅游发展专项引导基金，统筹交通、农业等资金49.2亿元建设旅游项目；将旅游资源注入宏财公司、旅文投公司等8家政府性公司，以“旅游资产证券化”、收费经营权质押、资产抵押、股权重组、PPP等模式，引入各类资本参与项目建设和运营管理，引导工业企业转向旅游业，2015年至2018年共筹集170亿元发展旅游产业。浙江江山市每年从财政安排专项全域旅游发展资金4000万元，三年撬动社会资金300亿元用于发展全域旅游，加大项目融资能力。贵州花溪区设立直接股权资金、产业发展基金、企业债券等多种财政金融工具，先后成立了花溪区沸腾种子天使投资基金“天使基金”、长安宁－贵银1号信托贷款、青岩古镇景区整体提升打造项目人民币资金银团贷款等多种融资方式。华侨城集团推出欢乐谷主题公园入园凭证专项资产管理计划，通过中信证券发行，募集企业发展资金。广东台山市、云南腾冲市、陕西华阴市、宁夏沙坡头区、新疆博湖县等地出台了促进全域旅游发展的扶持奖励办法。

（五）坚持共建共享

在全域旅游发展过程中，各地坚持共建共享，贯彻以人民为中心的发展思想，探索旅游发展主客共享的新模式，放大全域旅游的经济效益、社会效益和民生效益，让旅游业改革发展成果惠及更多百姓，人民群众对文化和旅游的获得感、幸福感和安全感进一步得到提升，推动旅游业成为人民群众满意的现代服务业。

第一，坚持主客共享理念，各地着力优化全域旅游社会环境，将城市休闲设施和景区等进行开放式打造，建立市民游客共享城乡休闲空间；推动公共文化设施拓展旅游服务功能，在服务当地居民的同时面向游客开放；依托游客中心、旅游集散中心等旅游公共设施，组织开展文化惠民服务，让更多的游客感受体验独特的地域文化，打造本地居民与游客共商、共建、共享的目的地的旅游休闲环境，既保障人民群众的旅游需求，也提升了本地居民的生活品质。比如，四川都江堰市建立“景城共建共享”模式，有效解决了城区、景区发展“两张皮”问题；江苏苏州市苏州工业园区将文化馆、图书馆、美术馆纳入旅游线路，尤其是诚品书店、文化艺术中心等地标性文化设施，越来越成为自带流量的旅游目的地，让市民和游客共享文化建设成果。济源城乡公共服务始终践行“产城融合城乡一体”全域旅游发展模式，景城一体、乡村旅游蓬勃发展，科技馆、城展馆、图书馆、愚公剧场、篮球城、世纪广场等集聚为城市中央游憩区，济渎庙、牡丹园引领济水源小镇建设，引黄入济、河湖连通工程传承弘扬黄河文化，公共文化服务体系示范区建设让济源城市品位不断提升，城区公交全免费、乡村旅游路畅景通，市民游客共享美好生活。济源将继续加大城乡文化旅游公共服务管理提升，以更便捷周到的文化旅游服务，让群众、游客“共享”济源全域文旅发展成果。

第二，坚持完善公共服务和基础设施，提升地方环境品质。各地坚持以“厕所革命”为突破口，促进地域景观环境的优化和美化，推进旅游公共服务设施建设和服务水平提升，着力优化交通体系，健全交通网络，推进自驾车房车营地和公路服务区等设施；建设旅游风景道、慢行系统、交通驿站等休闲设施，完善机场、码头、车站、乡村等重点地区旅游集散咨询服务体系，加大智慧旅游服务建设力度，旅游消费环境更便捷、更智慧，进一步保障了人民群众旅游需求满足，并以全域旅游公共服务建设，引领社会环境品质提升。比如，贵州赤水市采取“征用商铺、旧房置换、盘活存量”方式，通过县政府统一运作，租用商业门脸改建公厕，解决了旅游者如厕难的问题。破解了当前公厕建设按照原住民数量，不考虑旅游者数量的不合理法规条例，探索了一条突破城市规划、土地供给、财政资金等多方制约的难题，为其他地区解决旅游公共服务不足的制度制约提供了很好的思路。常州溧阳市把发展全域旅游与推进新型城镇化和乡村振兴结合起来，打造色彩斑斓的“1 号公路”，用全长 365 千米的风景廊道串联起城乡文化旅游生态资源，特别是沿线的庆丰村通过打造“金色庆丰、艺术田野”农旅项目，从昔日的贫困村华丽蜕变为诗意田园“网红村”。浙江安吉县在重点旅游场所实现了免费 Wi-Fi、线上支付、网上预约、电子讲解等功能。四川都江堰市积极推进全国首个 5G 智慧旅游城市建设。

第三，坚持实施旅游扶贫富民工程，各地将全域旅游发展放置于决战脱贫攻坚、决胜全面建成小康社会的国家大战略中，融入做好“六保”工作，落实“六稳”任务的要求中，大力实施旅游扶贫富民工程，探索多样化的旅游扶贫富民方式，形成景区带村、能人带户、企业 + 农户、合作社 + 农户和直接就业、定点采购、帮扶销售农副土特产品、输送客源、培训指导、资产收益等若干可复制、可推广的旅游扶贫富民新模式，让老百姓从旅游发展中获得更多实惠，充分释放全域旅游发展的民生效应，在示范引领旅游扶贫富民方面成效显著。比如，贵州省盘州市为破解“资金资源散小弱”制约农村发展的核心问题，推动农村发展向规模化、集约化、专业化利用资源资金，充分聚集生产要素释放规模化效益，将农村闲散的土地、林地、草地、水域等资源和资金整合起来，探索了“三变”改革模式，让村集体和村民资源资金劳动力入股，成功盘活土地、资金、劳动力等闲散资源，形成全域旅游、全民参与、共建共享的发展格局，带动乡村振兴和脱贫致富，推动产业转型升级，助力脱贫攻坚，与全省全国同步实现全面小康，促进市、乡、村三级同步发展，推进城镇化建设、域乡环境治理、乡村旅游开发，打破城乡二元结构限制，实现景区带村、旅游富民战略目标。“三变”改革连续三年写入中央一号文件，入选全国产业扶贫十大机制创新典型，2016 年全国扶贫现场会在盘州娘娘山景区召开；建立“党建 + 旅游 + 扶贫”的组织模式，三变发源地娘娘山探索推出“1+8 联村党委”模式，建立“平台公司 + 村级合作社 + 农户”的利益连接机制，全市有 26.06 户 81.53 万人参与入股合作社，促进农民户均增收 3837 元。达州市宣汉县聚焦旅游扶贫，重点支持打造巴山大峡谷等景区改造提升，通过 3 年集中攻坚，基本达到国家 5A 级景区标准。直接带动片区 9.1 万名贫困人口、102 个贫困村整体脱贫奔康，辐射带动周边 21 个乡镇、46 万余人增收致富，成功走出了一条“以于发促产业助增收”的山区旅游脱贫新路子。

（六）坚持产品创新

全域旅游发展过程中，各地坚持文旅融合，把优质供给作为发展核心，丰富品质化的产品供给，取得了良好效果。按照“宜融则融、能融尽融、以文促旅、以旅彰文”

的原则，各地以文旅融合为抓手，用文化的理念发展旅游，用旅游的方式传播文化，推动文化和旅游在产业、产品、市场、活动、设施、载体等各个层面融合发展，创造文旅新产品，催生文旅新业态，扩大优质供给，为全域旅游发展释放新动能，探索出文旅融合的新模式，推动旅游业高质量发展。

一是注重挖掘和利用历史文化、地域特色文化、民族民俗文化等资源发展旅游，注重增加各类旅游产品的文化底色，发展旅游演艺、文化节庆，提升旅游产品文化内涵，打造“处处有文化”的全域旅游产品。二是推动公共文化与旅游融合发展，丰富博物馆、艺术馆等公共文化产品的旅游价值，打造一批网红博物馆、图书馆、艺术馆等“文旅兼备”的新产品。三是加大旅游文创产品开发力度，开发特色化、时尚化、生活化的旅游文创产品，形成一批高品质、高认可度的文创品牌。比如，山西、安徽、江西、湖北、湖南、陕西、江苏、重庆等地全域旅游示范区着力培育旅游演艺、旅游文创等产业。湖南以十大文旅融合区域、十大文旅融合活动、十大文旅融合项目为抓手，深入开展全域旅游示范创建。四川峨眉山市推出大型文旅融合项目《只有峨眉山》，开创了以文促旅的旅游新模式；山西平遥县积极引进大型文旅集团，打造了一批具有引领性的文化旅游项目。苏州工业园区突破资源限制，以商务旅游为切入口，形成“商旅文体展”五位一体全产业融合发展。广州市番禺区着力打造粤港澳大湾区文商旅融合发展典范片区。山西洪洞县、山东青州市、陕西临潼区、西藏城关区通过活化古建筑遗址打造文化旅游新业态。江苏淮安清江浦区统筹推进御码头运河文化中心、运河文创中心、都天庙历史风貌区等项目建设，让游客体验“南船北马”的独特风韵、感受“融南汇北”的人文气息。湖南韶山市、江西井冈山市实施红色旅游与工业农业教育等相结合的发展模式，红色旅游产业实现质效双增。江苏兴化市打造千垛菜花旅游节、万亩荷塘荷花节、品蟹赏菊旅游季、水上森林红杉节等四季旅游节庆品牌。江苏盐城大丰区用一年半时间，在荷兰花海打造的旅游演艺项目《只有爱·戏剧幻城》，每天有 50 余部戏剧同时上演，演出总时长达 8.5 小时，成为文旅融合发展的新标杆。重庆武隆区挖掘乌江“纤夫文化”，创新打造大型山水实景演艺项目“印象武隆”，以生动形象的方式宣传了武隆传统文化，将当地的特色文化与全域旅游进行深度融合，累计演出 2300 余场，收入 3.3 亿元，200 余名当地演员每年人均增收 36000 多元。“印象武隆”已成为重庆市文旅融合的一张亮丽名片。武隆区开发“武小仙”“隆小马”两个旅游文创的 IP 形象，并将两个 IP 形象植入景区，在景区内设置众多以吉祥物为主的体验项目。在对外的宣传推广上统一形象、统一口号，形成武隆独有的文化旅游 IP 形象。

（七）坚持规划创新

科学规划是全域旅游发展的前提。各地坚持规划先行、科学规划，编制全域旅游发展规划，合理布局各项功能，强化全域旅游规划的战略引领和刚性控制作用；贯彻“多规合一”发展理念，注重全域旅游规划与文化旅游“十三五”“十四五”发展规划、国民经济和社会发展总体规划，以及国土空间、综合交通、卫生健康、生态环境保护等规划有机衔接，实现“多规合一”，避免规划无法落地；着力构建全域旅游专项规划体系；建立健全规划领导、评估与督导机制，确保规划统筹推进和落地实施，实现一张蓝图绘到底，发挥规划引领、规划推动和规划促进产业发展的作用，提高规划对全域旅游的统筹引领能力。比如，贵州花溪区坚持一张蓝图绘到底。坚持规划的龙头地位，根据“大花园、大溪流”的特征，科学布局了“一核一带四组团”，精心编制了《贵阳市花溪区全域旅游发展规划》等 10 余个规划，形成了较为完备的规划体系。制定《推进全域旅游“多规融合”规划工作方案》，以全域旅游为抓手，以旅游业高质量发展为总体目标，促进城乡规划、土地利用规划、生态保护规划、旅游发展规划，实现“区域全覆盖，城乡一张图”的构想。对“十三五”21 个专项行业规划按照全域旅游理念进行了修订完善，对不符合规划的项目坚决杜绝，对需要引进的项目严格审批，确保规划执行到位。推进多规合一，开展花溪区多规融合规划设计方案的编制工作，成立“多规融合”改革试点领导小组。建立健全花溪区规划实施机制，切实把规划蓝图变成经济发展和社会进步的实效。河南济源市编制了《多规合一旅游总体规划》。山西阳城县编制了旅游标准化发展、休闲农业与乡村旅游等多个配套旅游专项规划。辽宁桓仁县成立了由文化、旅游、国土、城建、交通等相关部门为成员的规划委员会。宁夏西夏区引入第三方机构对旅游规划实施情况进行监测评估。

（八）坚持多元探索

自 2015 年全域旅游提出以来，经历 5 年多时间，首批国家全域旅游示范区通过验收，全域旅游的理念和发展日渐清晰化、规范化和可操作化，初步形成了推进全域旅游发展的工作体系。各地围绕改革创新开展了全域旅游的探索实践，坚持高位推进、体制机制创新、科学规划引领、扩大优质供给、加强政策保障、完善公共服务，取得了阶段性成果。首批 71 家和第 2 批 97 家国家全域旅游示范区，在文旅融合创新示范、旅游扶贫富民创新示范、城乡统筹共享创新示范、生态依托创新示范、休闲度假创新示范、景区共建创新示范、资源转型创新示范、边境开发开放创新示范等领域形成了许多有价值、可复制、可推广的经验做法，成为旅游业改革创新发展的先行区、高质量旅游目的地的标杆典范，全域旅游发展成效初显。

不仅如此，不同地区发展全域旅游的背景不一。各地全域旅游示范区的探索可以归纳为传统旅游目的地的全域旅游模式、大都市郊区的全域旅游模式、民族地区文旅融合的全域旅游模式、乡村依托的全域旅游模式、老城区的全域旅游模式、资源转型城市的全域旅游模式、边境开发开放的全域旅游模式、特色产业融合的全域旅游模式、文旅融合的全域旅游模式、生态依托的全域旅游模式、城景一体的全域旅游模式、城乡一体的全域旅游模式等，不一而足。

九、当前对全域旅游发展认识的不足

近年来，全域旅游持续深入推进，但是，全域旅游战略实施时间还不长，在推进改革创新、引领全面深化改革、实现旅游业高质量发展中也只是迈出了一小步，距离党中央、国务院的要求还有不少短板需要攻坚克难，距离人民对文化和旅游美好生活的期待还有较长的路要走。

特别是在认识方面，人们对全域旅游发展理念和发展模式理解还不够深入，有的地方把全域旅游等同于全空间旅游，认为遍地都要搞景区开发，忽略生态环境要求，认为“全域旅游是个筐，啥都可以往里装”；有的地方把全域旅游看作“全景点旅游”，没有把全域旅游区域当作一个系统有机体；还有更甚的是，有的地方把全域旅游创建简单等同于发展乡村旅游、建设景区景点，创建工作仅停留在资源开发、项目建设上，忽视了在改革创新、在体制机制创新、在政策创新上形成特色，在破解制约全域旅游发展的深层次矛盾和问题上决心不大、实招不多。为此，有的地方在全域旅游发展过程中重形式、轻内容，重概念、轻建设，涉旅行业部门融入意识不强，管理体制机制不能满足全域旅游发展的需要。此外，各地优质旅游供给与旅游消费升级还不相适应，旅游基础设施和公共服务建设还需要完善，旅游服务品质和质量水平还不够高。

十、新发展格局下深化全域旅游发展的关键点

历经 40 多年的发展，中国旅游业已进入新发展阶段，发展条件面临深刻变化。迈入大众旅游时代，中国旅游业已形成了较大产业和市场规模，但现代旅游业体系还不完善，现代服务业特征还不明显，发展质量和效益还不高，在发展机制、路径、能力、效率、功能等方面还存在差距，中国旅游业虽已成长为世界旅游大国，距离世界旅游强国建设目标仍有很大差距。

2020 年，突如其来的新冠疫情给全球经济带来空前挑战。作为高度依赖全球化经济和人员流动的行业，旅游业所受冲击尤为重大，全球旅游业的运行逻辑正被打破，带来了世界旅游产业的结构性变化，新的旅游发展逻辑和国际分工体系正在迅速形成。这一新体系是全方位的变革，是边界、链条、模式、治理方式和科技融入程度等方面的巨大变革，是复杂的、多层次、多边、交叉叠加的立体结构，世界各国正在为赢得这一新分工体系下的主动权而加快结构调整步伐，提升旅游竞争力。

面对国内外新形势，党的十九届五中全会提出，要加快构建以国内大循环为主体，国际国内双循环相互促进的新发展格局，要推动生活型服务业向高品质和多样化升级，加快发展文化旅游等服务业。“十四五”时期，中国旅游业处于经济发展换档期、文化旅游融合期、全球旅游格局深度调整期和国家战略全面落实期，新发展格局对现代旅游业体系提出了新要求，旅游业亟待转型升级。2021 年全国文化和旅游厅局长会议上提出“十四五”时期文化和旅游发展的战略任务之一是构建和完善现代旅游业体系。《中共中央关于制定国民经济和社会发展第十四个五年规划和二〇三五年远景目标的建议》提出要加快发展现代旅游业，建设一批富有文化底蕴的世界级旅游景区和度假区，打造一批文化特色鲜明的国家级旅游休闲城市和街区，提升中国旅游国际竞争力。完善现代旅游业体系成为实现旅游业高质量发展的基础，是实现旅游业战略性支柱地位的关键，是建设世界旅游强国的重要内容，是满足人民美好生活需求和提升国家软实力的重要抓手。

中国旅游业从世界旅游大国跨越到世界旅游强国，在国民经济体系中以及世界旅游格局中发挥更大作用，构建高质量的现代旅游业体系，亟待改革和创新。当前，我国旅游业面临两大核心发展问题：

第一，中国旅游业面临着全球旅游分工体系深度调整和国家发展新格局的变化。新发展格局下，如何认识我国现代旅游业体系的内涵特征，如何构建旅游产业新模式，创新产业业态，推动旅游产业基础能力和现代化水平提升，对接国际旅游分工新体系，推动旅游业更高效参与全球旅游分工，实现旅游强国的目标，提升其战略性地位。

第二，新发展格局的根本出发点是实现高质量发展，要求对内进行深化改革，扩大内需，对外进行扩大开放，形成市场要素畅通流转、供需结构平衡优化，提升国际竞争力。对旅游业来说，就是要如何通过改革、创新加快构建现代旅游业体系，改变已有的增长模式，调整产业结构，构筑具有优质高效、结构优化、竞争力强的可持续发展的现代旅游业，构建高质量发展的旅游体系，促进产业升级和消费升级。

新的发展格局下，发展全域旅游有着更深层次的意义，是构建现代旅游业体系的重要抓手。对于全域旅游，我们需要在认识上再提升、理念上再创新、实践上再深化，持续推进全域旅游向纵深发展，推动全域旅游发展迈上新台阶，不断满足人民对文化和旅游美好生活的向往。

（一）要深化全域旅游的认识，引领全面深化改革

当前，全球政治经济形势严峻，新冠肺炎疫情冲击严重，国内国际经济形势呈现出前所未有的复杂格局。在这之下，党中央提出构建“双循环”发展新格局。“双循环”新发展格局意味着要牢牢把握扩大内需这个战略基点，深挖国内巨大需求潜力，构建完整内需体系。发展全域旅游是党中央、国务院部署的重点工作任务，在新形势、新战略下深化全域旅游的认识，把发展全域旅游摆在一个更重要的位置。

从旅游业发展角度看，中国旅游业的发展面临高负荷（即产业发展在资源、用地、能源、融资等多方面仍然面临高成本的问题）、多限制（在游客、资本和人才的流入流出上仍有较多不畅的环节）等多方面问题，亟待改革破题。旅游业需要在化解高速时期积累的财政、金融风险的过程中转型，需要同步处理适应新环境及产业转型的问题，旅游业需要面临城镇化、乡村振兴、大都市圈成长、区域重构等政策的一系列改

革，旅游业与区域、城乡等诸多宏观发展环境的关系都非常紧密，在这些改革中发挥作用，将决定旅游业发挥作用的层次和深度。为此，发展全域旅游，推动旅游业改革创新显得十分紧迫。

第一，要进一步认识到全域旅游是落实全面深化改革、推进旅游业高质量发展的重要突破口。构建“双循环”发展格局，必须进行更大力度的改革开放，需要发挥市场配置资源的决定性作用，畅通要素在国内各区域间的自由流动，才能进一步释放市场经济潜能，才能形成新的内需体系。发展全域旅游，就是要推进改革创新，启动基层改革活力，推进交通、土地、金融、规划等旅游相关的配套改革，解决长期制约旅游发展的瓶颈，促进旅游要素的自由流动，带动出境旅游消费需求正在向国内旅游市场转化，推动旅游业向高质量发展阶段迈进，充分发挥全域旅游在扩大内需、助推双循环格局中的应有贡献。

第二，要进一步认识到全域旅游是扩大内需，打造“双循环”新发展格局的重要支点和突破口。在疫情防控常态下，需要进一步认识到全域旅游在促进消费、落实“六稳”“六保”方面的关键作用、巨大潜力和历史使命，当前我们比以往任何时候都更需要推动全域旅游大发展，以扩大国内需求，促进消费回补、潜力释放和稳定就业，为中国经济国内循环注入新动力、提供新支撑。

（二）要以县域基层为抓手，带动经济社会高质量发展

县域是我国最基层的行政组织。2019 年年底，我国有县级单位共计 1881 个，约为地级及以上城市市辖区数量的 2 倍；县级单位常住人口 2.4 亿人左右，占全国城镇常住人口的近 30%；县级单位 GDP 体量为 38 万亿元左右，占全国 GDP 的近 2/5。

县域是发展经济、保障民生、维护稳定、促进国家长治久安的重要基础，自古以来就是“郡县治，天下安”。“县一级承上启下，要素完整，功能齐备，在我们党执政兴国中具有十分重要的作用，在国家治理中居于重要地位。”县域经济是一个相对完整的经济运行体系，在某种程度上可以看作国民经济的一个缩影，具有与国民经济相对应的各个产业、领域和部门，是我国国民经济的基层经济、基本支柱和统筹城乡经济社会发展的重要环节。2020 年 4 月，国家发改委发布了《2020 年新型城镇化建设和城乡融合发展重点任务》的通知中提出，推进以县城为重要载体的新型城镇化建设。

全域旅游是以旅游业为核心带动区域经济社会发展的新模式。全域旅游的核心在于充分调动基层的活力，通过先行先试，尝试全面深化改革，借助旅游业发展带动经济社会的整体发展，而这更核心的探索就在县级行政区域层面。全域旅游的发展基础在县域，活力在县域，以全域旅游带动全面深化改革，推动旅游业高质量发展也要依靠县域。为此，全域旅游的发展，全域旅游示范区的创建是以县域为基本单位。已公布的500家全域旅游示范区创建单位大多数是县级单位，全域旅游示范区的验收也是以县为基本单位。2020年国家发改委提出，推进以县城为重要载体的新型城镇化建设，这也是一种自下而上完成城镇化的方式，这与全域旅游示范区以县域为基层探索旅游改革发展之路的思路不谋而合。

发展全域旅游，需要以县域为基本单元。推动县域经济社会高质量发展是发展全域旅游、开展全域旅游示范区创建工作的主要出发点和落脚点。既有利于提高民生福祉，又有利于发掘扩大内需潜力，为坚定实施扩大内需战略和新型城镇化战略提供重要支撑。

全域旅游是县域经济社会发展转化动能、优化升级的新动力，发展全域旅游有助于推动县域经济社会高质量发展。这需要充分挖掘县域资源优势，推动文旅融合、城乡融合、产业融合、产城融合，将资源优势转为产业优势和经济优势；以全域旅游融合第一产业、提升第二产业、带动第三产业，促进县域产业转型升级，优化产业结构，培育经济新动能；以全域旅游带动乡村振兴，增加农村居民收入，实现扶贫富民，助力脱贫攻坚，以全域旅游提升县域基础设施和服务设施，改善县域城乡环境，推动环境卫生设施提级扩能、市政公用设施提挡升级、公共服务设施提标扩面、产业配套设施提质增效，推进以县城为重要载体的新型城镇化建设，促进城乡融合发展。

（三）要落实国家重大战略，助力经济社会发展新格局

面对当前和未来的发展格局，党和国家制定了新的战略发展框架，旅游业对于落实其中诸多重大倡议、战略、举措都有重要意义。党的十九大报告明确提出，从十九大到二十大，是“两个一百年”奋斗目标的历史交会期，在第一个一百年要全面建成小康社会，第二个一百年要乘势而上开启全面建设社会主义现代化国家新征程。新征程提出了两个阶段的战略目标，第一个阶段“在全面建成小康社会的基础上，再奋斗

十五年，基本实现社会主义现代化”，第二个阶段“在基本实现现代化的基础上，再奋斗十五年，把我国建成富强民主文明和谐美丽的社会主义现代化强国”。在此基础上，国家形成了全新的战略发展框架，旅游业与此框架中的诸多重大倡议、战略、举措，都有很大的响应空间和支撑能力。旅游业对于推动社会进步、生态文明，以及乡村振兴、扶贫攻坚、刺激消费、投资不振、就业带动、消化库存、利用产能和树立核心价值观的红色旅游等诸多方面都有特殊的支撑贡献。国际层面的“一带一路”倡议推进、新的经贸关系的构建、国际关系的重整，国内层面综合改革的推进，消费层面新的消费经济格局的确立，文化层面的文旅融合，民生层面的助力全面建成小康社会目标的实现等，旅游业都有其立足点和发力点。

发展全域旅游，要坚定全面深化改革的大方向，站在更高起点推进力度更大、要求更高、举措更实的旅游业综合改革，推进交通、土地、金融、规划等旅游相关的配套改革，破解旅游业发展的体制机制障碍，落实国家战略，推动我国从旅游大国向旅游强国的转变，将成为关系旅游产业发展的重要方面。

（四）要以全域旅游促进世界级旅游目的地建设

新的时代背景下，要以建设世界级旅游目的地为导向，打造一批世界级旅游城市、世界级旅游景区、世界级旅游度假区、世界级旅游线路，为世界旅游复苏贡献中国力量。旅游目的地集合了旅游消费的各种要素，是旅游消费的主要载体，需要支持地方政府通过推进全域旅游发展，培育旅游消费新业态新热点，提升服务能力和水平，为国内外游客和当地群众提供更多优质服务。发展全域旅游，推进世界旅游目的地建设，要重点支持海南国际旅游岛建设，构建国际旅游消费中心，促进出境旅游消费回流和内需化；要重点支持北京、上海、西安、杭州、成都等世界级旅游城市建设；黄山、张家界等世界级旅游景区建设；长白山、亚龙湾等世界级旅游度假区建设；丝绸之路、茶马古道等世界级旅游线路建设，以及巴蜀文化旅游走廊、杭黄文化旅游廊道等世界级旅游廊道建设，培育一流产品品牌，构建完整产业体系，推动中国旅游走向世界。

（五）要提升全域旅游示范区创建的质量

一是要加大全域旅游示范区创建力度。以国家全域旅游示范区创建为龙头，以国家 5A 级旅游景区、国家级旅游度假区等旅游品牌创建为抓手，贯彻落实党的十九届五中全会精神，推动建设一批富有文化底蕴的世界级旅游景区和度假区，培育文化特色鲜明的国家级旅游休闲城市和街区，优化产品结构，带动旅游高质量发展。

二是要深化全域旅游示范区的创建内涵。以文旅融合理念推动全域旅游示范区创建，不断融合文化内涵，增加文化底色，用文化要素推动旅游产品特色化、品质化发展，提高旅游产品附加值。按照“宜融则融、能融尽融，以文促旅、以旅彰文”的理念，完善文化和旅游融合机制，推动“文旅融合”为引领的全域旅游发展新模式。

三是要提升全域旅游示范区创建品质。要着眼疫情后的旅游市场需求，在旅游品牌创建中，创新旅游业态和模式，开发休闲度假、生态康养等旅游产品，推动互联网等新技术在旅游品牌创建中的应用，打造一批智慧旅游产品，提升旅游产品供给的科技含量，延伸产业链，产业集群，充分释放其带动效益，发挥其标杆示范作用，进一步擦亮“国字号”旅游品牌。

四是要坚持因地制宜。各地示范区创建既要对照标准要求，又需要坚持特色，因地制宜，因时制宜，结合自身情况，在创建方式、创建路径、创建成果方面进行改革创新，在体制机制、旅游产品、公共服务、营销方式等方面都要探索适合地方发展的道路，探索新模式，推进全域旅游的特色化发展。

▶ 案例 3-1

全域旅游的溧阳实践

——以全域旅游推进县域治理体系和治理能力建设

全域旅游涉及经济社会发展的各个领域，是县域发展和县域善治的关键纽带，是践行“两山”理论、撬动全域发展的核心抓手。江苏省溧阳市把旅游业作为推动县域崛起的牵引力量，坚持旅游业的支柱产业地位不动摇，以旅游业带动产业发展、推动城乡统筹的地位不动摇。坚持以全域旅游为统领的县域治理思路与实践创新，走出一条全域旅游统领县域经济社会发展、推进县域治理能力现代化的“溧阳之路”。溧阳整个依托全域旅游创建破解县域治理难题的过程。

1. 把全域旅游作为经济社会高质量发展的强大推手

溧阳市将全域旅游纳入“十三五”发展“三大工程”，成立市委市政府主要领导任双组长的创建领导小组，强化市人大、政办常态化监督。发挥市旅游产业指导委员会作用，组建高端休闲经济办公室，打破旅游行业界限，融入工作方方面面：2018年以来，将全面促进旅游产业发展，推进全域旅游示范区创建工作作为年度工作主题，中共市委溧阳市人民政府印发了《溧阳市2018“重大项目推进年”和“全域旅游推进年”镇（区）目标任务与绩效管理考核办法》的通知，将区域旅游管理作为其中一项主要考核内容。有效保障了全域旅游工作的重要性，促进各单位高度重视全域旅游示范区创建工作。

2. 实行镇区合一，实现旅游综合治理

天目湖旅游国家级旅游度假区、曹山省级旅游度假区和南山景区分别设立了管委会，和相关乡镇党委、政府实行“两块牌子，一套班子”，在所辖区域行使市委、市政府授予的旅游项目开发与管理、景区规划建设、环境整治、生态保护、行政综合执法等职能。通过镇区合一，拓展度假区、景区管理边界，和旅游产业的高关联性适配，解决了单一度假区管委会管理职能不足，和乡镇管理权限有交叉重叠造成的“两不管”问题，提高了统筹协调水平，提高了区域旅游综合治理水平和发展水平。同时，别桥镇成立旅游管理办公室，推进了旅游事业发展。

3. 以全域旅游推动县域环境提升

溧阳市在全域旅游发展过程中，把环境和景观统一起来，坚持生态优先、绿色发展，精心治山理水，悉心描山绘水，优化全域旅游发展环境。“十三五”期间总投资40多亿元治山理水，关停采石矿、砖瓦窑、石灰窑、码头190余个，生态修复废弃矿山50余个，其中投资7亿余元治理水库、重点塘坝，6.3亿元保护天目湖水源地，12.8亿元推进区域治污一体化、14.8亿元开展全域农村生活污水治理，确保不出现景区漂漂亮亮、外围乌泱乌泱的状况。

以全域旅游推动乡村景观建设，赋予乡村改造美意。“十三五”期间，先后开展撤并集镇和两轮村庄环境综合整治，投资10亿元推进美意田园建设行动，全市所有村庄通过省级验收，特色田园乡村数量全省县级市第一。以全域旅游扮靓公园城市容颜。在创成全国文明城市的基础上，将全域旅游纳入公园城市建设布局，打造“十二望楼”

展现“溧阳1号公路”、溧阳琴廊、森林长廊优美形态，构建八大公园打造城市休憩新中心，让整座城市成为一个大景区。

4. 以全域旅游推动全域资源利用

溧阳市以全域旅游，把产业和资源对接起来，系统集成资金、土地、人才等生产要素向旅游业集聚，多措并举把无奇的传统资源化为创新的旅游产品，实现“水库变景区”“矿坑变公园”“农路变网红”“民房变茶舍”统筹交通、住建、城管等部门资金40亿元以上投向全域旅游开发，设立3000万元旅游发展专项资金探索点状供地、矿山废弃地利用等方式保障20余个旅游项目用地600余亩。推动单纯的自然“原生态”创新与生产、生活深度融合的“新生态”，带动全市近10万人人均增收1万余元，所有行政村集体经营性收入均超50万元。

以全域旅游把常规空间化为生活享受。金色庆丰万亩稻田变身“音乐舞台”，7万余亩茶园孕育近百家“清风朗月·溧阳茶舍”，房车营地、御水温泉、美奈树屋拓展休闲度假空间，萤火虫公园、火车来斯、神马农场打造童趣乐园，组建江南铁军教育学院做强红色研学品牌。溧阳成为瑞吉酒店签约入驻的首家县级市，希尔顿、万豪、英迪格、丽世、洲际皇冠等十多家一线酒店品牌纷纷选择落户于此。在溧阳，可长居可小憩，可创业可旅游，可挥洒青春可安度晚年。

5. 以全域旅游打通资源要素流动障碍，带动乡村振兴

江苏省溧阳市按照“全国一流、全省示范”的标准，建成全长365千米的“溧阳1号公路”，打通了全域旅游大动脉。旅游公路成为全域旅游的新载体，既承担了旅游交通的公共服务功能，也成为溧阳新的旅游吸引物。该路以“三山（南山、曹山、瓦屋山）两湖（天目湖、长荡湖）”为中心，连接沿线的旅游景区（点）、美丽乡村，以路引景，为景串线，自然景观丰富，道路建设配套充分，让游客“人在景中走，如在画中游”。积极探索研究适用于农村公路的风景道服务设施建设，沿线设置驿站、景观台和休憩点，兼具简餐、旅游咨询、旅游厕所、共享汽车等功能，满足自助式旅游需求。开发“溧阳行”“溧阳交通”App服务平台，为游客提供旅游信息、道路出行信息、景点景区承载信息。“1号公路”不仅是溧阳旅游业的“颜值担当”，更是服务沿途村民、增创致富机遇，振兴乡村发展的“实力担当”，“激活”了全市乡村的“旅游细胞”，从农家乐到乡村游，从全域旅游到乡村振兴，让原本“陷于深山”而苦恼的乡村悟到了“绿水青山就是金山银山”的深意。该公路串联起了溧阳全市主要景区和98个行政村、312个自然村、62个美丽乡村和特色田园乡村，让市民和游客能够走近山水田园，亲近自然，更好地共建共享最美生态，最大限度地承载旅游功能。在“1号公路”的串联驱动下，溧阳乡村旅游快速发展，把生产、生活空间变成了可观赏、可旅游的生态空间，年吸引600多万游客徜徉在田园乡村之间，把沿线近百种农副产品变成旅游产品带向千家万户，推动“农路变景点，农区变景区，老乡变老板”。

一是“1号公路”赋能既有产业资源，发挥叠加效应，实现村民就业增收。从2017年起，借助现有农村公路网，与旅游、生态、文化等元素有机衔接，全面建成全长365公里的“溧阳1号公路”，这条网红“最美1号公路”串珠成链串起了天目湖、南山竹海、曹山等主要景区景点、220多个乡村旅游点、62个美丽乡村和特色田园乡村，沿线规划布局了36个驿站、32处观景台、26个房车营地，把原本分散游离的自然资源和乡村景点连接成新的优质旅游资源，打通了全域旅游向纵深扩展的神经末梢，年吸引600万游客徜徉在田园乡村之间，实现农旅收入40亿元，带动5.4万户农户在“家门口”致富增收。仅蓝城杨家村悠然南山项目新增就业岗位200多个，人均年薪近4万元。

二是以“1号公路”实现乡村空间景观化为契机，盘活农村土地资源，增加村民资本性收益，实现村民致富。以“溧阳1号公路”实现乡村空间景观化为契机，出台撤并村庄农房改建迁建政策，推动农房建设向规划发展村集中，聚力农村宅基地“三权分置”改革，实施庆丰村等10个村宅基地有偿使用、有偿退出，唤醒了农村闲置土地、山林、农房等资源，将闲置宅基地和老房子改造利用、对外招商，推动乡村资源的增值。通过入股、置换、租赁、集体资产盘活等方式，塘马村合作社流转50亩闲置土地每年创收300多万元。李家园村富民资产专业合作社以村民闲置农房入股经营乡村旅游，每户社员年均分红超4.5万元。庆丰村开展美意田园建设两年间对集体经济经营性收入从20万元陡增至132.7万元，翻了6.6倍。

三是“1号公路”开道，带动资本要素和劳动力要素回流，提高多产业供给水平，为乡村振兴提供可持续保障。“溧阳1号公路”开道，山水田园吸引了大批工商资本下乡，打通了人才、资本、项目回流通道，大量有知识、有视野的年轻人回到了乡村，3年来溧商回乡创业项目26个，总投资59.8亿元。形成多主体参与、多业态打造、多要素集聚、多种功能价值共同实现的乡村产业发展新格局。“轻度”“芷兰秋”“青峰仙居”等百余家高端休闲民宿应运而生。一批采用文创、电商、直播、团建等新模式的“乡村创客”渐成气候，带动电商交易额突破140亿元，获评江苏省农村电子商务示范县。

6. 以全域旅游弥合城乡公共服务鸿沟，促进城乡融合

以便捷高效的公共服务和安全有序的旅游环境作为关键支撑，旅游通景公路实现机场、高铁、高速至主要景点无缝连接，建成1个全域旅游集散中心、5个片区旅游服务中心、百余个旅游咨询服务点和70座A级以上旅游公厕，城市公共厕所实现旅游标准化。全域旅游大数据平台与网格化服务管理中心、12345平台共建共享，构成智慧化旅游综合服务体系。成立江苏首家“旅游巡回法庭”，发布商户旅游诚信“红黑榜”，常态化、全覆盖开展旅游市场专项整治，推动服务深化、市场净化，实现城市“软环境”整体优化。

一是以旅游产业+公共服务的模式，解决农村基础公共服务可持续供给难题。借“溧阳1号公路”实现乡村空间景观化，带动乡村振兴为契机，通过形成“产业能做大、农民能增收、集体有收益、企业有效益”的撬动机制，完成农村污水管网治理、电力上改下、全域景观建设、道路硬化等工程。将农村环境，农村公路、农村图书馆、农村栈道、农村非遗文化、农村景观、农村长廊等零经济回报式公共服务投入，转变为重要的旅游吸引物，变农村为美丽乡村，形成农村可带来货币价值的产业资产，提升乡村公共服务投资回报率和投资效果，解决农村公共服务可持续供给难题。

二是康旅融合，带动城乡医疗服务供给数量和质量双增长。借力网红“1号公路”带来的大批客流，发挥旅游康养的优势，高起点建设以休闲康养为主体的天目湖“生命康原”全产业链健康养生示范基地；中国平安健康城、中德富尔达康颐社区等重大康旅融合项目纷纷落地。江苏省人民医院、江苏省中医院2所溧阳分院携手打造苏皖省际边界地区医疗高地，为城乡居民，尤其是乡村居民带来更多、更高水平的医疗服务资源。

三是农村公路提档升级为旅游公路，提升农村交通服务质量，实现主客共享。交通服务中的城乡差距问题是城乡融合中的重要问题。投入大，投资难回收是农村交通服务，尤其是农村公共交通服务中的关键难点。“溧阳1号公路”依托完善的农村公路路网，大力推进城乡公交一体化，以旅游产业作为投资效益增长点倒逼推动农村交通公共服务升级，在实现产业增收的同时，实现主客共享。“溧阳1号公路”在全国率先试点“镇村公交”模式，串联起村与村、村与镇之间的往来。目前全市共投放镇村公交220辆，开通97条线路，实现全市所有镇区、行政村公交一体化、全覆盖。大力发展个性化旅游公共交通出行方式，开通“1号公路”旅游专线3条，布局86个共享汽车点位，连续4年被江苏省交通运输厅评为城乡道路客运一体化发展水平5A级。

7. 以全域旅游打通县域治理中三农问题难题，走出一条全域旅游县域治理创新下的县域经济社会可持续发展之路

溧阳市探索建立以政府主导的市属国有公司为核心，村民、村集体、社会资本三方合建的产业机制，负责乡村旅游的规划建设、运行保障、宣传策划、项目招商等，将6个江苏省首批特色田园乡村打造成网红村，旅游人次从8.2万增加到75万，获得省政府办公厅督查激励，是全省获此殊荣的唯一县市。庆丰村在镇区主导进行环境整治开发后，通过成立金色庆丰文旅集团、吸引社会资本的模式来进行整体规划设计、推动农旅项目的开发和运维，村集体统一流转村民闲置用房，对外发包，鼓励村民通过“企业+农户”模式，让村民深入参与项目开发和运维，让村民通过旅游经营获益。礼诗圩村采取国企主导的乡村旅游开发经营模式，通过市场化手段引进外来经营户，引进专业企业、当地专业合作社合作，形成“国企+经营户+专业合作社”共同开展旅游经营模式。依托南山竹海5A景区旅游资源优势，李家园村大胆探索新型农民合作社组织，创办了江苏省首家以房屋场所入股的合作社——溧阳市富民资产合作社，引导村民走上旅游致富的道路，盘活了李家园乡村旅游资源，共发展酒店、农庄和特色民宿105家。农民从常规种植向乡村旅游业发展，实现农民就地就业1200多名。

一是发挥旅游业渠道特性，以需带产，优化农村产业供给结构，实现农村产业高质量发展。在农村产业结构中，以农村生产结构问题最为突出，缺乏质优价优价格引导机制导致优质产品缺乏，与城乡居民对高品质产品的需求不匹配。溧阳根据丘陵山区的资源特点和比较优势，以市场为导向，以效益为中心，着力推进农业结构调整，引领着丘陵山区向生态农业、观光农业、高效农业进军，助推乡村产业振兴。以溧阳茶产业为例，作为一个年产值近15亿元的大产业，过去茶农以较低价格批发给茶商，现在不仅茶农的茶园景观成为重要的旅游景观，而且通过旅游形成了品牌影响力，成为游客归家的伴手礼以及网红产品。旅游在集聚人气的同时，也把沿线的农副产品带向千家万户。富硒软米、两湾白芹等多种优质农副产品，成为游客竞相采购的“爆款”。

二是发挥旅游业绿色生态效应，带动乡村环境建设，实现乡村通过绿水青山打造金山银山。2016年，溧阳实施“建设美好家园”三年行动计划，做优全域环境，展现美丽乡村公路旁的田间美景，完成交通干线沿线环境整治1466千米，农村清垃圾、拆违章、拆围墙“一清两拆”成效初显，综合整治村庄282个、河塘598口，新建垃圾收集点超1000个，新建扩建镇级公益公墓10个，迁移零星散坟12300余冢。同时，花费数十亿元推行关停石矿瓦窑、修复废弃矿山、治理水库塘坝、保护水源地等措施。积极淘汰钢铁、水泥等落后产能，为乡村绿色发展打造碧水蓝天。在全国率先探索生态产品交易市场建设和系统的生态价值评定体系，推进区域生态补偿标准化和实用化，形成完善科学的生态补偿的利益评价机制，为乡村绿色可持续发展提供创新机制基础，助推乡村生态宜居。

三是发挥旅游业文化效应，为实现乡村农民文化赋能和文化自信提供可持续动力。民间民俗历史文化可以提升一个地区百姓的文化传播的主动性。把历史文化融入全域旅游发展，全市现有各级非遗保护名录70项，其中国家级非遗项目1项，江苏省级非遗项目9项。放大焦尾琴故里名片，每年定期举办“天目湖古琴”音乐会。深挖地方戏曲文化，在全市重点景区、1号公路、特色田园乡村、旅游重点镇、城市休闲空间等布局一批“美音美溧小剧场”，讲述溧阳故事，以旅游为载体，传承地方文化，促进乡村文化振兴，实现主客共享。

8. 以全域旅游探索乡村改革

溧阳市在全域旅游发展过程，积极构建以生态容量评价体系为基础的市场化区域生态补偿机制，打造生态产品交易市场和“生态银行”，为生态资源转化为生产资料创造制度条件。探索新空间，试点农村宅基地“三权分置”实现形式改革，把生活资料转化成休闲资源，赋能全域旅游。特别是在土地制度方面，不断创新多元化旅游土地供给方式，有效利用城乡建设用地增减挂钩、工矿废弃地复垦、盘活农村存量等土地政策，促进土地要素有序流动和合理配置，构建了旅游用地保障新渠道。2019年通过以上政策转化建设用地指标用于文旅项目土地报批达1280亩（其中挂钩项目970亩，工矿项目 310 亩），为旅游业可持续发展提供用地保障。

一是依托土地综合整治，开辟乡村旅游新空间。作为全省唯一的全国丘陵山区综合开发示范市，溧阳坚持以农村土地综合整治为载体，不断丰富乡村旅游底蕴。作为首批试点村庄上兴镇余巷村牛马塘、戴埠镇戴南村杨家村，以生态型土地整治为抓手，融入了生态景观、文化教育、旅游观光等元素，打造一系列生态工程。增设了农业种植体验区、特色稻田艺术景观区、农田渍水净化系统，吸引游客前来游览，在丰富了土地整治的内涵同时，更丰富了特色田园乡村旅游底蕴，打造了集生态农业、乡村文化、运动休闲、文化教育于一体的多元化、复合型乡村型旅游度假区。同时土地整治项目形成的施工通道经过修整，摇身变为江苏省首批旅游风景道“溧阳 1 号公路”，入选“2019 全国美丽乡村路”，其中网红“天路”更是以 2011 年的省投土地整治项目施工通道为路基，通过土地整治串联起原本割裂的乡村旅游景点，构建起“一路一景、一路一特色”的旅游格局。

二是废弃矿山特色治理，工矿废弃地变“废”为宝。近年来，溧阳全面推动废弃矿山的修复治理，2017 年开始便投入 3.4 亿元，宜建则建、宜林则林、宜农则农、宜景则景，一矿一策，并于 2018 年、2019 年连续两年纳入全市 18 项重点工作。通过结合废弃矿山的山体形态、区位优势、人文历史等因素，因地制宜引入社会资本参与生态修复和旅游开发，取得了社会、经济和环境效益。到目前为止，全市废弃矿山治理取得了明显成效。原本废弃的矿山变成了郁郁青山，尤其随着全域旅游战略的推进，不少社会资本参与治理，发展旅游产业，建成了燕山公园、望星谷精品民宿、青龙山人防教育基地等，成为乡村旅游的独特风景，实现了矿山增绿、农民增收的多重效应。比如，望星谷度假村地处戴埠镇横涧村，总占地面积 700 亩，建设前是正兴矿所在地，废弃后留下了大矿坑，遍地杂草。经过矿山复绿，改造林相，兴建木屋等一系列工程，投资 2.6 亿元，把荒山沟打造成了精品度假区，望星谷不仅生态修复成效显著，并且开发了度假酒店、房车营地、户外拓展等，成为南山旅游链上美丽的明珠，每年接待游客 3 万多人次。

三是创新实施“点状供地”，有效解决项目落地难题。溧阳地处丘陵山区，成片用地较少，而旅游项目用地面积大，经常导致旅游项目在选址上存在不确定性，易出现项目实际用地需要与原土地利用规划位置、面积产生偏差，因此普遍存在旅游项目落地难的问题；同时，为解决旅游用地出让价格偏高，难以吸引投资的问题，溧阳探索实施“点状供地”方式降低投资者一次性用地成本，节省用地规模指标。按照“区分项目、分类出让”原则，对旅游项目中养殖、种植、自然田园风光等不改变土地用途部分，依法按农用地管理，对建设民宿、游客接待中心、停车场、厕所等永久性建筑设施部分按建设用地实施“点状”挂牌出让。目前全市共有旅游用地92宗面积1560亩均不同程度利用“点状供地”，有效实现了经济发展和生态保护的“双赢”。

四是结合土地收储，盘活存量建设用地。以一号公路杨湾驿站（杨湾茶舍）为例，溧阳土地收购储备中心与瓦屋山林场签订国有建设用地使用权收储协议，收储建设用地面积23.63亩后结合项目重新挂牌出让。通过收储的方式盘活存量建设用地，将项目腾笼换鸟，创新推动文旅项目落地。以燕山公园茶舍项目为例，市自然资源局与溧阳市燕山新区建设发展有限公司签订收回协议、注销土地证（收回土地16.95亩），并结合建设用地增减挂钩项目重新挂牌出让为休闲旅游用地，充分利用土地资源。

资料来源：溧阳市人民政府．国家全域旅游示范区验收打分和检查项目的说明材料［Z］．2020（7）；杨明月．全力打造以全域旅游推进县域治理能力现代化的“溧阳之路”．2020.

▶ 案例 3-2

全域旅游的修武实践

——以全域旅游带动县域经济社会综合发展

修武县位于河南省东北部、太行山南麓，总面积611平方千米，辖5镇、3乡、1个工贸区、1个办事处，187个行政村，总人口27.2万，为河南省第二人口小县。修武县人口只有27万，农业基础好，工业基础差，环保压力大，耕地红线、生态红线不能碰，工业发展的空间极其有限。但修武有大量可供旅游开发的山、林、湖、河、古村落、优质农产品、历史遗迹和文化资源，境内的云台山更是河南旅游的一张亮丽名片。发展全域旅游，修武有天然优势，但过往单靠云台山景区一个景区的门票经济还不足以支撑和主导全县经济转型发展，而且简单以全域旅游之名将这些资源罗列拼凑到一起，各种旅游资源还会如同一盘散沙，并不能显现出旺盛的生命力和吸引力。为此，近年来，修武县以创建全域旅游示范区为总抓手，提出“以全域美学引领全域旅游”的新理念，在全国率先走出了一条以美学经济领航景城融合的全域旅游探索之路。在全域旅游发展过程中，更加突出整体而系统的发展理念，全域旅游的发展模式转变为全县的发展模式，通过全域旅游提升基层治理体系和治理能力，真正实现基层治理体系和治理能力的转变。由此，修武从一花独放的云台山景点建设，到由城建、党建、民宿、交通、服务等多个经济社会领域构成的百花齐放的全域建设，实现了从景点美到乡村美、服务美、工业美、建筑美的美美与共新格局。

修武县以全域旅游推动经济社会转型升级中，以全域旅游发展为中心，推出一系列体制机制创新，形成党政统筹、产业联动、部门联动的新格局，县域项目、土地、规划和发展布局流程再造，生产要素和资源最大限度优化利用。景区二次创业带动转型，体验游不断升级，带来整个县域的大“洗盘”、大重构，山上山下、城里城外实现差异发展、相互呼应，景城融合取得重大突破，走出了“龙头带动、景城联动”的全域旅游发展新模式，使全县611平方千米的老百姓从中受益。曾经，修武旅游因为云台山的美景而声名鹊起；如今，在全域旅游推动下，旅游的体验走出景区，全面走进城市、乡村，融入文化、产业，为加速助推景城融合。

1. 以全域旅游为中心创新体制机制

全域旅游理念引导下，修武县通过创新优化领导、协调、管理、考核、监督、市场和保障等体制机制，突破制约旅游发展的新问题、新矛盾、新挑战，实现由“景点美”向“全域美”、“景点旅游”向“全域旅游”的转变。在修武，全域旅游不是旅游部门一家的事，而是党政统筹的“一号工程”，县委书记、县长“站台”服务，产业联动，部门联动。

一是创新党政统筹机制。修武成立县全域旅游示范区创建工作指挥部，将创建工作列入政府目标考核体系，形成“党政主导”推动格局。修武县结合工作实际，首先成立了县委书记任政委、县长任指挥长、“县委领导、政府推动、四大班子全部参与”的创建工作指挥部，将全域旅游发展和美学经济作为推动经济社会发展的总抓手，统筹推进全域旅游示范区创建工作。创建工作指挥部成立办公室、建设提升组、宣传营销组、环境优化组、产业融合组、乡村旅游组、组织保障组7个专项小组，7名县委常委分别担任7个专项小组组长，聚合32名县领导和46家单位围绕“+旅游”做文章，建立“目标、任务、时限、标准、责任”五位一体工作机制，半月一次例会，每月一次工作调度。建立了包括例会制度、台账管理制度、督查制度和考核奖惩制度在内的创建工作机制，将全域旅游创建列入政府目标考核范围，县委、政府两办督查室加强督导，纪检监察部门加大对创建工作不作为、慢作为的责任追究。党政主要领导亲自安排部署创建工作，定期听取进展情况汇报，深入实地解决问题，现场推进工作，全程为创建保障护航。

二是党政领导亲自营销，打造旅游服务标杆。县委书记担任“首席服务员”，“五员一体”（人人都是安全员、保洁员、服务员、救护员、宣传员）实现了从“不让一位游客受委屈”向“感动每一位游客”的提升。以县委书记为首席服务员的服务队伍，通过服务企业，为修武创造了良好的亲商、安商、富商环境，也营造出巨大的产业融合空间，吸引恒大、碧桂园、荣盛、东方园林等著名企业纷纷入驻修武。通过以商招商招来 8 家企业，投资在 30.8 亿元，使修武县的基础设施、企业发展、产品业态、品牌形象等各方面借力全域旅游的东风实现了大提升，步入了前所未有的跨越式发展阶段。

三是以全域旅游推动其他部门工作。修武县在全省率先成立旅游发展委员会，党政主导，整合力量，将旅游局由原来单一的行业主管部门转变为承担修武旅游产业规划、综合监管、政策协调和旅游经济运行监测的综合协调部门。在全省率先实施旅游综合治理“1+3+N”工程，联合 16 家执法部门建立旅游执法联席会议制度，建立“旅游警察大队＋旅游巡回法庭＋工商旅游分局＋旅游物价巡查大队＋旅游食品安全监管大队”综合执法体系，设立旅游综合执法办公室，用创新的思维来激活软环境的正能量，用超前的手段解决旅游监管的难题，建立旅游发展联动机制，发改、食品药品监管、消防等相关部门明确旅游专（兼）职负责人，形成各部门齐抓共管旅游业的崭新格局，适应大众旅游时代及旅游已成为综合性产业的新形势需要。实行旅游联席会议制度，每月召开一次由景区、公安、交通、财政、住建以及服务景区的相关乡镇参加的联席会议，协调解决旅游产业发展和旅游市场管理中的融资、用地、项目推进等各类问题，切实提高了旅游行政管理的效率和水平。

四是建立全民评议全域旅游机制。在年度“民心导向”评议中，将全域旅游创建工作列入全县 27 万群众对县委书记和乡党委书记的评议项，让社会各界参与创建、支持创建、倒逼创建。

2. 以全域旅游引领经济社会发展规划

修武县用旅游总规衔接多部门建设规划，多规合一、旅游引领，使全县旅游产业链条得以贯通、各旅游服务职能的整合得以实现。《修武县产业发展规划》将旅游业确定为“十三五”战略主导产业。将旅游部门设立为前置审批部门，城乡总体规划、土地利用规划、城市空间规划、城市水系规划等系列规划，都要以《修武县全域旅游发展规划》为依据。强化旅游部门权重，对涉旅类项目开发赋予旅游部门前置审核权利，对不符合旅游发展规划的一票否决，全面维护区域发展“旅游观”。

3. 以全域旅游激活全域资源

全域旅游发展过程中，修武县引入哈佛、清华等优秀设计师，以“美学小建筑”为载体，激活县域积淀3000多年的历史文化、传统村落等资源，修武沉睡3000多年的历史文化资源、农产品、工业消费品和传统村落通过“体验经济”得到激活，形成旅游目的地的网状布局。启动“全产业覆盖、全链条延伸”美学计划，将美学理念向工业、农业、城建、党建等各个方面延伸，把一批独具特色的非旅游点转型成为旅游项目，旅游体验感进一步增强。城区一系列康养、度假、休闲项目落地建设，深山古村因民宿而焕发生机。该县谋划和已经落地的项目有云阶恒大康养小镇、云台古镇、大位村和秦厂党建综合体、冰菊小镇、绞胎瓷小镇、岸上和陪嫁庄民宿集群、云上院子和悬崖上的美学公社等20多个。在产业融合中推动符合美学的大项目、好项目建设，增加全域旅游新亮点。以美学项目为统筹，最大限度优化利用全县611平方千米的产业要素和资源，进行“美学中国”的县域探索。

4. 以全域旅游推动城市建设

推动全域旅游与城市建设相结合，在城市建设中注重美学符号，让每一个建筑都能成为独有的地域标志和文化符号，让城市宜居宜游。加快景城融合，发展全域旅游，打造精致城市是基础。

修武县注重融合景城联动，用美学理念建设县城，推进“风景下山、旅游进城”。投资249亿元实施69个城市建设项目，投资20亿元在城区建设5A级标准云台古镇，投资100亿元在云台山建设云阶恒大康养小镇，修武县全力打造康养、休闲度假目的地。在城市发展理念上，立足于修武的旅游、文化、生态等优势，不贪大图洋、不求高求大，而是求韵味、求品位、求朴实、求淡雅、求精致，求山水风情、求人文魅力。在城市发展目标上，确立了“环境优美、功能配套、产业发展、特色鲜明”的城市建设总体目标，外提颜值、内提气质，内外兼修、城市“双修”。用美学设计提升城市品质、补齐城市建设的短板，并以城建交通等为载体，推动美学因子向全域延伸。城市双修方面，聘请北京妙源文化创意产业发展有限公司，投资9200余万元对人民路、青龙大道等10条道路沿途临街建筑物外立面、街景以及重要节点，进行统一景观规划设计和综合改造提升，实现“开窗见景，出门见绿”。按照“以文化城”要求，挖掘文化精髓，力求把每一座建筑、每一处设施都打造成令人念念不忘的乡愁记忆。例如，云台古镇项目按照国家4A级标准进行打造，以韩愈文化为主线，结合现代科技，呈现修武古唐风貌。

5. 以全域旅游推动乡村振兴

在乡村革新中注重美学体验，以“云宿”发展打造修武旅游民宿品牌，“最美修武民宿”成为修武旅游新名片；依托良好的生态环境和传统村落优势，修武县把乡村特色民宿的规划建设作为“打造新产品、发展新业态、形成新亮点”的全域旅游重点突破口，按照“县域统筹、政府引导、典型带动、市场运作”原则，以“民宿+”为路径，通过文化创意注入、休闲业态重构、品牌形象塑造、农业附加值提升等手段，寻求“绿水青山”与“金山银山”最佳结合点，有效推进生态资源向旅游经济转化，实现美丽生态与美丽经济共赢。

修武县以乡村民宿为载体，将乡村资源、文化资源等闲置改造、变废为宝，云上院子、汀澜、朴居、云武堂、探宿、栖悦、纳里·有家等一批民宿先后落地运营，“看得见山、望得见水、记得住乡愁”的民宿产业高歌猛进。2019年7月28日，焦作市委常委、修武县委书记郭鹏作为河南省唯一代表在全国乡村旅游（民宿）工作现场会，就修武县民宿产业发展工作作典型发言，“南有莫干山，北有云台山”，修武北方民宿之都的品牌形象日益鲜明。10余批30余位国内外顶尖专家团队，在县域内打造23处美学建筑，确保每座建筑都能成为留给后代子孙的美学财富和乡村美育的标杆项目。而且，注重将乡村美学教育、特色文化推广、农副产品开发等与民宿产业有机融合、联动发展。西村乡云上院子将当地特色手作绞胎瓷文化融入运营，聘请国家级非遗传承人柴战柱为艺术顾问，不仅从事绞胎瓷等非遗的传承与教学，还进行本土手工艺品设计创作，开发了“云上”系列文创产品。

围绕打造“北方民宿之都”，提出“南有莫干山、北有云台山”的目标，在全省率先制定出台民宿产业发展意见和扶持政策，投资5000万元建设金云路民宿专用公路，30家精品民宿对外开放，“修武云宿”成为修武旅游新IP。截至2019年7月，建成的民宿集群和村落有云上院子、云武堂、森兮、朴居湖畔等6个项目，精品单体民宿有竹韵闲园、探宿、汀澜等27家，房间数472间。正在规划建设的民宿集群和村落有云乡·兵盘民宿村落、陪嫁妆村爱情村落等4个，储备了长岭、双庙、饮羊河、东岭后、一斗水等一批民宿发展重点村。修武的老旧空心村，越老土越值钱。七贤镇用美学理念改造了孙窑村的9套民居合院和老窑洞，在网上一推就被北京人、上海人租走6套，一租20年，租金30万元。

6. 以全域旅游推动县域党建工作

修武将党建美学理念融入全域旅游创建工作，拓展党建美学研学游、党建美学研修班等全域旅游新内容，也为党建美学促进乡村振兴探索了一条新路径，在全国率先将党建美学理念植入全域旅游，打造多个阵地建设美学试点，成为全域旅游的亮点之作。

在修武县，很多村级党建综合体，围绕美学基本上做到了外观、内饰都各有特色。党员活动中心、党群服务中心、学校、文化广场、村级医疗所、共享书吧等连成一线、融为一体，以人民为中心，关乎民众生活的问题都可以在这里解决，难题隐患也在这里得到反映。更为可贵的是，通过党建美学拓展了全域旅游新内容，促进了集体经济发展和群众脱贫致富，初步实现了党建美学引领乡村振兴的预期。

为发展集体经济，前期在党群活动中心西侧建设的20间商业用房，每间每年3000元租金对外出租，但出租率不高。党群活动中心建好后，由于前来参观考察的人群络绎不绝，村民看到了党建美学研学游的发展前景，剩余商业用房以每间每年4000元租金争抢一空。

修武的农村队部建设，大胆创新，用党建美学把“人民至上，共产党好”的理念在基层潜移默化，入脑入心，发挥全域旅游对乡村美育的促进。如七贤镇宰湾村有个七贤书院，邀请非遗传承人来教乡村的孩子们剪纸、刺绣和陶艺，孩子们做的小陶器还被当作旅游纪念品。由设计师设计的乡村美学小建筑，让村里的孩子和城里孩子一样在家门口感受美、向往美，身边有美，行为更美，为解决1.4亿乡村儿童美育成本高、效果差的难题提供了一条可复制和推广的解决之道。

党建美学研学游是把党建人文景观和绿色自然景观结合起来，把党性教育与促进旅游产业发展结合起来的一种新型的主题旅游形式。其打造的党建美学研学游线路，既可以观光赏景，也可以了解党史、国史、县史、村史和民风民俗，增长党建知识，学习党建文化，培育新的时代精神，增强文化自信。美丽的风景需要动人的文化来诠释、渲染，美学的党建阵地需要丰富多样的组织生活来增强体验感。文化是旅游的重要资源，更是风景的灵魂，当风景之美与人文之美融为一体时便孕育了令人荡气回肠的美。这种美，就是景区的文化内涵。如能让游客在丰富的组织生活美学体验里感知党建美学示范点的党建历史文化底蕴，必然会使文化深度增加，大幅提升党建美学研学游的审美体验，同时也能增加游客的消费黏性和盈利空间。这就需要我们深度挖掘党建美学示范点的资源特色和文化底蕴，创设文化体验、参与项目，注重对虚拟空间的开拓。

以党建美学理念为主要内涵的修武基层党建工作，以标准化、制度化、美学化为实现路径，成了基层党建工作创新发展的典范之作。随着党建美学理念的深化普及，修武187个行政村及县直机关支部、非公企业支部都将成为党建美学研学游的体验点，一座座由哈佛大学、清华大学等国内外知名设计师设计的网红村委会，一场场内容丰富具有仪式美感的组织生活体验活动，一个个热情好客热心服务的党员群众，必将成为党建美学研学游的新品牌，成为全域旅游的新内容，必将成为引领乡村振兴的新理念。

7. 以全域旅游找到“两山理论”的转化通道

修武也曾“削山换钱”，大大小小的采石场、水泥厂、石灰窑、煤矿遍布北部山区，有的已逼近云台山核心景区，再不以壮士断腕的勇气断绝对生态的破坏，很有可能将无游可旅。2016年仅用2个月的时间，修武关停、取缔了所有非煤矿山企业，试着找回原来漫山苍翠的北山。在北部山区修复性开发的过程中，修武把美学经济融入各个点位，通过针灸式的布局，鼓励社会资本广泛参与，大力发展乡村特色游、休闲度假游、矿山民宿游等，使原来靠山“吃”山的老百姓变为倚山“卖景”的新山民。修武县对景区内1200亩耕地实施退耕还林，对农户包产量、包收入，每年支付生态补偿200多万元；而且，配合生态旅游开发，先后关停100多座小土石灰窑、150多座小铁矿；2016年，开展北山治理专项整治，取缔非法采矿点36处、非法矿产品经营加工点23家和矿山企业19家，修复治理山地1000多亩，有效解决困扰修武多年的北部山区污染难题。之前的采矿“重灾区”——西村乡，现在山里环境美了，观鸟、观星、徒步穿越等吸引了众多专业化程度高、审美品位高的游客纷纷往山里跑，单单一项“观鸟摄影”每年就能吸引上万名摄鸟发烧友前来。观鸟，修武提供专业摄影棚，最佳机位，制作不同鸟类的习性表。让游客消费的不仅仅是产品本身的功能性，更多的是美感体验，住一间石头房需要2588元，品一朵云台冰菊需要30元，饮一壶天瀑美酒需要800元。经过环境设计，游客体验的不仅仅是产品的自身，更多的是在地化的特色欣赏。尝一碗云台金谷贡米，徜徉在北方水乡；吃一颗新庄大枣，从唇齿甜蜜到内心深处。通过对美的精心呵护，能够衍生出许多无形的经济价值。

8. 以全域旅游提升县域品牌形象

借力创建，修武县不断放大县域旅游品牌叠加效应，先后荣获国家卫生城市、国家园林县城、全国森林旅游示范县、全国社会治安综合治理最高奖“长安杯”等多项国家级称号。云台山景区在央视“2018年大国之旅”评选中位列全国245家5A级景区第三名，云台山国际旅游节荣获“中国优秀节事奖”称号。

9. 以全域旅游带动交通等基础设施建设

修武县围绕全域旅游，把构建高品质公共服务体系作为全域旅游基础工作，以景城融合为契机，以发展美学经济为突破口，对城区发展进行系统布局，优化公共服务体系建设，对交通、厕所和出行服务进行了全面的改造和完善，以全面提升修武的发展质量。

一是提高交通服务等级。借助高铁、高速，修武全面融入郑州1小时通勤圈、中原城市群旅游消费圈。建成全省唯一旅游专用高速公路郑云高速，建成全国首个景点式收费站；打造“乡村旅游风景路”101千米，铺设旅游绿道48千米。专用景观路、“四好农村路”和民宿旅游环线，让乡村公路蝶变成风景路。连接云台山东西区24.1千米的青云大道、直通青龙峡景区20千米的西双路、民宿专线11千米的金云路等道路累计投资3.6亿元，为14个山区贫困村打开脱贫致富大门。

二是为展现“四好农村路”沿线美学经济点项目，结合周庄、王屯乡镇区域特色，绘制出修武县2019年第一批“四好农村路”美学经济项目手绘地图，覆盖4个美丽乡村、3个党建美学示范村、3个贫困村，以二维码扫描形式重点介绍沿线4个道路游园、5个美学经济点项目。同时，将党建美学、乡镇美学与城乡布局规划有效衔接，打造样板路段；融合党建文化、山水文化、韩愈文化、七贤文化及廉政文化的五种元素，打造体现修武的历史文化的文化长廊；聘请专业的团队对沿街房屋墙体立面进行创意设计，实现硬化、美化、绿化、文化“四化合一”，进一步优化乡村人居环境；充分利用空闲地段，在公路两侧打造休闲锻炼场所和现代化的街头游园，提升沿线百姓“幸福感”和“获得感”。在“四好农村路”创建伊始，修武县就定下一个工作目标和标准：不仅要将“四好农村路”建设成为一条高质量的路，还要建设成为一条“高颜值”的路，为全域旅游助力添彩。

如今，修武县已累计投入资金约2.82亿元，高标准完成465.4千米农村公路创建。置身已经建成的“四好农村路”上，道路美景随处可见。一条条五彩斑斓的道路成为维系全域旅游、美丽乡村、民宿发展、乡村振兴的新纽带。在“四好农村路”创建工作中，修武县结合乡村特色，用美学理念积极探索“四好农村路+产业+旅游+扶贫”等模式，规划建设山区旅游扶贫环线、平原产业发展环线等，带动15个贫困村、10个美丽乡村、6个党建示范村、4个旅游景点、3个产业园区和3个特色小镇发展，在“四好农村路”沿线重点打造美学经济点项目，发力乡村建设，助力乡村振兴。

三是合理调整县城旅游交通规划建设，持续优化旅游交通运输结构。启动县城到云台山的旅游专用景观大道建设工程，建设通景公路两条（从5A级景区云台山至3A级景区云台冰菊小镇的2级道路云台大道，从5A级景区云台山至4A级旅游景区圆融寺的2级道路青云大道）、乡村旅游道路四条（至云台冰菊绿色种植基地的军张路、至金岭坡太行艺术小镇的东虎路和金云路、至青龙峡景区的西双路），实施旅游景区连接线工程，开通修武高铁站至云台山景区、修武西站至云台冰菊基地、云台山至圆融寺等旅游专线公交，游客从县城到核心景区实现了零换乘。设立城市观光巴士，根据景区位置设置涵盖全县南北线旅游景点的观光路线，建立起景城连通、快行慢游的自助游交通服务体系，做到通景公路、乡村旅游道路、城市公交等多种交通运输相互衔接，逐步形成具有足够容量和应变能力，多功能、多层次、高效率的交通运输体系。

10. 以全域旅游服务民生

在修武，全域旅游就是全域发展，就是全域民生。修武县将坚持改革创新，为以农业为主的省市县域，探索以生态环境和文化旅游为支点，以全域旅游创建为抓手，撬动区域高质量发展和人民美好生活的新路径、新模式、新文明！修武县坚持景区带村和产业富民相结合。制定出台《修武县旅游扶贫专项行动计划》，规划脱贫、富民、振兴递进发展路径，旅游已日益成为扶贫富民和乡村振兴的重要手段。

全域旅游带动脱贫致富。旅游业富民扶贫，全县涉旅从业人员达 3.25 万人，占全县总人口的 12%；全县在册登记的四分之一贫困人口借助旅游实现脱贫。2018 年全省旅游扶贫工作现场会在修武召开，同年荣获“河南省旅游扶贫示范县”称号。截至 2020 年 11 月，河南省焦作市修武县含 12 个深度贫困村在内的 34 个贫困村 4172 户 14691 人，已借助“美学＋扶贫”战略全部脱贫摘帽。全县涉旅游从业人员达 3.25 万人，占全县总人口的 12%；全县在册登记的 1/4 贫困人口借助旅游实现脱贫。

创建三年的成果看得见、摸得着。全县累计投资 399 亿元实施 69 个城市建设和 16 个“云系列”景区转型项目，只有 27 万人口的修武小县，年接待游客超千万，过夜经济风生水起，民宿经济崭露头角。全域旅游带动高效农业、餐饮、住宿、环保、艺术、康养、度假、摄影、会展、总部经济等多个产业，和科技驱动的高端装备制造、光电子以及文创产品制造业，构成了修武产业升级的两大基石。全域旅游示范区的创建，让一个小县冲破了只有科技驱动才算产业升级的固化思维，开辟了产业升级的第二路径。创建三年来，修武县游客接待量逆势攀升，保持强劲发展势头。接待旅游过夜游客由 257.5 万人次增长到 558.5 万人次，旅游总收入由 35.16 亿元增长到 43.51 亿元。旅游业对 GDP 的贡献率始终维持在 15% 以上，旅游业对就业的贡献率始终维持在 24% 以上。

资料来源：河南省修武县人民政府 . 全域旅游的修武美学实践［M］. 中国旅游出版社，2020.

第四章
推进全域旅游体制，打破部门利益固化

本章介绍全域旅游对社会治理方式改进的作用（对体制机制改革的作用）。全域旅游体制机制改革，打破部门的固化，使市场在资源配置中发挥决定性作用，带动体制机制改革。

一、打破管理体制固化是全面深化改革的重点

管理固化、部门固化、利益固化是当前面临的主要问题，是不合理的体制机制和现有规章制度的核心问题，解决这些问题需要深化改革的突破口。

旅游业体制改革一直是核心问题。回顾 40 多年旅游业的发展历程，我国旅游管理体制一直处于不断发展改革中，从 1978 年的中央旅游工作领导小组，到 1986 年带动国务院旅游协调领导小组；从 1999 年的国务院假日旅游部际协调会议，到 2014 年的国务院旅游工作部际联席会议；从中国旅行游览事业管理局到中国旅行游览事业管理总局，从国家旅游局到文化和旅游部；从“统一领导，分散经营”到“统一领导、分散经营、政企分开、分级管理、统一对外”，从“国家、地方、部门、集体、个人一起上，自力更生和利用外资一起上”到“领导重视、部门联动、社会参与”，我国旅游业体制机制不断变革。

二、发展全域旅游，创新旅游体制机制

（一）旅游管理体制创新

发展全域旅游，核心在于改革创新旅游管理体制机制，创造市场在配置资源中发挥决定性作用的环境。体制机制创新是发展全域旅游的基本保障，也是以全域旅游推动体制机制改革的重点所在。

为此，发展全域旅游要通过旅游领域体制机制的改革创新，打破旅游发展的管理体制障碍，带动其他领域管理体制改革创新。强调依法治旅，不断完善旅游治理体系，健全旅游业可持续发展的法制环境，提高现代旅游治理能力。其中的关键在于，在当前的体制机制框架内，唯有党政统筹才能推进地方工作。这是实现以全域旅游带动地区经济社会全面发展的关键所在。

（二）创新全域旅游综合管理协调机制，打破部门固化

发展全域旅游，在管理体制方面，按照“四个全面”战略布局的要求，构建适合综合产业发展规律的全域旅游党政统筹领导体制、协调机制、综合管理机制、旅游统计制度和行业自律与社会监督机制，形成“党政统筹、部门联动、产业协同、社会参与”的现代旅游治理体系，解决我国旅游业管理中长期存在的“小马拉大车”问题，解决旅游业发展中长期存在的想解决但又不能解决的瓶颈问题，提高旅游业社会化管理水平，从体制机制上确保全域旅游又好又快发展。多部门综合管理是落实全域旅游战略的制度保障，有利于旅游业统一领导、统一规划、统一管理、统一协调。

第一，建立现代旅游治理体系。鼓励根据实际情况依法进行组织领导、旅游管理、旅游监管、旅游社会化管理等方面的体制、机制创新，构建现代旅游治理体系。

第二，实现“行业管理”向“党政统筹”转变。鼓励各地领导体制创新，实现旅游发展的主体由文化旅游部门转换为以党政为主体，并以制度的形式固化下来，形成久久为功的持续领导力。要防止领导小组虚设，工作形式化。

第三，建立综合管理机制和综合监管机制。鼓励各地根据旅游综合产业属性，大胆尝试旅游综合管理和旅游综合治理的创新，确保旅游发展主要职能不缺失，切实发

挥综合管理和执法作用。各地因地制宜、依法推进，反对“要面子不要里子，换人不换思想”，为应付检查走过场。

第四，建立现代旅游统计体系。依托现代数据技术和信息技术，建立符合现代旅游运行规律并反映现代旅游运行绩效的旅游统计制度。

第五，实现旅游管理的社会化转型。鼓励各地发展旅游行业组织，提高旅游社会化管理与监督水平。防止行业组织“僵尸化”，符合国家“放、管、服”改革方向，提高行业组织的活力，切实发挥行业“自我管理、自我约束”的社会化监管作用。

（三）创新全域旅游管理机制的重点

旅游业是一个边界模糊的产业，随着市场经济的发展，人民生活水平的提高，旅游业的边界在逐步扩大，旅游业关联性越来越强，因此旅游业的发展往往受制于外部因素的制约。同时，在我国现行市场经济管理体制下，国土、建设、发改、财税、农林等各部门的管理与旅游业多有交叉，有些甚至对旅游业发展至关重要。因此，创新全域旅游管理体制关键是解决外部制约问题。

1. 全域旅游领导机制

要建立适应全域旅游发展的领导机制，重点是实现旅游发展模式由旅游部门行为向党政统筹推进的转换，形成党政领导挂帅，宣传、组织、政法等党委部门和发改、公安、财政、国土、环保、住建、交通、水利、农业、体育、统计、林业等政府部门参与的旅游综合协调机制，从全局推进旅游统一规划、统筹部署、整合资源、协调行动。比如，某市成立了全域旅游发展领导小组，党委、政府、人大、政协等机构参与，并设立专门办公室配备专人，全面推进全域旅游发展。

2. 创新旅游综合管理体制

发展全域旅游，要适应旅游综合产业属性，创新旅游综合管理体制，提升旅游管理部门地位，破解旅游产业发展中资源整合与统筹协调、旅游规划与产业促进、旅游监管与综合执法、市场营销、旅游公共服务等领域长期以来存在的协调难题，形成现代旅游治理新体系。

重点是要按照我国行政管理体制机制改革的方向和要求，提高文化旅游行政管理部门对其他部门的协调能力，完善旅游行政管理职能，提高行政管理效率，提高旅游行业服务能力，推动旅游管理向现代旅游治理转型。使得文化和旅游行政部门承担起旅游资源整合与开发、旅游规划与产业促进、旅游监督管理与综合执法、旅游营销推广与形象提升、旅游公共服务与资金管理、旅游数据统计与综合考核等职能，具备综合统筹协调能力。

比如，某地区建立旅游部门联席会议制度，细分各成员单位责任，每季度召开联席会议，加强不同部门之间的旅游协调工作。包括各地推进的从风景旅游一体化到“局改委”，从建立旅游工作联席会议制度到组成旅游工作领导小组，实现了从单一的部门管理向综合管理的转变，强化了综合协调、产业促进、资源统筹、服务监管等职能。以旅游委为主要模式的大旅游管理体制，推动了各类旅游资源的有效整合。

随着旅游业规模的不断扩大，相应的市场监督管理和公共服务管理任务也更加繁重。旅游目的地政府是承担旅游管理的直接责任者。按照《旅游法》的要求，市县政府有责任建立旅游市场联合执法监管机制、旅游投诉统一受理机制和旅游安全综合管理机制。地方政府只要改革传统的管理方式，打破部门的界限，建立这样的综合性机制，就能更好地营造良好的旅游消费环境。

3. 建立旅游综合协调机制

发展全域旅游，要建立旅游、财政、国土、公安、住建、交通、文化等政府部门参与的工作统筹推进、旅游联席会议、旅游联络、旅游综合管理等机制，以及时解决跨部门间问题，统筹产业融合发展事宜，部门间协调顺畅、形成工作合力。通过联席会议制度落实领导小组会议的相关部署，加强部门之间的沟通与协调，形成旅游发展共识和共建旅游的良好格局。

4. 建立旅游综合监管机制

发展全域旅游，要建立健全文化旅游部门与公安、市场监督局（工商、质监、食药监）、法院、物价、交通、城管等相关部门联合执法或综合机制，促进文化旅游部门与相关监管部门协调配合、各司其职，形成既分工又合作的工作机制，既要建立常态化的联合执法或综合执法机制或机构，又要提高相关执法部门对旅游领域的关注度。比如，推动成立旅游巡回法庭、旅游警察、旅游工商分所。推行“1+3+N”旅游综合监管模式。打通部门信用信息孤岛，提升事中事后监管效能。

其中旅游警察是适应全域旅游发展新形势、新格局、新要求，各地党委、政府加快探索建立现代旅游治理机制的步伐，提升依法治旅的水平，公安部门和文化旅游部门成立的旅游警察队伍，体系构架一般分为省级（总队）、市级（支队）、县级（大队）。旅游巡回法庭是针对旅游目的地游客流动性大、旅游纠纷多等特点设立的，是人民法院与文化旅游行政部门解决旅游纠纷的现代旅游治理机制。实行巡回办案，快立快审快执行，可有效解决大量旅游矛盾纠纷。工商旅游分局是把工商的专属职能因地制宜地融入旅游市场监管中，使工商的职能服务于旅游市场秩序整治工作，旨在适应我国旅游从“景点旅游”向“全域旅游”转变，旅游产业面宽、点多、分散的现状。

5. 要坚持依法治旅

发展全域旅游，要完善和落实相关旅游法律、法规，推进旅游行政审批和管理体系改革，完善政府、企业、行业组织、社会公众等多元参与机制，建立现代旅游治理体系，形成旅游业持续健康发展的良好法制环境，实现从景区内部管理向全面依法治理转变，提升旅游治理效能，促进旅游治理的规范化。

深入推进简政放权，推进“多证合一、一照一码”登记制度改革、“证照分离”改革，修订《市场准入负面清单》，取消“领队证核发”“临时导游证核发”行政审批中介服务事项，降低旅游业进入门槛。

推动行业协会脱钩，以深化简政放权和行业协会社会化改革为契机，激发行业协会服务旅游产业发展的内在活力。第三方组织对旅游发展的作用巨大，大力鼓励旅游行业组织的发展，加强旅游行业组织自身能力建设，搭建政企沟通平台、建立行业诚信体系，形成行业自律机制，提高旅游社会治理能力和自我发展与管理能力，推动全域旅游社会化管理水平提高。

▶ 案例 4-1

黄果树旅游区管理体制创新

2016 年率先在全省成功探索“旅游区大管委会”管理模式，跨平坝区、西秀区、镇宁自治县、关岭自治县 4 个建制县区行政管辖区划，整合黄果树、龙宫 2 个国家 5A 级旅游景区，及天龙屯堡、云峰屯堡 2 个国家 4A 级景区优势旅游资源，组建黄果树旅游区工管委，构建“大黄果树”全域旅游经济圈发展格局，实现规划、建设、营销等一体化发展。

一是设立中共黄果树旅游区工作委员会、黄果树旅游区管理委员会，下辖正县级管理机构龙宫管理处、副县级管理机构屯堡管理处和国家湿地公园管理处。

二是于 2017 年 4 月印发《关于成立黄果树旅游区全域旅游发展领导小组的通知》，明确由工管委主要领导为组长、其他班子成员为副组长、相关部门为成员的领导小组及其办公室，组建 8 个专项工作组，明确职责职能、工作制度，建立工管委联席会议制度。

三是设立黄果树旅游区工（管）委管理的副县级黄果树旅游区综合执法大队，承担全域旅游综合执法监管工作，核定事业编制 100 名。

四是设立黄果树旅游区旅游发展中心，承担旅游发展的研究工作，协助编制旅游业发展规划；承担旅游公共服务体系项目建设和管理等工作；承担旅游宣传推广、旅游统计等工作，提供旅游产业咨询等服务。

五是建立政企联席领导机制和会议制度。黄果树旅游集团股份有限公司董事长兼任旅游区党工委副书记，集团公司总经理兼任管委会副主任；黄果树旅游区管委会副主任兼任黄果树旅游集团股份有限公司副董事长；实现交叉任职，通过政企联席会议共同研究旅游区重大规划、重大项目的实施推进工作，实现旅游资源全域整合发展。

资料来源：黄果树旅游区管委会 . 国家全域旅游示范区验收打分和检查项目的说明材料［Z］.2020.

▶ 案例 4-2

江苏省金湖县旅游管理体制创新

在全域旅游发展过程中，金湖县创新体制机制，把全域旅游创建作为一把手工程，建立日督查、周例会、月通报、季会办制度，并设立全域旅游推进办，赋予涉旅项目前置审批文旅部门“一票否决权”。

第一，主要领导高位推动机制。自 2016 年 2 月开展首批国家全域旅游示范区创建工作以来，为加快推进各项任务落实，县委、县政府在旅游发展委员会的基础上，又单独成立“国家全域旅游示范区”创建指挥部，由县委书记任政委，县长任总指挥，下设项目建设、宣传营销、创建规划、两为督查四大指挥部，创建办公室设在旅游管理发展中心，并给予创建办每年60万元创建工作经费。为加快推进首批国家全域旅游示范区创建工作，确保各项重点工作和重点旅游项目扎实推进、按期完成，特制定全域旅游创建周例会、月督查、季会办联席会议制度。特别是县委主要领导，每季度定期会办一次旅游项目，现场解决项目建设遇到的各项矛盾，在会办一般不出会办纪要的前提下，单独给旅游项目开设“绿灯”，出具会办纪要，成为各部门推进落实具体工作的直接依据；县分管领导连续四年，坚持旅游工作例会制度，有效提高了各类问题解决的效率和效果。

第二，项目随人走的制度。为加速旅游业充分发展，县委、县政府自2013年起就成立书记任政委、县长任主任的旅游发展委员会，委员会下设多个专题项目组，每个项目均由一名县分管领导任组长，并按照项目跟着人员走的原则，做好持续跟踪服务，有效保障重点旅游项目落地。比如，水上森林景区项目，前期招商洽谈时，县委、县政府安排政协副主席罗金昌负责，后罗金昌升任政协主席，仍是该项目的第一负责人，目前罗金昌已退休，但仍作为项目第一责任人帮助协调解决相关矛盾和问题；尧帝古城项目，刚开始由政府分管领导李文银负责，后李文银改任政协副主席、政协主席，目前仍负责牵头协调该项目建设过程中遇到的各类问题；全县旅游工作，从2015年以来，由副县长沈启涛负责，后沈启涛提拔为县委常委、开发区党工委书记，仍分管旅游工作，切实有效地保证了项目帮办服务的延续性和旅游工作的长期性。

第三，完善旅游管理机构。在2014年以前，全县仅有县旅游局1个专职旅游工作机构，人员仅有2名。为切实解决旅游队伍力量薄弱问题，县委、县政府先后新成立旅游管理发展中心、荷花景区管理服务中心、白马湖景区发展服务中心三个专职从事旅游业发展的正科级事业单位，增加24个编制；抽调10名后备青年干部，创新设立全域旅游推进办，为统筹推进县旅游资源开发与管理提供强有力的人才队伍支撑。

第四，建立旅游规划预审机制，赋予旅游部门“前置审核权”和“一票否决权”。创新成立县委、县政府主要领导为组长的旅游规划委员会，形成县四套班子领导共同评议旅游规划机制，建立涉旅项目前置审批和旅规委联席会议制度，在公厕选址、公园布局、道路修建、城市提升等方面赋予旅游部门“前置审核权”和“一票否决权”。

资料来源：金湖县人民政府．国家全域旅游示范区验收打分和检查项目的说明材料［Z］．2020.

▶ 案例 4-3

山东青岛崂山区创新综合管理体制，引领全域旅游发展
——开创山海度假全域旅游崂山模式

崂山区依托崂山风景名胜区和石老人国家旅游度假区，以旅游管理体制机制创新为引领，全面整合相关资源，大力发展精品旅游，不断推动旅游业从景点旅游向全域旅游转变、从高速增长向优质发展转变、从观光旅游向休闲度假转变，构建起“景城乡一体、山海空联动”的全域立体发展格局，开创了“体制创新、品质引领”的山海度假全域旅游崂山模式。

（一）创新全域旅游综合管理体制机制

一是创新旅游综合管理体制。2017 年 6 月，为深化旅游综合管理体制改革，崂山区将崂山风景区管理局、崂山区旅游局、青岛市啤酒节办公室、青岛石老人国家旅游度假区管理委员会的景区管理、旅游发展和节庆会展等职能、人员编制及平台全部整合，在全省率先组建起由区委书记任党工委书记、区长和崂山风景区管理局常务副局长任副书记的区县级旅游发展委员会，统一负责全域旅游的统筹推进、综合协调和服务监管。2019 年 3 月，为贯彻落实中央机构改革部署要求，统筹规划文化事业、文化产业、旅游业和新闻出版事业发展，推进文化和旅游融合发展，构建文化事业、文化产业发展和全域旅游统筹推进的工作格局，将崂山区文化和旅游局与崂山区旅游发展委员会整合为副厅级的崂山区文化和旅游发展委员会。文旅委工委书记由区委书记担任，副书记由区政府区长、崂山风景名胜区管理局常务副局长，区委常委、宣传部部长担任；文旅委主任由崂山风景名胜区管理局常务副局长担任，副主任由区政府有关副区长、崂山风景名胜区管理局副局长等有关领导担任，文旅委下设 11 个职能处室。同时，崂山区在辖区 5 个街道办事处均成立宣传文体和旅游中心，规格高配为副处级。文旅委和街道宣传文体和旅游中心的成立从根本上消除了此前崂山风景名胜区、石老人国家旅游度假区、崂山区旅游局及区政府相关职能部门各自为政、九龙治水的局面，

构建起区街联动、全面覆盖、职责明晰、权威高效的全域旅游综合管理体制。

二是创新旅游市场监管体制。为加强旅游市场监管力度，为游客提供放心、安心、舒心的旅游市场环境，崂山区成立由区政府、区旅发委主要领导任组长，区政府、区旅发委分管领导，区公安分局主要领导任副组长，各相关职能部门、单位主要负责人为成员的旅游秩序综合整治领导小组，统筹全区行政执法资源，指导、组织、监督综合整治各项工作。成立旅游市场监管所、旅游巡回法庭、景区食药所、景区行政执法大队和景区交通运输管理所 5 个专业旅游执法机构，及多个联合执法、假日投诉、重点景区整治办公室，形成区街联动、专业执法、重点突出的“1+5+N”的旅游市场监管体制。

在创新旅游综合管理和市场监管体制的基础上，崂山区不断创新工作机制和工作方法，建立旅游联合执法检查常态化机制，会同公安、交警、交通等部门开展常态化旅游联合执法检查行动。旅游旺季期间，在极地海洋世界、石老人海水浴场、仰口海水浴场等重点区域成立联合执法办公室，着力解决周边环境、交通秩序，打击海上非法游船、乱设摊点、围追兜售、无照经营、欺客宰客等违法违规行为。创新旅游投诉联动处置机制，开通国内首个 5 位数的全区统一旅游服务热线——96616，建立快速处理与先行赔付制度和旅游纠纷快速处置联动机制，发生重大紧急消费投诉和舆情时立即启动联动机制，及时处理旅游突发事件、化解旅游纠纷、控制消费舆情。

（二）崂山区全域旅游工作取得长足发展

崂山区以超前创新的胆识、科学严谨的思维、扎实高效的作风深入推进顶层设计和体制机制改革，开创了全域旅游发展新局面，先后获得全国文明单位、国家级生态示范区、中国蓝色旅游示范基地等荣誉称号。全区目前已有国家 5A 级旅游景区 1 个、国家级旅游度假区 1 个、4A 级旅游景区 3 个、3A 级旅游景区 9 个，国家级工农业旅游示范点 7 个、国家级乡村旅游模范村 2 个，各类省级乡村旅游称号 110 余个，品质和数量在全国名列前茅。全区旅游业连续多年保持 15% 以上高速增长，2018 年，全区接待游客 2020 万人次，实现旅游收入 139 亿元，分别增长 19% 和 15.8%。

一是旅游市场秩序实现根本性好转。2018 年以来共查获非法拉客车辆 45 辆，非法拉客人员 40 余人次，治安传唤 23 人，治安训诫 25 人，立案查处违法违规行为 102 起，行政处罚 88900 元，共清理乱“伸舌头”、乱摆乱放 300 余次、占路经营 200 余次，旅游市场秩序取得根本性好转。新华社《经济参考报》、中央电视台财经频道《第一时间》栏目、新闻频道《朝闻天下》栏目，先后报道了崂山在全国率先借助交警天网布控，多部门联动整治旅游秩序，有效打击"黑导游"的先进经验。省、市旅游主管部门分别以信息专报的形式对崂山区旅游市场秩序综合整治工作经验进行了报道和推广，引起社会良好反响。

二是旅游供给体系进一步丰富。总投资13.8亿元开通"海上看崂山"旅游航线，东麦窑仙居崂山、凉泉理想村、解家河国际艺术村等一批高品质乡村快速崛起，2017年当选为北方唯一的"青年国际乡村双创优秀实践地"，打造了如是书店、崂山书院等一批精品文旅融合业态，崂山湾国际生态健康城、"崂山100"国际山地越野赛分别入选国家级示范基地、示范项目，青岛中央创新区科普体验馆、VR展示体验中心等新兴科技旅游业态层出不穷。

三是旅游公共服务进一步完善。建设大河东、汽车东站和北九水三个旅游集散中心，建立区、街、村三级旅游信息咨询中心和20余处旅游咨询服务点，安装各类旅游标识牌3600余块，建立以旅游数据中心为依托的综合智慧旅游系统。先后获得全国厕所革命"最佳景区""十大典型景区""管理模式创新奖"等荣誉称号，在全国范围内引领标准化生态厕所合作模式、建设标准和运行管理"三个创新"。在国内山岳型景区中首次实现地铁与景区交通零换乘无缝衔接。将沿海一线建设成为集休闲步道、骑行绿道、口袋公园于一体的滨海慢游步道，全区98条公交线路实现500米覆盖率98%以上。

四是旅游环境进一步优化。近3年，累计投入财政资金13.13亿元，开展路边、水边、山边等区域洁化、绿化、美化行动，实施崂山风景区巨峰循环线、九水游览路等旅游路的综合治理和品质提升、改造太清广场布局、打造老子路植物长廊步行道、仰口游客木栈道，改善游客服务中心、停车场等基础设施等。推进前海一线景观提升工程，打造集运动健身、休闲游憩于一体，国际品质的滨海健身休闲木栈道。以3A级以上旅游景区标准扎实推进"美丽乡村"建设，发挥东麦窑社区样板示范作用，推进双石屋、青山、唐家庄等示范村建设。财政投资200余万元，提升采摘园、农家乐等乡村旅游园区环境、完善配套设施、提升服务品质。

五是旅游吸引力和美誉度进一步提升。充分利用官微、官网、崂山风景区官方微博、崂山本地知名微博大V、微信、抖音视频、同程、携程、报纸头版、电视连线、广播动态、网络时效传播进行全面开花式的宣传报道，2018 年在电视、报纸、网络等主要媒体累计发稿 1500 余篇，发布微信、微博 1300 余篇。全区旅游知名度、美誉度、吸引力进一步提升。

资料来源：崂山区文旅委提供。

▶ 案例 4-4

贵州省贵阳市花溪区全域旅游创新体制

在全域旅游发展过程中，花溪区创新全域旅游发展体制机制，推动全域旅游发展。

一是创新旅游管理体制，成立了正县级花溪文化旅游创新区管委会。2016 年，花溪区设立了正县级全域旅游管理机构——花溪文化旅游创新区管理委员会，由区委主要领导担任工委书记、管委会主任，统筹全域旅游发展各项工作，发挥综合管理作用。管委会现有正式编制人员 97 人，综合统筹旅游改革发展工作，真正实现城市综合管理旅游化，在全国范围形成全域旅游化管理的示范效应。管委会下设党政办负责统筹旅游综合考核工作；规划建设部负责旅游资源整合与开发、旅游规划与产业促进、旅游公共服务等工作；对外联络部负责旅游营销推广与形象提升工作；财政审计部负责旅游资金管理工作；花溪全域旅游综合执法指挥调度中心负责旅游监督管理与综合执法；花溪区全域旅游数据中心负责旅游数据统计，各部门各司其职，统筹推进花溪区全域旅游创建各项工作。这一旅游管理体制的创新解决了全域旅游发展涉及的农民、土地、综合治理等相关复杂问题，使得创建全域旅游示范区变得简单而可操作。

二是成立由区委书记、区长任双组长的全域旅游工作领导小组，真正形成了“党政一把手”全面统筹的领导机制。

三是成立了花溪区创建国家全域旅游先行示范区指挥部，下设综合协调组、规划建设组、宣传营销组、管理服务组、资金管理组和督促检查组六个专项任务工作组。依托花溪区人大、政协形成了督办机制，对旅游建设项目实施情况进行督查，形成专题报告上报区委、区政府，有效解决了项目实施过程中的重大问题。

四是区委、区政府主要领导以常委会、政府办公会等方式，定期听取全域旅游示范区创建工作汇报，亲自部署解决全域旅游示范区创建发展过程中的重大问题。

五是领导小组通过定期召开调度会、专题会议、现场督办等方式，决议重大事项，并形成月调度、周报送的工作机制。第一，建立花溪区旅游工作联席会议制度。由花溪文化旅游创新区党工委副书记、管委会常务副主任担任组长，花溪文化旅游创新区管理委员会分管领导担任副组长兼召集人。成员单位由区委宣传部、区发改局、区文广局、区生态局、区商务局、区工信局等25家部门和企业组成，各部门间协调顺畅、成员单位工作职责明晰、责任明确，能够解决跨部门间问题，统筹产业融合发展事宜。第二，分别建立了花溪区旅游营销工作部门联席会议制度和花溪区旅游规划建设部门联席会议制度两个专项工作联席会议制度。

六是建立“1+5+N”的旅游综合执法机制。根据原国家旅游局的“1+3+N”综合执法模式，创新建立“1+5+N”的综合执法管理体系。“1”即组建花溪区全域旅游综合执法调度指挥中心，统筹调度旅游综合执法工作和统一受理全区旅游投诉工作；“5”即成立了旅游警察大队、旅游市场监管分局、旅游执法大队、旅游巡回法庭、旅游城管特勤中队五个联合执法机构；“N”即全区22家涉旅部门作为旅游综合执法联席单位。以调度中心为中心，建立了中心一级联动、部门二级联动、景区三级联动的“一二三”模式的常态化综合执法机制。

七是建立全域旅游工作独立考评和奖惩机制。建立健全一套推进旅游发展的考核评价体系，层层落实目标管理责任制，加大监督检查和考核评价力度，量化目标任务，将旅游业发展绩效考核结果作为评价干部实绩的重要内容，促进全区干部关心旅游、热爱旅游、善抓旅游，全力推动花溪旅游业跨越发展。花溪区委、区政府2016—2018连续三年将旅游目标纳入花溪区政府考核指标文件，并作为年度主要考核目标，有考核清单体系、贵阳市花溪旅管委考核目标，被考核范围覆盖全区各乡（镇）、社区、政府各部门、党群各部门。根据各单位部门目标的工作进度、工作效率，在考核的指标分值上进行年度考核打分，分别设置一等奖、二等奖、优秀奖三个等次的奖惩机制。根据考核排名，有效推动了其他部门主动与涉旅部门的沟通协调。

八是花溪区龙头景区青岩古镇创新社会治理模式，实现古镇5A级管理。将党建统筹共治向驻镇单位、社会组织、非公企业、行业协会、乡贤达人、党员群众延伸，构建“1+2+N”（“1”即党委统筹；“2”即“职能部门”“社会组织”；“N”即“党员、群众、商户等”）共治体系。强化党建引领、信息共享、联合执法三大举措。组建青岩古镇餐饮行业协会、住宿行业协会、银饰行业协会3家行业协会组织，各协会通过制定协会章程、诚信经营守则、商户退出机制等管理制度约束协会内部成员，开创以行业“自治”推动“共治”新局面。组建“青岩古镇景区共治委员会”，建立奖励制度，倡导和鼓励党员、群众、商户等个体积极融入古镇社会治理，实现全民参与、共商共治大格局。

九是坚持全社会共创共建共享。充分发挥辖区高校资源，组建花溪旅游智库，搭建高校毕业生就业平台，吸引大学生到景区景点创业和服务。实施全民素质提升工程，让“人人都是旅游形象，处处都是旅游环境”的理念深入人心。

通过全域旅游创建，花溪区逐渐探索出一条依托中心城市，打造旅游休闲功能区的“花溪模式”，即：发挥中心城市郊区区位势，充分利用生态、文化等，努力践行“绿水青山就是金山银山”理念，全力打造“景城一体、产城联动、文旅融合、休闲度假”的全域旅游之城。在此模式引领下，花溪正日益成为多彩贵州的“会客厅”、爽爽贵阳的“后花园”，为全国中心城市旅游休闲功能区建设和国家全域旅游示范区创建探索了“花溪样本”。

资料来源：花溪区人民政府.国家全域旅游示范区验收打分和检查项目的说明材料［Z］.2019.

第五章
创新旅游用地政策，推进土地制度改革

土地制度是国家全面深化改革的重要内容。土地，是全域旅游发展的核心要素，也是制约全域旅游发展的关键因素。在全域旅游发展过程中，各地贯彻国家相关土地政策，努力保障旅游用地，创新旅游用地政策，在土地政策方面先行先试，解决旅游发展用地矛盾关系，打破土地政策的束缚，促进全域旅游大发展。全域旅游发展中的用地政策创新实践，也为其他产业领域乃至整个土地政策的创新改革提供借鉴，推动土地资源配置的市场化。

一、土地制度改革是全面深化改革的关键

（一）土地资源市场化配置改革

土地历来是中国改革的关键问题，也是全面深化改革的关键内容。我国改革开放是从农村开启的，农村改革首先是从改变人民公社制度下的农业经营体制开始的，而其核心是打破了农村集体土地只能由集体实行统一经营的僵化认识和体制。2016 年 4 月 25 日习近平总书记在安徽凤阳县小岗村主持召开农村改革座谈会指出，深化农村改革，处理好农民和土地的关系是核心主线。

当前我国土地要素还是半市场化状态，特别是在农村土地市场方面。我国《宪法》

规定，我国社会主义经济制度是生产资料的社会主义公有制，即全民所有和劳动群众集体所有。《宪法》第四条规定，“农村和城市郊区的土地，除由法律规定属于国家所有的以外，属于集体所有，宅基地和自留地、自留山也属于集体所有”。我国《民法通则》第七十四条规定，“劳动群众集体组织的财产属于劳动群众集体所有”。我国实行的是国有土地和集体土地并行的土地制度。

家庭联产承包责任制是在坚持农村土地集体所有制的基础上，把农村土地的使用权交给农民，实现了农村土地所有权和使用权的分离，使生产者获得了其努力的边际报酬的全部份额，并将农业劳动的监督成本降低到零；因而在一定程度上克服了农业的外部性，调动了农民的积极性，其制度绩效举世瞩目。1998 年 8 月修订的《土地管理法》，规定土地承包经营期限为 30 年，增加土地用途管制规定，进一步明确“建设占用土地，涉及农用地转为建设用地的，应当办理农用地转用审批手续”，“任何单位和个人进行建设，需要使用土地的，必须依法申请使用国有土地”。其中的例外条款是“兴办乡镇企业和村民建设住宅经依法批准使用本集体经济组织农民集体所有的土地的，或者乡（镇）村公共设施和公益事业建设经依法批准使用农民集体所有的土地的除外”。

当前，我国农村土地实行的是集体所有制，而这样的制度存在诸多的问题和不足，随着农村生产力及农村土地利用效率的提高，农村利益的凸显，尤其是现代旅游业等第三产业的发展，这些问题更加凸显。

1. 农村集体土地所有权主体模糊不明确

我国《宪法》规定农村土地属农村集体所有，但没有明确何为农村集体，没有一个可以承载的产权主体，集体更多的是一个政治性概念而不是可以清楚界定的法律概念。农村集体成了一个有名无实的主体，有的只是一些多元化的虚置的产权主体，集体的权利也因此被虚置了。相反，作为农村集体组织的重要的核算单位——农民虽属于集体，却并不是农村集体土地的产权主体。

我国《土地管理法》第十条规定，“农民集体所有的土地依法属于村农民集体所有的，由村集体经济组织或者村民委员会经营、管理；已经分别属于村内两个以上农村集体经济组织的农民集体所有的，由村内各该农村集体经济组织或者村民小组经营、管理；已经属于乡（镇）农民集体所有的，由乡（镇）农村集体经济组织经营、管理”。因此根据该法律规定，作为集体所有土地的所有者大致可以分为三类：村内农民集体、村农民集体、乡（镇）农民集体三个级别。村内农民集体所有土地由村内农村集体经济组织或者村民小组作为代表对土地进行管理；村农民集体所有土地由村集体经济组织、村民委员会或者村农业合作社作为代表对土地进行管理；乡（镇）农民集体所有土地由乡（镇）农民集体经济组织作为代表对土地进行管理。但是这些组织往往也是空有其名，农民个人作为集体的一分子享有的土地权利却受到各种限制，这样的集体土地制度设计使得作为农村集体并不能真正地享有所有主体的权利。这样，集体土地实际上就成为有地无主的土地。并且很多时候，“集体”利益与农民的利益是不一致的：集体作为农民的集合体，不但无法保障农民利益，反过来还成为禁锢农民表达个人自由意愿的枷锁；集体的法律模糊性导致集体土地财产权所有主体的虚位，农民的土地财产权利残缺而不完整；“集体”为少数当权者以权谋私、侵占集体土地、侵犯农民权益制造堂而皇之地借口。

2. 农村集体土地权利内容的不完整

农村土地作为一项财产，其权利并没有得到完整的确认和保护，土地权利作为一项物权更是不完整的。虽然法律规定农村土地归农村集体所有，但作为集体成员的农民，无论是单个的个体还是联合的集体，均不能完整地拥有相应的土地使用权。农村土地的使用权具有严重的身份依赖性特征，这表面上是保障农民利益，其实也就相当于将农民利用土地的途径和出口给堵死了。因此，集体土地使用权的流转和交易的权利受到了极大的限制，甚至是被剥夺了。因此，实质上农村集体土地宪法上的和应有的权利是不完整的，且受到了法律政策的侵犯。

集体土地所有权受限过多，未能体现出土地的财产特性，从而不能提高对土地的利用效率。土地所有权是一种特殊的财产所有权，具有财产所有权的基本特征。所有权的确立，不仅仅体现所有人对物的所有、支配权，确立财产在静态上的归属关系，更重要的是所有人行使所有权，自由、平等地使用自己的财产，让渡自己的财产，从而取得对他人财产的权利。如此，所有物对于所有人而言才有实际的意义，所有人才能提高对所有物的利用效率。

3. 农村集体土地权利歧视性的双轨制度

《宪法》规定我国土地制度分为国家所有土地和集体所有土地，并将集体土地和国有土地划分为两个权益不平等的阵营，集体土地所有权和使用权等权益的完整性没有得到保障。集体土地流转必须经过征收转为国有，实际上国家所有权吸收了集体所有权，这不符合物权平等保护的法律原则，对于广大农民是极不公平的。

一方面，宪法赋予农民集体以集体土地所有权；另一方面，相关的法律并没有明晰所有权的主体、对所有权的行使进行了不合理的限制，造成国有土地与集体土地同地却不同权、不同价。我国《土地管理法》第四十三条第一款规定："任何单位和个人进行建设，需要使用土地的，必须依法申请使用国有土地；但是，兴办乡镇企业和村民建设住宅经依法批准使用本集体经济组织农民集体所有的土地的，或者乡（镇）村公共设施和公益事业建设经依法批准使用农民集体所有的土地的除外。"这剥夺了集体土地使用权流转的可能性，因为乡镇企业、村民建设住宅、乡（镇）村公共设施和公益事业建设在一般情况下参与主体都限制为集体组织的成员，集体组织成员以外主体很少有机会参与；而使用土地必须依法申请使用国有土地的规定更是直截了当地将集体土地使用权排除在允许流转的范围之外。

《土地管理法》第六十三条规定，"农民集体所有的土地的使用权不得出让、转让或者出租用于非农业建设"。第十五条规定，"农民集体所有的土地由本集体经济组织以外的单位或者个人承包经营的，必须经村民会议 2/3 以上成员或者 2/3 以上村民代表的同意，并报乡（镇）人民政府批准"。由于我国禁止农村集体土地所有权的转移，因此集体土地所有权就无法实现其交换价值，故而相应的农村土地集体所有权在我国是不能进行抵押的。《担保法》第三十四条就明确规定土地所有权不能抵押。

现行土地制度下，农村土地不能直接入市交易，不存在全国统一的农村土地市场，国家作为唯一有权购买农地的一方，以垄断身份通过行政渠道低价收购土地。农民不能通过正常的市场交易获得农地增值收益。

为此，党的十八届三中全会也将土地制度改革作为全面深化改革重大战略部署的一个重要方面。党的十八届三中全会通过的《中共中央关于全面深化改革若干重大问题的决定》指出，"要建立公平开放透明的市场规则，完善主要由市场决定价格的机制，建立城乡统一的建设用地市场，完善金融市场体系，深化科技体制改革"，"建立城乡统一的用地市场，在符合规划和用地管制的前提下，允许农村集体经营性土地建设用地出让、租赁、入股，实行与国有土地同等入市、同权同价。缩小征地范围，规范征地程序，完善对被征地农民合理、规范、多元保障机制”，要“在坚持和完善最严格的耕地保护制度前提下，赋予农民对承包地占有、使用、收益、流转及承包经营权抵押、担保权能”。

土地使用制度改革是全面深化改革的基础性任务，涉及土地核心的生产要素资源。土地使用制度改革的目标是要建立与社会主义市场经济体制相适应的土地市场体系，具备有效的资源配置体系，能够通过市场优化配置土地资源；具有正常的价格体系，形成土地使用权价格的市场形成机制；具有合理的收益分配体系，能够体现明晰的产权关系和利用租、税、费有效进行调节。

2020年，中共中央、国务院发布《关于构建更加完善的要素市场化配置体制机制的意见》，强调要推进土地要素市场化配置，要建立健全城乡统一的建设用地市场，深化产业用地市场化配置改革，鼓励盘活存量建设用地，完善土地管理体制，推进土地制度的全面改革创新。

（二）土地是旅游产业发展的核心要素

土地是旅游产业发展的核心生产要素。旅游用地是保障旅游业健康快速发展、促进旅游消费快速增长、培育发展新动力的重要基础。《中华人民共和国旅游法》第二十条规定，“各级人民政府编制土地利用总体规划、城乡规划，应当充分考虑相关旅游项目、设施的空间布局和建设用地要求”，强调旅游产业发展的用地保障。

广义上看，旅游用地是一切用于保障旅游产业发展的土地，狭义上的旅游用地是指旅游景区中及依托周边旅游资源建造的所有永久建筑占地和景区周边配套公共管理设施、区域交通设施用地和旅游地产用地。但是，当前旅游用地并没有在相关的土地管理的法律、法规中予以明确。在国家土地管理制度中，旅游用地并非一个单一的独立门类。《中华人民共和国土地管理法》只是将旅游用地作为建设用地的一部分，建设用地包括城乡住宅和公共设施用地、公矿用地、交通水利设施用地、旅游用地、军事设施用地等。

旅游产业综合性强，旅游用地类型也多样。从土地用途来看，有风景名胜区、乡村旅游区、酒店宾馆、主题公园等；从土地类型来看，既涉及耕地、园地、林地、草地、商服用地、公共管理与公共服务用地、水域及水利设施用地，也涉及交通运输用地、住宅用地以及其他未利用地；从用地性质来看，既有国有农用地、建设用地、未利用地，又有集体所有的农用地、宅基地以及未利用地；从用地取得方式看，既有国有土地的划拨、出让、出租、入股，又有集体土地的承包、租赁等。

旅游用地具备一些不同于其他产业用地的特征。

第一，多样性。旅游业是综合性产业，旅游用地往往具有多用途混合特征，涉及的土地用途和类型多样。土地用途方面，包括建设用地、农用地、未利用地三大类型，建设用地中包括景区、住宿、餐饮、文体娱乐、医卫、交通、公园绿地等多种类型。

第二，分散性。旅游业用地政策分散于其他行业之中，缺乏一个专门的旅游用地的门类，旅游用地政策系统性不够。

第三，特殊性。旅游用地不同于一般的工业用地、农业用地。旅游最好的土地是浅山丘陵。

第四，可变换性。旅游用地具有较强的变换性，其他类型的用地很容易能够转换成旅游用地，如乡村宅基地利用、废地利用乃至地上造地、整理出地等都能转为旅游用地。

受制于国家土地政策的因素，以及旅游业本身综合性特征，特别是近年来我国旅游业的快速发展，对旅游用地的需求不断增加，旅游用地问题面临许多新问题、新情况，变得十分复杂和困难。土地成了我国旅游发展的一个重要瓶颈问题，是制约旅游项目落地及规模扩张的“瓶颈”，也是影响旅游投资积极性及相关业态发展的重要掣肘。

当前旅游产业发展过程中一个显著的问题是用地指标不足、报批难度大。一是旅游开发项目一般规模较大，特别是一些休闲度假区项目，用地指标远远跟不上旅游用地需求。二是旅游项目用地报批难度大。由于在旅游用地审批过程中，审批权限不同，可能导致同一开发区域内，不同地块的开发时间不一致，从而影响项目的开发进度。三是旅游用地征用难度大。旅游规划范围的土地权属和地类比较复杂，土地权属分为国有土地和集体土地两大类，按地类用途分为城镇国有土地、交通道路基础设施用地、耕地、林地、未开发用地等，对于不同土地权属和地类的征地程序和审批部门差异较大。

第一，旅游用地缺乏相应的法律法规的明确规定。旅游业是综合性产业，涉及土地用途和权利类型复杂多样，旅游用地也不是明确的建设用地的一个门类，用地政策只能分散在其他行业和政策上，既缺乏系统性，也存在一些领域政策不明的问题。

第二，规划衔接不足。许多地方由于旅游规划缺乏与土地利用总体规划的衔接，造成旅游项目难以落地。

第三，土地政策不符合。现行土地政策不符合旅游用地的特征，影响了旅游业的健康发展。许多旅游度假酒店项目容积率在0.1~0.4才能保证游客的舒适度，但是一些地方简单从节约用地出发要求旅游项目容积率在0.8以上。

第四，旅游新业态用地需求增长快。随着乡村旅游、文化旅游、自驾车房车旅游、邮轮游艇旅游、研学旅游等新产品、新业态的兴起，新的用地政策需求旺盛。

在全域旅游发展过程中，如何改革完善旅游用地管理制度，满足旅游产业发展的用地需求，成为旅游产业发展过程中的一个重要问题。发展全域旅游的重要突破，也在于如何突破现有旅游用地的诸多限制，在用地政策方面先行先试，为旅游产业发展提供有力的土地保障。

二、创新旅游用地政策，推进土地要素市场化

在全域旅游发展过程中，土地供给是最大的瓶颈。如何推进旅游用地改革是当前各地全域旅游发展过程中的重要内容。

长期以来，受制于我国用地类型的划分，旅游用地一直是制约多地旅游潜力迅速释放的重要障碍。在国土资源部批准后，桂林市和秦皇岛市在旅游产业用地规划管控、产业用地分类管理、农民利用集体土地参与旅游开发和分享收益等方面进行了积极试点；桐乡市把旅游用地纳入浙江省“新型业态用地改革试点”范畴，建立旅游项目用地计划单列制度。2015年11月，国土资源部、住房与城乡建设部和国家旅游局专门出台了《关于支持旅游业发展用地的若干意见》的文件，对于解决旅游新业态发展用地、旅游厕所等公共服务用地、多方式供地、分类管理制度以及落实重点旅游项目新增用地等方面做出了明确规定。2018年3月，国务院办公厅印发了《关于促进全域旅游发展的指导意见》，指出，要强化旅游用地用海保障，强调将旅游发展所需用地纳入土地利用总体规划、城乡规划统筹安排，年度土地利用计划适当

向旅游领域倾斜，适度扩大旅游产业用地供给，优先保障旅游重点项目和乡村旅游扶贫项目用地。鼓励通过开展城乡建设用地增减挂钩和工矿废弃地复垦利用试点的方式建设旅游项目。农村集体经济组织可依法使用建设用地自办或以土地使用权入股、联营等方式开办旅游企业。城乡居民可以利用自有住宅依法从事民宿等旅游经营。在不改变用地主体、规划条件的前提下，市场主体利用旧厂房、仓库提供符合全域旅游发展需要的旅游休闲服务的，可执行在5年内继续按原用途和土地权利类型使用土地的过渡期政策。在符合管控要求的前提下，合理有序安排旅游产业用地需求。

在这之下，通过全域旅游的发展，在旅游用地方面进行探索实践、先行先试，然后逐步推广，对于促进旅游产业发展，推动国家土地使用制度改革，有着极为重要的示范意义。自全域旅游发展以来，各地在发展过程中，不断探索了全域旅游发展过程中旅游用地新举措，创新旅游用地方式和政策，优先保障旅游用地，突破旅游业用地制约，建立科学化、差别化、精细化的土地利用新模式，解决旅游用地难点和瓶颈问题，也为其他领域和其他地区土地政策的创新提供了示范和参考。全域旅游成了推动旅游用地政策改革的重要抓手和领域。

（一）明确旅游用地的类型

为明确旅游用地的类型，改变以往建设用地中缺乏旅游用地门类的政策障碍，一些地方积极推进旅游用地类型试点，明确旅游用地类型，建立旅游用地分类体系。比如，桂林市明确旅游用地指旅游景区中及依托周边旅游资源建造的所有永久建筑占地和景区周边配套公共管理设施、区域交通设施用地和旅游地产用地，并将旅游用地划分为建设用地、非建设用地，分设旅游设施用地、旅游地产用地与旅游景观和生态用地共三大类24小类。其中，旅游设施用地是指为服务于自然景观和人文景观的旅游配套实施用地，包括旅游景区中的游憩、休闲、体育等永久设施和商业服务、基础设施等永久建筑用地；旅游产业用地是指依托周边旅游资源而建的，具有旅游开发价值，服务于旅游活动的系列建设用地。同时，制定旅游用地分类体系与城市规划分类体系衔接表，为旅游用地的出让提供依据，推动旅游项目顺利落地（表5–1）。

表 5-1　桂林市旅游用地分类体系

一级地类	二级地类	三级地类	四级地类	含义
建设用地				指旅游景区中及依托周边旅游资源建造的所有永久建筑占地和景区周边配套公共管理设施、区域交通设施用地和旅游地产用地。
	旅游设施用地			指为服务于自然景观和人文景观的旅游配套实施用地，包括旅游景区中的游憩、休闲、体育等永久设施和商业服务、基础设施等永久建筑用地。
		游憩设施用地		指以旅游为依托，为游客提供某些活动设施和场所的土地，是能够提供给游客亲近自然、放松休闲、恢复精力等承载游憩活动的载体土地。
			休闲游憩设施用地	指旅游景区中为满足游客休闲的观光、度假、娱乐等旅游活动的游憩休闲中心、体育设施永久建筑占地。
			风景名胜设施用地	指风景名胜、景点的建筑设施用地。如风景区、景点建设用地、遗址遗迹用地等。
			公园绿地	指旅游景区、景点中用于休憩及美化环境的绿化用地。
		基础设施用地		指旅游景区、景点之间的交通设施、景区管理机构以及供电、供水、环卫等公共设施用地。
			旅游交通用地	指独立设置用于游客集散的旅游区内外部交通道路、机场、港口码头等交通运输用地和交通附属设施用地。旅游区外部交通道路指专用旅游道路，内部交通道路指等级公路，交通附属设施包括交通集散地（游客广场）、加油站、停车场等。
			景区设施用地	指景区内建设亭、台、栈道、厕所、步道、索道缆车等设施用地。
			水工建筑用地	指景区内人工修建的闸、坝、堤路林、水电厂房、扬水站等常水位岸线以上的建筑物用地。
			其他旅游基础设施用地	指独立设置主要用于旅游地供水、排水、污水处理、能源供应（电力等）、通信服务、消防、医疗（卫生保健）服务等的设施用地。
		服务设施用地		指旅游景区、景点内配套的商业、餐饮及住宿、度假村、度假基地、俱乐部、会所等各类旅游服务设施用地，如旅游住宿设施用地、旅游餐饮设施用地、旅游定点购物商场、商店、旅游购物街等。
			旅游接待用地	指独立设置用于旅游住宿、餐饮的设施用地，以及旅行社用地等，如宾馆、酒楼、餐厅、旅行社、乡村旅馆、旅游农庄。
			旅游商贸用地	指独立设置的旅游专用购物商场（商店）、特色步行街、旅游购物街等。
			养生度假设施用地	指以养生休闲为核心主题和吸引力，使游客在休闲度假时，享受到养生体验，达到健康目的等服务的房屋和场地设施占用的土地，如康体疗养中心、度假养老中心、健康产品超市、养生体验街等。

续表

一级地类	二级地类	三级地类	四级地类	含义
建设用地	旅游设施用地	服务设施用地	人造景观用地	指在景区中为了满足现代旅游者的消费需求而创建的经营性旅游吸引物所占用的土地。包括人物塑像、假山、园林、音乐喷泉、影视城等。
			自驾车房车营地	指在景区中可以满足自驾游客的房车生活补给和供人休息的场所用地。
			其他旅游服务设施用地	指上述用地以外的其他旅游商业、服务业用地。
		管理设施用地		指相关旅游景区、景点的办公场所，如保障游客安全及防止景区、景点自然灾害，提高旅游行业水准的设施用地。
			旅游行政管理用地	主要指旅游局、风景区管理机构、行政机构、独立的旅游执法机关等行政管理办公用地。
			旅游教育用地	独立设置专门用于旅游职业培训的基地建设用地，如旅游培训中心、旅游拓展训练基地等，不包括旅游类大中专院校。
	旅游地产用地			指依托周边旅游资源而建的，具有旅游开发价值，服务于旅游活动的系列建设用地。
		旅游住宅地产用地	—	指在旅游区外的与旅游景区高度关联的各类住宅建筑物及关联空间所占用的土地。
		旅游商业地产用地	—	指在旅游区外且依托旅游景区为游客提供旅游服务的商店、餐馆、金融、娱乐等建筑物及关联空间所占用的土地。
非建设用地				指旅游景区中水域、农林用地及其他非建设用地等。
	旅游景观和生态用地			指旅游景区、景点内的景观生态类旅游资源，在旅游项目开发过程中不改变农用地、未利用地等用途性质。
		旅游景观用地	—	指旅游景区中未固化地面、未破坏耕作层的景观设施等，包括生态停车场、6 米以下景区道路。
		旅游生态用地		指旅游景区中具有生态服务功能的各类用地，包括旅游景区规划范围内的生态廊道和绿地、水源保护区、自然保护区、主干河流、大型渠道、水库及湿地等。
			耕地	指旅游景区中用于种植农作物的土地，包括熟地、新开发、复垦、整理地、休闲地；旅游景区中以种植农作物（含蔬菜）为主，间有零星果树、桑树或其他树木的土地。
			园地	指旅游景区中用于种植以采集果、叶、根、茎、汁等为主的集约经营的多年生木本和草本作物，覆盖度大于 50% 或每亩株数大于合理株数 70% 的土地，包括用于育苗的土地。
			林地	指旅游景区中生长乔木、竹类、灌木的土地，及沿海生长红树林的土地。
			草地	指旅游景区中生长草本植物为主的土地。
			水域	指旅游景区中的陆地水域、海涂、沟渠等用地。
			其他土地	指上述地类以外的其他类型的土地。

资料来源：《桂林市旅游用地分类体系》（市政办〔2016〕46 号）。

（二）确立优先保障旅游用地政策

1. 开展土地用地调整规划

为适应全域旅游产业发展需求和用地需求，国土部门在编制土地利用总体规划的时候，明确要求要征求旅游主管部门的意见，做好与旅游发展规划的衔接，推动旅游规划与土地规划、城乡规划等国土空间规划相互协调衔接，尝试编制统一规划，明确重点旅游片区用地规模等，从规划上为旅游用地提供保障，为旅游发展和重点项目落地留足了空间。

在全域旅游发展过程中，一些地方制定了旅游重大项目的优先保障措施。比如，全域旅游发展过程中，南京市江宁区优先考虑旅游用地计划和用地指标，在区政府层面建立旅游用地优先保障政策，明确以每年不低于土地指标增量 15% 的比例，保障国家级、省级旅游度假区以及重点旅游项目用地需求，优先保障旅游新增用地需求。

一些地区将一批有影响力，经济效益、社会效益、民生效益明显的旅游项目纳入《项目清单》，纳入《项目清单》的项目与《重点旅游片区规划》衔接，对于列入项目清单的旅游重点项目给予优先用地支持。比如，重庆市渝中区从 2016 年至 2018 年年底，共划拨供应各类服务旅游业用地 25.76 公顷（其中道路市政设施用地 23.52 公顷、公共停车楼 0.82 公顷、社区体育公园 1.42 公顷），渝中区已招拍挂经营性旅游设施用地 3 宗（湖广会馆历史文化街区、白象街传统风貌区、十八梯传统风貌区），土地面积 14.88 公顷（约 223.19 亩）；开展城镇低效用地再开发，通过争取政策支持，已办理 3 块地（燕子岩、马鞍山、山城巷）的登记手续至区级政府平台公司，用于传统风貌区的改造建设，涉及土地面积 4.04 公顷（约 60.55 亩），有效促进了渝中旅游业的发展。

为了满足全域旅游发展项目用地需求，在旅游土地供给举措上解放思想、不断创新。比如，宁夏中卫市在全市重点项目用地安排指标时，对旅游项目用地优先供给、优先审批。将迎水桥镇原农牧机械厂、化肥厂、新型建材厂、钢铁厂、砖瓦厂等工业企业搬迁至中卫北山工业园区，把原 4300 亩企业用地调整为旅游用地，实施“退二进三”工程，目前已建成了沙坡头旅游新镇、沙坡头娱岛等旅游景区。沙坡头区在自然生态保护中，实现了沙漠与绿洲、人与自然和谐共处，从防沙固沙到玩沙用沙，充分发挥了“金沙”的作用。2018 年在沙坡头自然生态保护区外，规划调整了 1000 多亩国有荒山，用于沙漠旅游基础设施项目沙漠大道、沙漠星星酒店、旅游观光设施等项目的建设用地。

2. 用地分类管理

不同旅游项目建设用地需求和实际情况不一致，为此在旅游用地政策中要探索多元化供地方式。全域旅游发展过程中，针对旅游业用地类型多，生态景观涉及农用地、未利用地规模大，一般不改变土地性质的特点，对旅游业用地创新实行分类管理制度。针对旅游业建设用地涉及多种规划用途，部分用地用途不够明确的问题，采用招拍挂、协议出让、行政划拨、先租后让、租让结合等多种用地供应方式；对于用途单一且符合法定划拨单位范围的采用划拨方式，对符合划拨用地目录的公益性旅游配套设施，采用划拨方式供应国有建设用地；对于用途混合且为经营性用途的，按照招标拍卖方式；对缺乏集体建设用地的旅游区域，探索利用增减挂钩项目等通道，帮助落实和解决用地指标。

不仅如此，针对不同旅游用地的类型，一些地区也探索采用了不同的用地方式。对非营利性公共文化设施用地及其配套设施、规划公园配套用房配建比例范围内的用地，采取划拨方式提供土地使用权。对营利性公共文化设施用地、经营性的旅游设施用地，采取出让方式提供土地使用权。

第一，与旅游资源开发密切相关，未改变农用地、未利用地用途和功能、未硬化地面、未破坏耕作层的自然景观用地及农牧渔业种植、养殖用地，在不改变土地权利性质的前提下，按现用途管理，不征收、不转用，由旅游项目经营主体与土地权利人依法协调种植、养殖、管护与旅游经营关系，按实际地类管理，不办理农用地转用手续。

第二，公益性旅游设施用地。与旅游项目配套的基础设施、服务设施、管理设施等公益性旅游设施用地，按建设用地管理，以新增年度计划指标保障。依法办理土地征收和农用地转用审批手续后对于旅游景区内亭、台、栈道、厕所、步道、索道缆车等设施用地参照公园用地办理划拨手续；对旅游景区接待服务中心等符合规划公园配套用房配建比例的，作为公园配套用房一并划拨。对于旅游景区外的旅游咨询服务中心、游客集散中心、旅游公共厕所、游客休憩站点、旅游停车场、景观绿化等公益性基础设施建设用地，可按划拨方式提供。

第三，经营性旅游设施用地。与旅游项目配套的，为游客提供出行、住宿、餐饮、游览、购物、娱乐等经营性接待服务用地以及影视城、仿古城等人造景观用地，按建设用地管理，按规定使用地票予以保障。依法办理土地征收和农用地转用审批手续后，对用途混合且包括商场、超市、度假村、酒店、剧院、音乐厅、会议室、游乐场等经营性用途的，采取招拍挂方式供应或采用长期租赁、先租后让、租让结合等方式，以降低旅游项目开发初期用地成本。

3. 城乡建设用地增减挂钩

积极鼓励和推进城乡建设用地增减挂钩，建立土地周转指标交易平台，增减挂钩周转指标在优先保障农民旧房改造、新居建设、环境建设、农村基础设施和公共服务配套设施以及农村非农产业发展用地的前提下，剩余指标可用于开发旅游项目。

对于农村集体建设用地涉及拆旧建新腾挪的用地，在建设用地面积不增加、农用地面积不减少的前提下，可通过土地置换方式调整地块。集体建设用地与集体建设用地之间、集体建设用地与国有建设用地之间、国有建设用地与国有建设用地之间允许土地置换。采取灵活方式供地，允许原土地权利人参与土地收益分成。

4. 开展低效用地向休旅产业转型

积极推进城镇低效用地再开发利用，拓展旅游产业用地空间，保障旅游用地。着眼于突破资源要素约束的瓶颈，以实施国家低效用地再开发试点为契机，按照“发展空间集聚化、资源使用高效化、土地利用节约化、休旅产业高端化、城乡生态绿色化”的导向，综合运用“回收转让、变更转产、嫁接开发、招商利用、联营入股”等方式，对亩均产出低于一定标准的工业用地进行“腾笼换凤”。通过注入文化创意、科技旅游等新元素，利用工业遗址和闲置用地，发展一批旅游产业项目。

比如，在南京市江宁区，通过用地置换，建设了汤山矿坑温泉公园等一批休旅项目，三年全区累计有 1 万亩低效用地，在向旅游等产业转型中实现“凤凰涅槃”，江宁低效用地再开发工作成效得到了国务院办公厅的通报表扬，被确定为 2017 年度“免督查”单位，并被奖励 1000 亩土地指标。在前期探索基础上，进一步出台了专项改革政策，力争年内再盘活一批低效用地，用于文化休旅等优质项目建设。

又如，江苏省徐州市贾汪区通过持续推进采煤塌陷地治理工程、荒山绿化工程水系治理工程，按照“宜农则农、宜林则林、宜业则业、宜游则游”的原则，累计投入

27 亿元，先后实施潘安湖、小南湖、商湖、月亮湖等塌陷地治理工程 82 项、治理面积 7.57 万亩；积极向荒山进军，累计完成绿化造林 13.2 万亩、荒山绿化 2.7 万亩，全区森林覆盖率达到 32.3%，比 2011 年提高近 20 个百分点，成为全国石灰质山体绿化造林的样板工程。同时，通过大力实施“碧水绕城”“引水润城”水生态建设工程。多渠道投入 10 亿多元，疏通“断头河”、死水河，治理黑臭河，畅通水循环，建设“十纵五横一环”生态水网，形成“河流绕城、湖水映城、水网织城”的健康水生态系统。在这些主动生态修复做法的影响下，旅游业也在客观上实现了快速发展，大洞山、督公湖、凤鸣海等成功创建为国家 4A 级旅游景区，玉龙湾、蛟龙湖、茱萸湖等城市公园，实现了青山抱城、绿水绕城的城市发展格局，实现变“地球伤疤”为“宜游花园”，变“裸岩秃山”为“森林氧吧”，变“黑臭水体”为“水韵泉城”，开创了五位一体的资源枯竭型城市环境治理的路径，形成 4000 多亩开阔水面和 2000 多亩湿地景观，打造多个国家 4A 级旅游景区、国家湿地公园、国家生态旅游示范区。贾汪区潘安湖采煤沉陷区生态修复工程，是江苏省自中华人民共和国成立以来单体投资规模最大的综合治理项目，整治面积 1.74 万亩。2001 年，徐州市率先在全国颁布实施《徐州市采煤塌陷地复垦条例》，通过采煤塌陷地复垦置换和盘活徐矿集团闲置土地等措施，不断通过占补平衡的方式增加旅游用地规模，有效保障旅游重大项目落地的用地需求。通过采煤塌陷地复垦置换和盘活徐矿，获得“振兴徐州老工业基地创新实践”特等奖。

5. 探索“点状供地”

旅游项目建设相对来说集中于自然、文化环境相对较好地区，为此，经常面临旅游建设用地和景观环境用地的矛盾。特别是一些文旅项目和旅游设施用地，往往可能是位置相对分散，面积也相对较小，不是城市建设中的集中连片地区的供地需求和集中布局。因此，对文旅休闲项目来说，其用地供给方式呈现分散性，但常常受到过往城市建设集中供给整体配套的制度制约。基于此，全域旅游发展过程中，在一些文化和旅游项目建设过程中，江浙等地创新探索实行点状供地的新模式，为旅游项目和设施配套提供分散式的供地。一方面能够规避以往城市土地集中连片供给面临的土地难题和制约，为旅游用地提供更简易的渠道和方式。另一方面在兼顾环境用地和保护需求的同时，也能够最大化地保障旅游用地需求，促进旅游项目发展。比如，在房车营地项目、民宿项目和一些休闲度假旅游项目，探索采用“点状供地”。

点状供地是指土地利用总体规划确定的城市（镇）建设用地扩展边界外，根据地域资源环境承载能力、区位条件和发展潜力，充分依托山林自然风景资源，结合项目区块地形地貌特征，依山就势，按建筑物占地面积、建筑半间距范围及必要的环境用地进行点状规划、点状报批、点状供地的项目用地。点状用地应当坚持“宜农则农、宜林则林、宜建则建”原则，用地范围应当具备开发条件。但是建设项目位于永久基本农田保护区、地质灾害高易发区、重点饮用水源保护区、自然保护区核心区和缓冲区等生态敏感区域范围的，不得纳入点状用地报批范围。

6. 创新农村集体土地利用方式

过往受制于现有农村集体土地政策，在集体土地用途、使用方式、使用主体、使用渠道等方面有严格规定和限制，乡村旅游发展面临诸多制约。一方面，随着城镇化推进，农村集体大量土地资源闲置。另一方面，全域旅游推进，特别是乡村旅游快速兴起，迫切需要解决农村集体土地利用难题。在这之下，为适应全域旅游发展，南京市江宁区先行先试，探索农村集体土地资源利用方式，盘活乡村资源要素，破解乡村旅游用地难的问题，形成了一系列土地利用的新政策和经验，探索多种农民集体土地利用方式，促进旅游扶贫致富，农民通过自主经营、门票分成合作、林权流转合作、股份制合作、土地租赁合作等农民利用集体土地参与旅游开发和分享收益。

第一，村集体“组织建设—分包流转”模式。在乡村旅游发展过程中，江宁区实行村集体经济组织配建设施用房，产权归属集体再发包流转的新做法。比如，在乡村游客服务中心建设方面，江宁区部分村镇把村集体的办公用房改建为游客服务中心，为游客提供旅游服务。

第二，创新农村集体土地的利用政策。一是试点村集体利用集体建设用地采取自主开发、合作开发和入股开发等方式；二是试点农村集体经济组织按照合法程序，使用集体建设用地建设休闲农业和配套设施；三是探索利用增减挂钩项目等通道，保障乡村旅游建设用地；四是利用农村晾晒场、农机具存放场所等非耕农用地，临时用于旅游公共服务，以满足游客峰值时期的旅游配套服务设施使用需求；五是探索回购、租赁、置换、搬迁、退出、合作等模式，有序盘活闲置集体房、旧村委、旧厂房、旧校舍、林场房等农村闲置房屋，开发旅游产品；六是鼓励以土地入股、合作联营或租地等方式使用集体土地，产业用地中的国有农用地、未利用地也可以采取长期租赁方式供地。

第三，创新宅基地使用方式。试点宅基地使用权租赁等方式，适度放活使用权，探索宅基地“三权”分置的有效实现形式，鼓励村农户通过自主经营或租赁，支持村（社区）以出租、联营、入股等方式盘活利用空闲的农房和宅基地，发展乡村旅游。积极利用退改宅基地、公共设施用地等存量集体建设用地，建设民宿餐饮服务农产品展销等休闲农业与乡村旅游服务设施及公共配套设施。

首先，鼓励农村居民利用自有住宅发展乡村旅游。在符合规划、坚持“一户一宅”和宅基地面积标准不突破的前提下，允许利用现有宅基地进行农房原址或联户集中改造，满足自住的同时发展餐饮、住宿、停车、购物、娱乐等乡村旅游。

其次，鼓励集体经济组织利用存量集体建设用地发展休闲农业和乡村旅游。在充分保障农户宅基地用益物权、防止外部资本侵占控制的前提下，在具备乡村旅游开发条件的区域，探索农村集体组织以联营、出租、合作等方式盘活利用空闲农房及宅基地，将集体经营性资产量化到户，成立股份经济合作社，整合利用集体积累资金、政府帮扶资金等发展乡村旅游业，增加农民财产性收入。

最后，鼓励集体经济组织通过规范的民主程序，协议有偿回收闲置的宅基地、非本集体经济组织成员因房屋继承占用的存量宅基地及乡镇企业用地，由农村集体经济组织统一管理，并结合生态环境、人文历史等资源和相关规划，依法履行建设规划、用地等审批手续后，用于建设民宿体验、餐饮服务、农产品展销等旅游服务设施。

比如，贵州省荔波县在全域旅游发展过程中，探索“土地改革”，助推乡村振兴。深化农村集体建设用地使用权改革，通过在宅基地所有权、资格权、使用权“三权分置”上先行先试，从激活资源要素入手，以村民闲置的老祖屋和传统村落遗存为媒介，吸引国内外 103 名艺术家到洪江“认养”88 栋老房子，艺术家通过装修改建“老房”在当地建立工作室，打造“国际艺术村落”。将洪江村从寂寂无名的传统村落逐渐变成寻找乡愁和诗意栖居的“网红村”，赢得“北有上苑宋庄，南有荔波洪江”的美誉。

7. 试点土地使用政策

第一，结合城镇土地使用税分类分档差别化免税、差别化低价、分阶段出让等政策试点，扩展至旅游领域；第二，对于列为省、市重点的旅游项目，土地出让金中不再提取区级计提部分，并争取省、市财政贴息贷款扶持。

8. 创新旅游新业态用地政策

对利用现有文化遗产、公共设施、科研机构、农场等范围内的配套建设用地开展文化研学旅游活动，兴办住宿、餐饮等旅游接待设施的，在保持原土地用途、权利类型不变，可以协议方式办理供地手续。对自驾房车营地项目使用国有建设用地的，可按照旅馆用地，采取招拍挂方式供应，按旅游用地确定供应底价、供应方式和使用年限。新建邮轮、游艇码头用地，或现有码头增设邮轮、游艇停泊功能的，可保持现有土地权利类型不变；利用现有码头设施用地、房产增设住宿、餐饮、娱乐等商业服务设施的，可以协议方式办理用地手续。

三、未来旅游土地市场改革

全域旅游的发展带来了旅游用地需求的快速增长。为了适应全域旅游发展需求，各地创新了很多的用地政策。未来全域旅游发展仍然需要继续推广和复制这些旅游用地政策，增加旅游用地指标，确保旅游用地需求，对旅游用地进行分类管理特别是对旅游公共服务用地按照公益用地对待，加强对旅游新业态项目的用地保障，逐步形成旅游土地要素市场。

在这个过程中，核心的问题在于农村集体土地的使用问题。当前农村集体土地根据《土地管理法》规定分为三类：农用地、非农用地和未利用地。未来我们需要承认农村集体土地所有者的权利，改革当前法律关于农村集体土地所有权中的不合理规定，让农村集体和农民真正成为农村土地的主人。为了保护现有的农村耕地维护粮食安全，重点需要盘活农村的非农用地，特别是农村居民的宅基地，建立它们的自由流转机制，也为农村乡村旅游等相关产业发展提供保障，以此提升农村土地利用效率和农村与农民的收益，促进农村真正地发展和提升，而不仅仅是名称的改变。

（一）统一城乡土地市场

集体土地应该直接进入全国土地市场流转，和国有土地一起，形成统一完善的土地供应市场体系，有利于我国土地市场的健康发展，以此打破政府垄断土地一级市场，实现城市和农村、集体和政府两个一级土地市场。一是集体建设用地有偿有限期流转制度。既然国有建设用地可以实行出让、转让、出租等有偿流转制度，那么，集体性质的建设用地在流转时，也可以实行。这是符合市场经济规律的。二是两种市场统一管理制度，对两种市场一视同仁，即同质同价、优质优价、劣质劣价，尽力实现“国有集体土地同价制度”。

（二）建立农村非农用地合法流转机制

通过确立农村非农用地合法和农村宅基地流转机制，盘活农村闲置土地，促进土地资源的优化配置。使原来固定化的非农业集体土地资源转化为可以流动的土地资产，使一部分闲置或利用不充分的存量土地得到重新利用，提高土地利用率。此外，减少闲置土地数量，从而减少占用耕地的经济驱动，减少建设项目对耕地的占用，起到了保护耕地的积极作用。

允许农村宅基地使用权的合理流转，解除农村宅基地使用的身份依附性和用途的限制性，并制定农村宅基地使用权流转管理办法，流转方式可采用转让、租赁、作价入股和抵押等多种方式，同时也可以采用土地置换的方式。

构建完善利益分配机制。要合理划分国家、集体和农民个人三者的利益关系。国家作为管理者，以税收方式对流转收益进行调整。集体作为土地所有者，集体的收益就是建设用地发展权所引致的价值增值收益。农民在土地使用年期内因自己投资所致的价值增值部分从集体收益中分配。集体收益的分配由拥有土地所有权的集体经济组织决定。

制定完善的宅基地流转的配套服务。建立宅基地地籍管理和土地评估制度，农村宅基地的地籍调查、土地登记、土地估价等制度是宅基地流转的前提条件，流转前要确保土地权属设置清楚且无争议。土地资产估值有利于保障交易的透明公正。

建立宅基地交易信息发布制度。政府应当全面收集宅基地交易的相关信息，及时向社会公布，并提供查询服务。宅基地交易信息的收集还有利于政府对交易市场的监管。加快乡镇土地利用总体规划修编，合理确定宅基地规模和布局，保障宅基地按规划有序流转。

（三）建立农村土地行业协会

在农村成立一个农村土地行业协会，且村委会、乡镇政府等基层政府不得干涉社区土地管理人对集体土地所有权权能的行使，为集体土地确定一个所有权主体，建立一个能够真正表达农民集体意愿的法人组织，并借该法人组织独立的主体地位对村委会、乡镇政府等基层行政权力进行制衡，保护农民土地财产权利不受非法侵害。在集体土地所有制制度下，协会成员的成员权按户行使，每户农民对自己所属的户的土地享有相应的土地财产权利，但财产权利的行使不得有损整个农村集体的利益。

▶ 案例 5-1

江苏宜兴市旅游用地政策创新

一是放活土地经营权与建房。宜兴市委、市政府发布《关于促进全域旅游发展的政策意见》《宜兴市农村农户建房规划管理办法》《宜兴市农村住房建设管理工作操作指南（试行）》等，允许、鼓励城乡居民利用自有房屋发展乡村旅游，允许在原有宅基地上翻建房屋，新增宅基地申请原则上引导向重点村、特色村集聚，房屋建筑占地面积不超过 94.5 平方米的标准放宽至 135 平方米。一系列政策使得许多宜兴乡村旅游精品如雨后春笋，如：龙山民宿村、龙隐江南、行香竹苑、松楼艺宿等。

二是集体经营性用地租赁，突破乡村旅游配套设施瓶颈。农户利用自有房屋发展民宿等乡村旅游，现在机制无法建设合理的配套，阳羡生态旅游度假区解放思想，创新举措，发布了《乡村旅游服务用房使用改造暂行管理规定》和《个人自由存量房使用改造暂行管理规定》，经营户在原有土地基础上可以进行适量申请，以租赁集体经营性用地等方式突破乡村旅游发展瓶颈，由相关部门统一进行会审后审批，并由村集体进行统一管理。

三是重大项目供给一批。围绕旅游重点项目优先供地一事一议。雅达·阳羡溪山是雅达继乌镇雅园之后再造的全面升级之作，项目总规划用地约 6000 亩，总投资达 80 亿元，属 2018 年江苏省重大项目、2019 年江苏省重点旅游项目。雅达项目占地近 8000 亩，所属地为洑西村，2016—2018 年共拆迁 300 多户农户，拆迁后政府统一实行宅基地安置，高标准打造了茶圣家园。该区域结合居民的实际生活需求，塑造符合当今思维方式和生活方式的乡村人居场所，实现建筑的户户不同，体现乡村民居的原真性和多样性。

四是乡村旅游租赁一批。阳美国家旅游度假区近年来乡村旅游热潮迭起，民宿发展方兴未艾，但民宿大多是利用原有宅基地和自有存量房进行改建，但原住房的面积偏小，且配套空间不足，对民宿发展有较大的瓶颈。为引导当地农户发展乡村旅游，鼓励加入民宿行业，当地政府解放思想、创新举措，发布了《乡村旅游服务用房使用改造暂行管理规定》和《个人自由存量房使用改造暂行管理规定》，经营户在原有土地基础上可以进行适量申请，由相关部门统一进行会审后审批，并由村集体进行统一管理。

五是矿坑修复改造一批。挖掘“矿旅融合”新路径，秉承着“绿水青山就是金山银山”的发展理念，开展矿坑修复行动，利用矿坑等废弃地发展旅游。全力打造省级矿地融合发展示范区。促进自然资源的保护与合理利用。实施矿山环境整治项目60个，修复工矿废地1.5万余亩。平整修复废弃地430.27公顷，复绿坡面73.5万平方米。完成竹海风景区、云湖风景区及旅游风景道可视范围内山体自然景观修复。湖父的残山引进落地悬崖酒店；丁蜀镇将矿坑打造为网红打卡点青龙山公园，免费开放；华东百畅生态园将13个矿坑的一万亩残山剩水改造成3A级景区，曾经拍成纪录片登上央视。

六是产业转型腾挪一批。做好“产业加减法”“腾笼换鸟”发展旅游。三年来关停化工企业286家，整治“散乱污”企业3069家，加快构建绿色产业体系。如诚翔生态农林科技发展有限公司，关闭污染严重的养猪场，建设集民宿、陶瓷展示、园艺中心等为一体的诚翔生态园，转型发展乡村旅游；阳羡贡茶院在1958年老茶厂的基础上改造建设茶文化大楼、制茶参观区、体验馆、精品酒店等，获评“省工业旅游示范点”。

七是环境治理整治一批。通过环境整治出旅游用地。在以盛产陶瓷而闻名中外的丁蜀镇，占地近千亩的莲花荡农场地处乌溪港上游区域，过去，这里猪舍连排、鱼塘成片，环境脏乱差，近年来丁蜀镇对该区域实施环境整治，将这一农场打造成为集生态、休闲等于一体的田园综合体。去年，这一改造项目还入选了“江苏人居环境范例奖”。

八是“三权分置”创新土地模式。2017年，宜兴市被确定为农村土地“三权分置”省级创新示范县，全市按照“落实集体所有权、稳定农户承包权、放活土地经营权”的总体要求，积极创新实践，加快新型农业经营主体培育，大胆推进农业适度规模经营，进一步规范和完善土地流转行为，因地制宜探索和丰富“三权分置”的具体实现形式，努力形成一批可推广、可复制的先进经验，为全市全域旅游发展打下坚实基础。

资料来源：宜兴市人民政府．国家全域旅游示范区验收打分和检查项目的说明材料［Z］. 2020.

▶案例 5-2

山东省青岛市崂山区全域旅游土地创新政策

1. 创新旅游用地政策。崂山国土资源分局出台《关于支持美丽乡村建设促进旅游服务业发展用地保障工作的通知》，为旅游业发展提供用地保障，主要政策亮点包括：

——属于自然景观用地及农牧渔业种植、养殖用地的，不征收（收回）、不转用，按现用途管理。未改变农用地、未利用地用途和功能、未固化地面、未破坏耕作层的生态景观用地，以及道路宽度未超过 6 米或路基宽度未超过 6.5 米的景区游览路、农村道路用地，依照《土地利用现状分类》（GB/T 21010—2007），按实际地类管理，不办理农用地转用手续。

——实行多方式的供应政策。位于城市规划范围的项目用地，用途单一且符合法定划拨范围的，可以划拨方式供应；符合协议出让的，可以采用协议出让方式供应国有建设用地，出让金不得低于按国家规定所确定的最低价；用途混合且包括经营性用途的，应当采取招标拍卖挂牌方式供应，其中与休闲农业和乡村旅游相关的项目，可以由发改部门出具产业类型等附加条件，支持集体经济组织参与竞买。鼓励以长期租赁、先租后让、租让结合方式供应旅游项目建设用地。

——在符合生态环境保护要求和相关规划的前提下，对使用国有荒山、荒地、荒滩及边远海岛土地建设旅游项目，优先安排新增建设用地计划指标。

——为满足游客峰值时期的休闲农业和乡村旅游配套服务设施使用需求，在严格耕地保护和土地用途管制前提下，允许非耕农用地在不破坏土壤耕作层的条件下，临时用于公共停车。游客峰值时期后 60 日内必须恢复原貌。

——在符合规划、安全、环保要求的前提下，集体经济组织通过规范的民主程序，可以依法使用建设用地自办或以土地使用权入股、联营等方式与其他单位和个人共同举办住宿、餐饮、旅游体验、民俗文化、会议展览、自驾车营地等旅游接待，可以利用合法取得的废弃工矿用地、公共设施用地等存量集体建设用地以及依法收回的闲置宅基地，建设民宿体验、餐饮服务、农产品展销等休闲农业和乡村旅游服务设施，以及旅游信息咨询中心、旅游服务中心等公共配套服务设施。

——符合《崂山区美丽乡村建设规划》的前提下，农民个人可以利用经依法批准的农村宅基地使用权从事旅游经营（含餐饮、住宿）或者与他人合作用于旅游经营。

——在符合土地利用总体规划和用途管制条件下，经过规范的民主程序后，在不改变原土地用途，不破坏耕作层，不进行非农建设，不落荒耕地的前提下，可以将集体农用地、未利用地以作价入股、合作联营或租赁等方式提供给集体经济组织以外的单位和个人，用于与休闲农业和乡村旅游相关的种植业、林业和渔业生产。

2. 加大旅游用地保障。为满足重大旅游项目的用地需求，对崂山区土地利用总体规划进行了调整完善；并在建设用地计划中，为旅游项目新增建设用地指标；在年度土地出让台账记录中，对旅游项目优先供应。

3. 开展农村集体产权制度改革，进行集体建设用地和宅基地改革试点。在农村土地征收、集体经营性建设用地入市和宅基地制度改革试点中，探索正确处理国家、集体、农民三者利益分配关系的有效办法。统筹安排农村集体经济组织发展所需用地，农村集体经济组织牵头组建的土地股份合作社、农民专业合作社等所需的农业生产和附属设施用地，按照设施农用地管理。

资料来源：崂山区人民政府 . 国家全域旅游示范区验收打分和检查项目的说明材料［Z］. 2019.

▶ 案例 5–3

江苏省秦淮区“向下生长、共建共享、腾笼换鸟”多元化旅游土地供给方式

在全域旅游发展过程中，江苏省秦淮区走出了一条“向下生长、共建共享、腾笼换鸟”多元化旅游土地供给方式。

1. 秦淮区制定了《秦淮区土地储备、出让与利用管理办法》，规范和加强全区土地储备、出让与利用工作，加强建设用地保障，实现节地水平和产出效益双提升。

2. 地下空间开发：编制《夫子庙地下空间规划》，推动夫子庙“向下生长”。建成开放国内首个位于地下的专题博物馆——中国科举博物馆建设。地下四层总展陈面积2.25万平方米，既有效地保护了以明远楼为地标的科举文化中轴线，又实现了空间的拓展；门东历史文化街区地下空间面积达7.5万平方米，有效地解决了明城墙内7米限高的问题。

3. 腾笼换鸟：从夫子庙搬迁南京市中医院、姚家巷农贸市场、花鸟鱼虫市场等空间用于旅游项目和公共设施配套建设。

4. 文物和工业遗存的再利用：棋峰试馆、愚园等文保单位活化利用，变身文化主题酒店、旅游景点。造币厂、机床厂等工业厂房转换利用为文化特色产业园。

5. 共享空间建设：景区廊道、城市绿地、文博场馆、历史街区、文化园区、商业综合体进行旅游化改造后，功能多样化、复合化，形成主客共享的文旅新空间。

6. 新城土地供给保障：在待开发的南部新城地区，保留机场跑道，作为城市记忆轴，两侧布局重点旅游项目。同时在七桥瓮地区预留白地，待旅游开发。

7. 土地性质转换：依托明城墙—秦淮河环境综合整治，推动土地性质转换。

资料来源：秦淮区人民政府．国家全域旅游示范区验收打分和检查项目的说明材料［Z］．2019.

第六章
创新旅游投融资体系，完善资本要素市场

资本是旅游发展的核心要素。旅游业前期投入大、回报周期长，资金资源是全域旅游发展的重要因素，也是限制旅游业发展的重要内容。在全域旅游发展过程中，创新旅游投融资体系和相关政策，完善旅游资本要素市场，打破旅游投资障碍，为旅游业发展提供良好的资金保障，促进全域旅游发展，也能为其他产业领域乃至整个投资政策的创新改革提供借鉴，推动资本资源配置的市场化和投资体系的市场改革。

一、投融资改革是全面深化改革的关键内容

（一）投融资改革是全面深化改革的核心内容

投资是经济发展的三驾马车之一，是影响经济发展最活跃、最重要的因素，是市场经济条件下配置资源的重要手段，是经济新常态下供给侧和需求侧两端发力的重要引擎。投资既能增加生产能力，又对生产构成需求，从短期看体现为需求影响经济的发展，长期来看更多地体现为供给效应，投资是促进经济发展和改革的重要内容。

深化投融资体制改革是全面深化改革的重要内容。2013 年，党的十八届三中全会，明确指出，要加快转变政府职能，深化投资体制改革，确立企业投资主体地位。

2015 年，党的十八届五中全会《中共中央关于制定国民经济和社会发展第十三个五年规划的建议》中明确指出，要发挥投资对增长的关键作用，深化投融资体制改革，优化投资结构，增加有效投资。按照党中央、国务院的部署，发改委和有关部门包括地方深入推进以企业投资管理改革为主线的投资审批制度改革，在取消下放核准事项、改革核准制度、规范中介服务、建立协同监管机制等方面出台了一系列改革的措施，各地区积极探索创新，积累了不少经验，改革取得了积极进展。2016 年，中共中央、国务院发布《中共中央国务院关于深化投融资体制改革的意见》，这是第一次以党中央、国务院名义出台专门针对投融资体制改革的文件。这个文件是投融资领域推进供给侧结构性改革的纲领性文件，非常重要，意义重大，影响深远。文件强调要提高投资有效性和精准性，推动形成市场化、可持续的投入机制和运营机制，要调动地方积极性，特别是运用市场化的办法，充分发挥社会资本的作用，形成多方合力，千方百计扩大有效投资。该文件从四个方面提出了深化投融资体制改革的重点工作任务：

第一，改善企业投资管理，充分激发社会投资动力和活力。将投资管理工作的立足点放到为企业投资活动做好服务上，在服务中实施管理，在管理中实现服务；打通投融资渠道，拓宽投资项目资金来源，充分挖掘社会资金潜力，让更多储蓄转化为有效投资，有效缓解投资项目融资难、融资贵问题。

第二，完善政府投资体制，发挥好政府投资的引导和带动作用。进一步明确政府投资范围。政府投资资金只投向市场不能有效配置资源的社会公益服务、公共基础设施、农业农村、生态环境保护和修复、重大科技进步、社会管理、国家安全等公共领域的项目。优化政府投资安排方式。政府投资资金按项目安排，以直接投资方式为主。对确需支持的经营性项目，主要采取资本金注入方式投入，也可适当采取投资补助、贷款贴息等方式进行引导。

第三，创新融资机制，畅通投资项目融资渠道。大力发展直接融资。依托多层次资本市场体系，拓宽投资项目融资渠道，支持有真实经济活动支撑的资产证券化，盘活存量资产，优化金融资源配置，更好地服务投资兴业。开展金融机构以适当方式依法持有企业股权的试点。设立政府引导、市场化运作的产业（股权）投资基金，积极吸引社会资本参加，鼓励金融机构以及全国社会保障基金、保险资金等在依法合规、风险可控的前提下，经批准后通过认购基金份额等方式有效参与。充分发挥政策性、开发性金融机构积极作用，建立健全政银企社合作对接机制，搭建信息共享、资金对接平台，协调金融机构加大对重大工程的支持力度。

第四，切实转变政府职能，提升综合服务管理水平，创新服务管理方式。探索建立并逐步推行投资项目审批首问负责制，投资主管部门或审批协调机构作为首家受理单位“一站式”受理、“全流程”服务，一家负责到底。加强规划政策引导。充分发挥发展规划、产业政策、行业标准等对投资活动的引导作用，并为监管提供依据。把发展规划作为引导投资方向，稳定投资运行，规范项目准入，优化项目布局，合理配置资金、土地（海域）、能源资源、人力资源等要素的重要手段。完善产业结构调整指导目录、外商投资产业指导目录等，为各类投资活动提供依据和指导。

2020 年 3 月，中共中央、国务院发布《关于构建更加完善的要素市场化配置体制机制的意见》，提出要进一步推进资本要素市场化配置，加快完善股票市场基础制度、加快发展债券市场，增加有效金融服务供给、主动有序扩大金融业对外开放，为实体经济发展提供支撑。

（二）旅游投资是促进旅游产业发展的核心要素

金融是经济的血液，同样，资金问题对于旅游业的发展也非常重要。近年来，随着旅游业的快速发展，大量的资金进入旅游行业。旅游业有前期投入大、回报周期长的特点，资金资源是全域旅游发展的重要因素。

在市场经济中，投资主体可以根据市场的变化自行选择投资项目。但是在现实发展中，为了避免盲目投资的行为，也需要采取一定的管理措施对相关的投资进行引导。改革开放 40 多年来，我国旅游投资市场化改革逐步深入，旅游投资主体逐步发育，国有资本、外商投资、民营资本和社会资本成为推动旅游市场主体发育的重要力量。

1. 多元主体的投资体制

改革开放之初，我国选择了政府主导发展模式，在 20 世纪 90 年代将该模式上升为政府主导型战略，进入 21 世纪，尤其是党的十八大以来，在习近平总书记以人民为中心治国理念的指导下，积极推动旅游发展主体的转变，推动旅游“放管服”改革，下放行政审批权，多元化主体参与旅游发展的格局基本形成。改革开放40多年来，旅游发展主体从政府主导到全社会参与，公众、媒体、智库等主体积极参与旅游发展，共享旅游发展成果，共同推动旅游发展迈向新阶段。包括私人资本、外国资本等在内的社会投资在旅游发展中的比重日益提高，包括当地社区、民间组织等在内的社会组织在旅游管理中的地位不断提升，包括各类智库、大众媒体等在内的社会力量在旅游决策中的作用逐渐受到重视。

在这之下，从中华人民共和国成立到改革开放初期，旅游业被定位为外交事业，管理模式为政企合一，旅行社等旅游单位属事业单位，不存在真正意义上的旅游市场主体。改革开放后，旅游业性质从外交事业向经济产业转变，推动旅游市场化改革，打破了国有主导格局，旅游市场主体逐步发育。特别是，1982年7月17日，旅游局与国旅总社分开办公，总社统一经营外国旅游者来华旅游业务，实行企业化管理。1984年，中央提出国家、地方、部门、集体、个人一齐上，自力更生和利用外资一齐上的原则，使旅游投资者和经营者进一步多元化，国外资金和社会资金大量涌入旅游业，形成多元化旅游市场主体并存的局面。1985年1月，国务院批转了国家旅游局《关于当前旅游体制改革几个问题的报告》，提出了旅游管理体制实行“政企分开，统一领导，分级管理，分散经营，统一对外”的原则。1986年1月，成立了第一个旅游业的全行业协会——中国旅游协会。2009年发布的《国务院关于加快发展旅游业的意见》明确提出，“5年内实现旅游协会与旅游行政主管部门脱钩”；2012年国家旅游局专门下发《关于推进旅游行业协会改革发展的指导意见》，确立了协会“市场化、民间化、国际化”的发展方向，释放市场在资源配置中的作用。

2. 投资市场主体多元化

过去40多年的发展，我国已经涌现出国际化的企业群体。1978年，全国只有中国国际旅行社、中国旅行社等几家旅行社，几乎没有符合国际标准的宾馆饭店。2018年《Hotels》全球酒店集团排名前50强中有10家中国酒店集团，锦江、首旅如家和华住分列第五位、第八位和第九位。我国旅游业海外并购快速上升，2016年交易宗数73宗，披露的交易金额274.35亿美元，我国旅游企业已经成为全球化旅游集团中迅速崛起的一股重要力量。

民营资本和国外资本发展强劲，成为推动中国旅游产业发展的中坚力量。民营类旅游企业通过快速发展，在历年的“中国年度创新成长企业 100 强”和“中国旅游集团 20 强”评选中均有多家入选；2017 年 1.5 万亿元的全国旅游投资中民间资本投资占 60%，形成了民营为主、国有企业和政府投资共同参与的多元主体投资格局；除中国旅游集团、首都旅游等大型国有旅游集团之外，携程、凯撒等新型旅游市场主体以及各种类型的旅游创业企业快速崛起。

从全国旅游投资项目库数据来看，2016 年全国旅游业实际完成投资 12997 亿元，同比增长 29%，比第三产业和固定资产投资增速分别高 18 个和 21 个百分点，较房地产投资增速高 22 个百分点。实际完成投资总额是 2013 年 5144 亿元的 2.5 倍。民营企业投资旅游业 7628 亿元，是 2013 年 2935 亿元的 2.6 倍，投资额占全部旅游投资的 58.7%，投资热点从房地产业向旅游综合体及文化旅游转变。政府投资和国有企业投资分别为 2484 亿元和 1945 亿元，分别占全部旅游投资的比例为 19.1% 和 15%，政府和国有企业依然是旅游投资的重要主体；股份制企业投资快速增长，占全部旅游投资的 1.5%，同比增长 62%；外商投资和其他企业投资分别占全部的 1.5% 和 4.2%。① 从总体上看，全国旅游投资多元化格局正在加快形成，民营资本作为旅游投资的主力军，地位已经确立。

3. 旅游投资成为各地投资重点领域

各地投资建设中，温泉养生、山水度假、运动滑雪、特色街区、商贸购物等综合体项目是资本追逐的热点，对拉动地方特别是中西部经济增长综合效应逐渐显现。数据显示，投资热点正从传统制造业、房地产业向现代旅游业转变，不仅带动地方旅游基础设施投资方面，更牵引了地方的土地综合开发。随着社会大资本、大集团积极投身旅游业，以旅游为导向的综合开发不仅帮助打造了区域旅游吸引物、繁荣了旅游消费，更在有效拉抬地方经济、带动地方就业、促进城镇化发展等方面起到了积极作用。中西部地区实际完成投资增幅最大，同比增长分别为 77.8% 和 62.9%，带动经济增长的潜力和综合效应正在集中显现。2016 年旅游产业投资基金快速增长，对旅游业的投资力度不断加大。截至 2016 年年底，全国有 126 支旅游产业投资基金，基金

① 国家旅游局 . 2016 年旅游投资报告［Z］. 2017.

规模超过 6000 亿元。从旅游产业投资基金所在地看，浙江、山东、江苏、四川、山西 5 个省旅游产业投资基金数量最多，共有 26 支。文化旅游、生态旅游、体育旅游、休闲度假、养老旅游及旅游小镇等是旅游产业基金投资重点，65% 的基金投向上述领域。①

4. 在线旅游成为新的投资亮点

各地通过展会、发布相关政策及行动计划等措施，推进旅游产业与互联网产业的全面融合。2014 年，中国在线旅游交易额达 2772 亿元。全国在线旅游领域共发生 160 起投融资事件，在线旅游融资规模达到 300 亿元，为 2013 年的 6 倍。OTA 仍是投资重点，同程、途牛、遨游网、欣欣旅游、面包旅行共获得近 33 亿元投资；出境游成为投资新热点，涉及预订平台、定制旅游、限时折扣等多个新业态；B2B 平台、打车软件、在线度假租赁继续受到市场关注。2016 年在线旅游投资超过 1000 亿元。在线旅游投资相对集中于 OTA、出境旅游、旅游科技类公司、非标住宿、B2B 旅游、共享单车和在线租车七大领域，占全部在线旅游投资的 88%。②OTA 类企业向专业化、细分化方向发展，周边游、亲子游、老年游、主题游等快速发展。在线用车类企业发展迅猛，无论是境外用车平台，如惠租车和黄包车，还是国内用车平台，如滴滴出行、神州专车和首汽租车，都获得大额注资，在线用车市场加速整合。

5. 旅游投资环境持续改善

全国排名前 5 的房地产企业万达、万科、恒大等加快布局旅游产业，主要投资旅游综合体、旅游度假区、高星级酒店等大型旅游项目。全国排名前 10 的互联网企业中，有 9 家互联网渗透在线旅游市场。国内排名前 10 的风险投资公司中，有 8 家涉足旅游业投资。能源、水利、电器、农业、保险等大型企业集团开始转型投资旅游业。三峡集团投资 10 亿元建设旅游度假区，苏宁旅行、国美旅行相继上线，中粮集团试水酒店业。不少外资和股份制企业以直接投资、收购并购、参股入股等多种方式进军旅游业。

6. 旅游投资模式不断创新

传统依靠资源的旅游模式，正在转向“资源 + 资本 + 技术创新”的旅游投资模式。

① 国家旅游局 .2016 年旅游投资报告［Z］. 2017.

② 国家旅游局 .2016 年旅游投资报告［Z］. 2017.

比如，嘉峪关市新建的大型主题公园方特欢乐世界，仅用18个月就建成开园。开园仅100天，入园游客达到52万人次，营收突破1亿元，带动当地旅游人数同比增长近39%，旅游收入同比增长41%，嘉峪关市旅游观赏内容、游客结构和消费模式发生明显转变。嘉峪关方特欢乐世界的投资，体现了“资源+资本+技术”的有效投资特性，带动了嘉峪关市旅游业的创新发展。“资本+技术”的联动，实现了旅游发展的投资驱动和创新驱动的有机结合。而且，大型旅游综合体项目整合休闲、度假、娱乐、餐饮、购物、住宿等多种功能，是全域旅游发展的重要方向和拉动地方经济发展的重要动力。2016年旅游投资项目中，大型综合类项目比重最大，实际完成投资4440亿元，占总投资的34.2%。全国总投资10亿~50亿元的大项目中，旅游综合类项目实际完成投资1581亿元，占35.9%；总投资50亿~100亿元的大项目中，旅游综合类项目实际完成投资694亿元，占60.6%；总投资100亿元以上大项目中，旅游综合类项目实际完成投资1360亿元，占54.9%。① 旅游度假区、旅游小镇、体育运动、文化旅游、商贸购物等休闲度假综合体项目成为各类资本追逐的热点。

总体上看，旅游产业发展资本投资量大，特别是在旅游基础设施建设方面长期面临资金短缺的问题。对于旅游企业来说，因为旅游企业固定资产少，部分旅游项目由于旅游用地规划不明确、产权不清晰，间接融资难度较大；旅游企业建设用地用海使用权抵押等抵押贷款、旅游景区经营权和门票收入权质押贷款等操作性不强。加上旅游项目投资大、周期长，金融支持体系不完善等原因，旅游企业资产证券化、私募债等资本化运作领域偏窄，层次偏低，融资难、融资贵问题仍比较突出。因此，如何创新旅游投融资体制改革，也是促进旅游产业进一步发展的重要内容。

二、全域旅游投融资体制的创新

资本要素是全域旅游发展的核心要素，资本驱动是全域旅游发展的重要动力之一，活跃化的投资环境、完善的旅游投融资体制是促进全域旅游发展的重要基础，对于增加旅游投资，扩大旅游消费，提升旅游产业规模质量有重要现实意义。

在全域旅游发展过程中，各地不断创新财政、税收、金融等支持政策，探索投融

① 国家旅游局.2016年旅游投资报告［Z］. 2017.

资政策和市场化运作模式，先行先试，形成适应全域旅游发展的市场投资环境，极大地为全域旅游发展提供了保障。在此之下，全国旅游投资规模不断扩大、投资结构逐步改善、投资热点加快形成，政府引导旅游投资的力度加大，社会资本投资旅游业的市场环境不断改善。近年来，每年旅游投资快速增长，年均增速超过了25%，对旅游业乃至全国经济社会的发展发挥了重要的作用。

（一）国家政策文件支撑

近年来，为促进全域旅游发展，国家旅游局、财政部等部委和各地政府通过出台政策文件、基金补助、贷款贴息、支持上市、发布报告、举办会议等，着力推动我国旅游业投融资体制创新，金融支持政策更加有利、旅游投融资平台不断增多。

第一，2014年，国务院下发《关于促进旅游业改革发展的若干意见》，提出积极鼓励旅游企业开展直接融资，并就可行的融资范围和方式方法进行了明晰规定，指出要“支持符合条件的旅游企业上市，通过企业债、公司债、中小企业私募债、短期融资券、中期票据、中小企业集合票据等债务融资工具，加强债券市场对旅游企业的支持力度，发展旅游项目资产证券化产品”。

第二，2015年，国务院办公厅下发《关于进一步促进旅游投资和消费的若干意见》，提出基于当前间接融资需要抵（质）押要求，对旅游业可以尝试的抵（质）押标的物进行了“扩围”，提出要“积极发展旅游投资项目资产证券化产品，推进旅游项目产权与经营权交易平台建设，积极引导预期收益好、品牌认可度高的旅游企业探索通过相关收费权、经营权抵（质）押等方式融资筹资”。

第三，2018年，国务院办公厅印发《关于促进全域旅游发展的指导意见》，指出，要加大财政金融支持力度。通过现有资金渠道，加大旅游基础设施和公共服务设施建设投入力度，鼓励地方统筹相关资金支持全域旅游发展。创新旅游投融资机制，鼓励有条件的地方设立旅游产业促进基金并实行市场化运作，充分依托已有平台促进旅游资源资产交易，促进旅游资源市场化配置，加强监管、防范风险，积极引导私募股权、创业投资基金等投资各类旅游项目。

（二）财政投入政策创新

财政投入既是旅游发展的资金直接投入，产生一定的投资效应，形成稳定的资金来源，表达了政府对旅游发展的重视；同时也是政府对旅游投资的背书，对社会投资发挥了积极的引导作用。全域旅游发展过程中，各地出台全域旅游发展财政资金政策，形成长效的旅游财政资金投入机制。通过财政拨付、贴息贷款等财政投入手段，充分发挥财政资金对全域旅游发展的引导性和引领性，撬动社会资金的投入，引导投资方向、促进投资结构优化。

1. 设立旅游发展专项资金

为促进全域旅游发展，各地建立了长效旅游财政资金投入机制，加大财政对旅游扶持力度，发挥财政资金对全域旅游发展的引导性和引领性，在财政预算中单列旅游发展专项基金、旅游产业促进基金或旅游发展专项资金，为旅游业发展提供启动资金和旅游业发展引导资金，重点支持产业促进、前期研究和旅游营销等旅游公共类项目，建立财政资金保障体系。

比如，2016 年南京市江宁区设立全域旅游产业发展专项引导资金，增加区财政旅游产业发展专项引导资金规模，自 2016 年连续三年，给予总量不低于 1 亿元财政专项支持，为旅游业发展提供启动资金和旅游业发展引导资金，支持产业促进、基础研究和旅游营销等公共类项目，切实保障全域旅游发展的政策资金。2018 年江宁区首创出台的《关于推动全域旅游高质量发展的改革创新实施意见》以及一批政策性文件，强调设立 3 年 1 亿元（10002.5 万元）以上的专项资金，切实保障“国家全域旅游示范区”创建工作，加快推进全区旅游产业转型升级。该财政专项资金主要用于支持区委、区政府确定支持的重大旅游公共服务设施建设补助、旅游景区景点品牌提升、旅游形象宣传推广、旅游行业发展规划和建设、区委区政府确定的重大旅游创建及配套设立的旅游产业基金等方面。

又如，江苏省徐州市贾汪区在全域旅游发展建设过程中，印发了《徐州市贾汪区全域旅游示范区创建专项引导资金管理办法》，贾汪区 2016 年旅游发展专项资金 0.988 亿元，2017 年 1.097 亿元，2018 年 1.2 亿元，2019 年 1.352 亿元，年均增幅 11.87%；2016 年财政收入 21.22 亿元，2017 年财政收入 21.32 亿元，2018 年财政收入 22.79 亿元，

2019年财政收入22.8亿元。2016—2019年旅游发展专项资金占当年财政收入分别为4.66%、5.15%、5.27%、5.93%，年均占比5.25%。创建期间，每年旅游发展专项资金都达到1亿元左右。

安徽省黟县在全域旅游发展过程中，也设立了服务业发展专项资金1000万元，并且每年从服务业发展专项资金中安排400万元，对旅游产业中的重点工作、重点项目、重点企业发展和品牌打造等进行补助。

此外，其他各省、市、区因地制宜地根据需求安排专项财政支持旅游业发展。例如，江苏省财政厅提出“资金改基金，无偿改有偿”的办法，设立旅游产业发展基金3亿元，带动社会资本投入40余亿元，为38家旅游企业提供支持。广东省将财政资金重点用于扶持旅游交通项目建设，解决旅游交通瓶颈720条、近1万公里。青海省制定了《青海省省级旅游发展专项引导资金管理办法》，安排旅游发展专项引导资金2.6亿元，在资金投向和项目安排上，以先建后补、业绩奖励、贷款贴息等方式对旅游项目进行财政补贴。云南省级财政共投入5000多万元重点扶持旅游热点地区旅游公共服务设施建设。河南省争取中央预算内旅游基础设施、红色旅游专项资金4333万元，以工代赈示范工程、易地扶贫搬迁工程等专项资金511万元支持重点景区、乡村旅游扶贫重点村旅游基础设施建设等。

2. 统筹各部门资金支持全域旅游建设

全域旅游是一项系统工程，涉及经济社会发展的各个方面。为此，在全域旅游建设过程中，各地为提高部门参与旅游的意识，整合部门资金，提高各部门资金使用效率，形成多部门发展合力、多部门联动和共建格局，统筹各部门资金用于发展旅游，包括统筹农林水等关联产业，城乡、交通等基础设施部门涉旅资金，或者是出台部门联合申报项目奖励政策与资金等措施。比如，江宁区在全域旅游创建过程中，各部门都在联动中加大了对旅游相关的投入，2016年农林水投入资金达到6.04亿元，交通投入资金达2.5亿元；2017年农林水投入资金达到9.13亿元，交通投入资金达2.1亿元。

3. 政府贷款贴息

在全域旅游发展过程中，政府也通过贷款贴息撬动社会资本，重点扶持公共类旅游项目和旅游企业发展，特别是旅游中小企业的发展，支持旅游大众创新创业，正确引导旅游投资与发展。地方政府各地出台贴息贷款专项资金管理办法或意见，出台对旅游项目，特别是乡村旅游以及旅游公共类项目优先安排政府贷款贴息政策，贴息金额不低于旅游项目资金总额的15%。比如，江宁区在全域旅游发展过程中，对江宁区属国企集团参与全域旅游重点片区和项目建设的，给予一定比例的融资贴息。例如，制定《关于建设国家级汤山温泉旅游度假区、加快打造世界著名温泉小镇的资金扶持办法（试行）》，在引进项目过程中准确把握产业定位、强化产业选择，给予资金支持。

4. 项目奖励补助政策

在全域旅游发展过程中，各地也制定了重要领域的奖励政策，对已有的创建业绩进行奖励，同时引导旅游发展方向，既包括对列入国家、省市重点项目进行奖励，也包括对重大项目年度完成率较高的项目进行奖励，涵盖对其他新兴业态发展进行奖励，有些地方专门出台民宿奖励办法，有的地方出台旅游营销奖励办法等。比如，江宁区不断优化全域旅游发展奖补支持政策，重点加大对特色田园乡村、品牌酒店建设、国家级旅游度假区、国家级旅游景区、星级乡村旅游示范点、省级自驾游基地、国家级和省级工业旅游示范点、民宿示范村等品牌创建奖励。在民宿方面，江宁区设立民宿发展专项资金，对发展乡村民宿进行扶持。鼓励有条件发展民宿的村（社区）采取多种方式开发建设民宿示范村，对达到民宿示范村建设标准的，给予200万元资金奖补，专项用于村（社区）利用既有资源自主发展民宿、建设公共配套设施、提供公共服务、实施规范化管理以及引入社会资本发展民宿。对民宿示范村内参与民宿建设经营的社会资本、村集体、农户，按照每间客房5000元的标准（装修标准不低于1500元/平方米），一次性给予补贴。并安排一部分资金支持民宿的宣传营销和推介。黑龙江省政府把旅游业作为全省经济转型升级的三大发力方向之一，对符合条件的新上重点旅游项目给予资金奖励：对投资1亿元以上新建旅游景区项目（不含土地相关费用），按固定资产投资额3%给予一次性奖励，最高不超过500万元；对新评为国家3A级、4A级、5A级旅游风景区，一次性奖励30万元、50万元、100万元。四川省则通过举办高规格、大规模的中国（四川）国际旅游投资大会，广泛动员社会资本投资旅游业。

湖南省张家界武陵源区于2015年12月出台了《张家界市武陵源区招商引资奖励办法》，针对实际到位固定投资2000万元以上的餐饮服务和生态旅游农业类项目，实际到位固定投资5000万元以上的交通服务类、旅游购物服务类、文化教育和医疗卫生类（含旅游培训、康体疗养等）项目，实际到位固定投资 1 亿元以上的旅游文化和休闲娱乐项目和旧城提质改造或特色街区类项目，实际到位固定投资 2 亿元以上的住宿服务类（含高端酒店、特色客栈、汽车旅馆、自驾车营地）项目的投资者和招商引资服务责任单位给予资金和荣誉奖励。

（三）投融资体制创新

政府出台支持市场化的投融资政策，有利于撬动社会资金和市场资金进驻旅游领域，为全域旅游发展提供市场化的资金保障，发挥市场对旅游资源配置的绝对作用，从而激发全域旅游发展的市场活力。除了政府财政支持之外，全域旅游发展更依赖市场化资金支持。各地不断完善旅游发展的市场化投入机制，优化市场投融资政策和模式，促进旅游投资多元化，建立市场资本驱动的旅游发展环境，提升旅游投资效率。重点是出台全域旅游现代金融政策，培育全域旅游发展的市场化投入机制。加强旅游金融政策创新，充分运用股市、基金、债券、众筹、私募等现代旅游投融资手段，多渠道吸收市场资金、社会资金进军旅游产业，发挥市场对旅游业的绝对配置作用。

1. 建立旅游项目库与优先政策

根据地方旅游发展的主题定位和发展方向，来建立旅游项目库，向市场传递明确的信息，即明确鼓励什么项目或产品，禁止什么项目或产品，不断强化主题，凝聚旅游发展方向，推动旅游业高质量、特色化发展。各地建立旅游项目库，发改部门把旅游项目优先纳入本地优选项目库，支持旅游项目的立项，支持对入库项目优先倾斜资金安排，优先支持项目库里项目前期研究，优先旅游项目包装、推介与招商，优先安排旅游项目申报工作，优先支持争取上级政府资金。

比如，2015 年开始国家旅游局每年召开中国旅游产业促进应谈会，联合国家开发银行等 9 家银行发布全国优选旅游项目、与国家开发银行等 6 家金融机构签订合作协议，共同发布 500 个全国优选旅游项目，项目覆盖景区提升改造、乡村旅游、休闲度假旅游、自驾车房车营地、旅游演艺五大类型，并由 6 家银行为旅游产业发展提供 1.6 万亿元的信贷资金。

2. 完善旅游投资体制，充分保障产权

在充分发挥民间资本、境外资本作用的同时，切实维护投资者的正当利益，切实做到谁投资谁受益，谁消费谁付费。不干涉拥有自主经营权的旅游企业的正常、合法经营，在企业的价格制定、市场营销、人才使用等方面不设限、多支持，激发旅游企业活力，实现旅游投资效益最大化。

各地出台社会资本参与旅游业的相关政策文件，如广东、山东、江苏、吉林等省份的旅游部门和财政部门联合下发文件，促进社会资本进入旅游业。鼓励金融资本、社会资本参与设立旅游类产业基金，支持旅游主题公园、特色旅游小镇、旅游综合景区、户外运动基地、旅游交通基础设施等项目建设。吸引社会资本参与旅游产业发展，通过政府与社会资本合作等多种模式参与旅游配套基础设施建设。支持银行业金融机构探索开展 PPP 模式下民间资本各项权益的质押贷款业务。鼓励风险投资基金、私募股权基金积极介入新兴旅游业态，支持旅游企业通过产权置换、合作开发等形式，与相关产业融合发展。推动文化旅游业态创新，促进“互联网 + 旅游”“旅游 + 金融”等产业融合发展。

3. 探索多元旅游投资模式

在全域旅游发展过程中，创新构建起多元化旅游投融资机制。依托财政、国资、社会资本共建全域旅游，进一步完善多元投入激励政策。

比如，在南京市江宁区，依托江宁区居全省区县首位的国有资金规模、位居全省前列的财政资金实力、位居苏南第一方阵的民营资本财力，率先建立形成“财政资金引路、国有经济主导、社会资本跟进、金融资本助推、居民众筹参与”的多元化投融资机制。对所属国企集团参与全域旅游重点片区和项目建设的，给予一定比例的融资贴息，支持区属国企集团运用自建旅游资产开展市场化运营，对带动民富效益突出的涉旅国企给予一定奖励；在新市镇和棚户区 PPP 开发建设中，明确一定比例的公共用地用于景观建设；在房地产开发中，严格按照一定比例和标准，推动小区普遍建设公共生态景观；支持社会资本以商会经济、众筹等形式参与江宁全域旅游项目建设。“十三五”以来，全区累计完成涉旅财政投入近 100 亿元、国资投入超 200 亿元、社会及金融资本近 300 亿元。2017 年江宁区完成旅游投资 37.02 亿元，2018 年江宁区完成旅游投资 51.03 亿元，涉及业态包括医疗健康与养生养老、旅游小城镇古街区、住宿餐饮、文化康养、商业综合体等。

4. 建立国有旅游产业发展平台

各地在旅游发展过程中，组建国有投资、运营公司，构建政府—国有资本投资运营公司—经营性国有企业管理架构，提高国有资本运作模式。比如，在江宁区，2017年5月，江宁区成立江宁旅游产业集团，强化区属旅游集团资产化、市场化、专业化运作能力，推进旅游产业开发。通过调配优质资产和精兵强将，在南京率先组建了区属旅游产业集团，与牛首山、汤山、园博园等建投公司相衔接的“1+X”国资开发模式，有效推动江宁美丽乡村、旅游道路、重点景区等工程建设，在全区带动形成了如火如荼、热气腾腾的全域旅游发展景象。江宁国有资本在旅游开发中发挥出的骨干支撑作用，得到了各级领导和有关方面的认可与赞赏。

5. 探索差别化金融政策

结合金融体制改革，探索依据旅游企业综合评价结果与金融机构信贷相关信息实时共享制度，构建差别化信贷机制，对成长性好，符合旅游产业发展方向、金融风险控制好的旅游企业扩大信贷规模。

6. 创新现代旅游金融手段

全域旅游发展过程中，各地出台全域旅游现代金融政策，制定综合运用现代金融手段及开发性金融融资的方案和政策，创新旅游金融投融资体系，综合运用股市、债市、基金、众筹、私募等现代市场融资方式，多渠道吸收市场资金、社会资金进军旅游产业，发挥市场对旅游业的绝对配置作用，充分获得市场资金和社会资本，增强旅游业发展的市场活力，培育全域旅游发展的市场化投入机制。

（1）创新社会资本合作（PPP）投资模式

江宁区创新旅游投资模式，引入PPP投资模式，吸引社会资本投资旅游项目，拓展旅游投资渠道和来源，建立国有、集体、社会资本多方参与的投资格局。快速推广PPP模式已经成为未来旅游业金融结构的大方向，财政部发布的《PPP项目最新入库标准》更是为PPP项目申请提供了指南。

比如，在江宁民宿经营模式方面，各街村积极探索建设经营机制，为集体资本、农户、社会资本进入民宿设计制度和路径，形成多元投资格局。比如，贵阳市花溪区制定了《关于推进花溪区全域旅游示范区项目建设投融资工作的实施方案》，花溪区人民政府与贵州股权交易中心战略合作，促进全域旅游企业投融资创新。出台了《关于在旅游领域推广政府和社会资本合作模式的指导意见》，用PPP创新模式融资修建花冠路等重大旅游基础设施项目。

在国家旅游局的支持下，国内旅游企业已积极开展了PPP模式投资的探索。北京、上海等地企业通过PPP模式参与桂林智慧旅游城市建设。山西、贵州等地旅游企业进行旅游资源开发的PPP模式尝试。

（2）设立旅游产业发展基金

在全域旅游发展过程中，各地创新旅游投资基金，以政府资金引导社会资本投资旅游业，创新旅游投融资渠道，撬动社会资金和市场资金进驻旅游领域，激发全域旅游发展的市场活力。

江宁区江宁科创投集团专门为牛首山文化旅游区设立了“牛首山文旅产业发展基金”。早在2012年，北京市与海航旅游合作设立北京旅游产业发展促进基金，首期规模10亿元，撬动100亿元社会资本投资旅游业，完成对北京首航直升机等多个项目8.21亿元的投资，实际拉动社会资本对北京旅游投入70多亿元。2015年其他省份也纷纷加快了旅游产业发展基金的筹备与运营。江苏省财政厅、省旅游局设立旅游产业发展基金，通过债权投资方式，重点发掘和培育具有市场潜力的旅游企业，企业获得基金综合成本不超过银行同期基准利率。截至2015年9月，累计完成103个旅游基金项目调查，通过审核并已投放旅游基金项目50个，投放资金3.22亿元，撬动社会资本40亿元。利率严格按照基准利率发放，目前贷款年利率为4.6%，远低于金融市场年平均融资成本10%的基数。湖南省设立了30亿元规模的“湖南文化旅游产业投资基金”，主要投资领域为文化旅游产业链，包括影视、音乐、动漫、游戏等产业基地，景区、酒店、旅游服务，文体教育产业链和新媒体产业链等。陕西省政府注资并要求陕西旅游集团发起，联合国家开发银行、平安银行、国开证券、国开泰富、中信信诚等设立50亿元规模的“陕西旅游产业投资基金”。辽宁省制定《辽宁省旅游产业投资基金设立方案》，筹备成立全省旅游产业发展基金。

（3）旅游产业融资担保体系

旅游企业固定资产少，旅游企业建设用地用海使用权抵押等抵押贷款、旅游景区经营权和门票收入权质押贷款等操作性不强，使得银行贷款面临诸多限制。全域旅游发展过程中，银行业金融机构要针对全域旅游市场经营主体和项目建设的信贷需求特点对经营模式稳定、经济效益好的旅游酒店、产权式酒店和旅游物业项目，探索开发经营性物业抵押贷款。对拥有林地的景区项目，积极开展林权抵押贷款业务。对乡村旅游经营主体，探索拓宽“两权”抵押贷款试点支持范围。对具有优质商标权、专利权的旅游装备制造企业和旅游服务企业，探索开展知识产权质押贷款。加强银担、银保合作，引导鼓励融资担保和保险机构积极为旅游企业融资提供融资担保和保证保险服务。

此外，江苏省财政厅与省旅游局、省信用再担保有限公司签订《旅游产业担保战略合作协议》，积极构建旅游产业融资担保体系。自 2015 年起，每年安排 3000 万元“旅游担保业务风险代偿基金”，同时对担保公司和各家银行机构对旅游企业提供符合条件的担保和贷款业务纳入省级财政支持小微企业担保及贷款增长奖励范围。目前有 76 个旅游项目向省再担保公司申请担保。北京市与全国首家以服务“三农”为主的专业化农业担保机构北京农业担保公司合作，积极搭建京郊旅游融资担保服务体系。

（4）建立旅游资源交易平台，推进项目资产证券化

为创新旅游投融资平台，全域旅游发展过程中，一些地方探索建立了旅游资源资产交易平台，推动旅游投资市场化进程。

第一，创新旅游投融资机制，设立旅游产业促进基金、旅游资源证券化、股权交易等方式，这些方式为旅游金融的交易提供了便利，让旅游投资更容易落地。

比如，江宁区在江宁建立服务全市的南京旅游资源资产交易中心，构建旅游资源资产交易平台，促进旅游资本市场发展。比如，北京市搭建了旅游资源交易平台。该平台是在北京市旅游委指导下，由北京产权交易所承办的专注于服务旅游产业发展的平台。2013 年 9 月启动运营以来，共发布项目 520 余个，涉及金额 1800 多亿元，其中成交项目 70 多个、成交金额 29 亿元。2015 年，该平台召开了京津冀旅游投融资项目推介会，三地共有 200 多个旅游投融资项目正式亮相，总投资达 1200 亿元。

第二，各地也积极推进旅游资产证券化、股权改革创新，将部分旅游资源进行资产证券化，依托交易平台进行交易。或者设立旅游投融资平台公司，促进旅游资源资产交易和市场化配置，引导私募股权、创业投资基金等进行投资就是重要的手段，或者设立旅游产业促进基金，将部分旅游资源进行资产证券化，依托股权交易平台进行

交易，积极推广 PPP 模式，支持旅游企业直接上市融资，引导更多资金进入全域旅游项目。在国家全域旅游示范区创建单位中，65% 的创建单位利用财政资金设立了旅游产业发展基金，或利用财政资金引导社会资金成立旅游产业发展基金，或鼓励大型旅游企业成立旅游产业发展基金。43% 的创建单位成立国有“投融资平台”，发挥地方性金融机构的作用。

第三，盘活存量的金融创新。对于已经建成的旅游项目，在稳定运行后，可以采取资产证券化方式进行融资，进行再投资；对文化旅游类资产整体打包，实现存量资产的盘活。如休闲景观、城市园林绿化、应收账款、基础设施类项目采用债券型证券化产品进行发行；将可产生稳定现金流、拥有收益权类项目，如文化休闲场馆、景区门票等采用股权型证券化产品进行发行；用于租赁的旅游商业配套设施可采用 REITS 方式进行资产证券化等。

比如，江宁区探索旅游资产证券化、股权化改革，推动酒店间夜权、景区门票权、无建设用地的营地、房车、游艇等市场改革。比如，贵州省贵阳市花溪区也设有直接股权资金、产业发展基金、企业债券等多种财政金融工具，先后成立了花溪区沸腾种子天使投资基金“天使基金”、长安宁－贵银 1 号信托贷款、青岩古镇景区整体提升打造项目人民币资金银团贷款等多种融资方式。华侨城集团推出欢乐谷主题公园入园凭证专项资产管理计划，通过中信证券发行，募集企业发展资金。

（5）支持企业上市

重点鼓励旅游企业直接融资渠道。加强旅游企业的培育、储备，积极促进旅游景区资源整合，推进旅游企业改组改制、兼并重组及股份制改造，推动龙头和优质旅游企业上市融资，重点培育有产业优势、发展潜力大、具有地方特色的中小企业在“新三板”和新疆股权交易中心挂牌融资。

原国家旅游局鼓励具备条件的旅游企业在国内外上市，拓宽企业融资渠道，获取企业发展资金支持。目前，我国已有上百家旅游相关企业在国内外上市，旅游融资能力大大增强。携程、去哪儿、途牛、艺龙等新兴在线旅游企业在美国纳斯达克上市；腾邦国际、宋城演艺等企业在创业板上市；北展股份、云南文化、路骋国旅等在新三板上市；神州租车、海昌控股等旅游企业在中国香港地区上市；中国国旅、锦江股份等一大批旅游企业在 A 股上市。比如，江宁区政府制定了《进一步推动企业上市扶持办法》和《产业发展基金管理实施细则》等开放性金融政策，推动旅游企业直接融资。

此外，政府也引导和支持符合条件的企业和企业集团通过发行短期融资券、企业债券和中期票据等方式筹集发展所需资金。支持符合条件、具备发展潜力的中小旅游企业通过区域集优方式，按照“统一冠名，分别负债，统一担保，集合发行”的原则“抱团”发行中小企业集合债券，不断扩大债券融资规模。

▶ 案例 6-1

贵州省贵阳市花溪区旅游投融资创新

为促进全域旅游发展，花溪区持续推进旅游投融资体制创新，为全域旅游发展提供资金保障，具体包括以下几个方面工作。

一是成立花溪区投融资工作管理委员会，并建立相关工作机制。

二是制定推进花溪区文化旅游项目投融资实施方案。制定了详细的政策保障、工作机制和专项工作组的工作职责。

三是以花溪区区大招商实施意见为政策保障，区人民政府与贵州股权交易中心战略合作，促进全域旅游企业投融资创新。

四是设立旅游专项资金。从 2017 年开始，花溪区每年安排不低于 3000 万元的旅游专项资金，并逐年增加 10%，2016 年以来累计完成涉旅投资 478 亿元，占全区社会总投资的 59.3%。

五是按照“政府引导、企业运作、市场融资、多方参与”的原则，通过项目融资、土储融资等方式，积极探索本级财政投入、上级奖补、平台融资、社会资本“四位一体”资金整合模式。

六是加大项目贴息。花溪区制定《花溪区全域旅游项目贴息专项资金管理意见》，优先安排贴息用于旅游项目。例如，天河潭景区提升，花溪财政贴息累计达 1.29 亿元，贴息金额占总项目金额的 25.13%。

七是加大项目奖励补助。花溪区制定《花溪区旅游产业发展奖励扶持办法》《花溪区旅游重点项目建设奖励办法》《花溪区旅游类企业进入全国中小企业股份转让系统扶持奖励办法实施方案》等一系列旅游扶持奖励办法。近两年对金熙酒店、五彩黔艺酒店、天星茶坊、贵州顺和骏驰汽车运动产业基地、花冠路、旅游环线等项目进行奖励，最高单项奖励达 500 万元。对重大项目年度完成率 60% 以上进行奖励。

八是采用政府采购服务方式推动旅游项目资金落地。由市、区两级平台公司融资，市、区财政各承担相应比例，由市、区两级旅游部门通过购买服务的形式解决融资问题。近两年贵阳市旅文投先后融资 7.23 亿元和 44 亿元用于青岩古镇景区和天河潭景区提升项目建设。

九是印发《关于在旅游领域推广政府和社会资本合作模式的指导意见》。用 PPP 创新模式融资修建花冠路等重大旅游基础设施项目。

十是设立直接股权资金、产业发展基金、企业债券等多种财政金融工具。通过联合成立花溪区沸腾种子天使投资基金“天使基金”、长安宁－贵银 1 号信托贷款、国开行牵头的青岩古镇景区打造项目资金银团贷款项目等保证重大旅游项目资金需求。

资料来源：花溪区人民政府 . 国家全域旅游示范区验收打分和检查项目的说明材料［Z］. 2019.

▶ 案例 6-2

山东省青岛市崂山区旅游投融资创新

1. 设立旅游专项资金，2018 年安排旅游资金预算 3.8 亿元，财政支持力度大。

2. 出台《崂山区促进旅游产业发展实施细则（试行）》，提出五个方面的 12 条奖补政策，最高奖励达 500 万元。主要政策亮点包括：

——扶持高端新兴旅游业态，投资额在 2000 万元（不含土地费用）以上的，按实际投资额的 6% 给予一次性奖励，最高不超过 500 万元。对新购置游艇、直升机等新兴旅游业态经营的企业，年度营业额达到 200 万元以上的，给予相关设施购置费 20% 的一次性补贴，最高不超过 100 万元。

——培育壮大旅游市场主体，对首次进入中国旅游集团 20 强企业的旅游企业给予 100 万元的一次性奖励；新建并评定 5A 级旅游景区，给予 500 万元的一次性奖励；新建并评定为五星级饭店，给予500万元的一次性奖励。

——打造特色节庆会展品牌，举办国际级的节庆赛事活动，给予100万元的一次性奖励；承办区委、区政府委托的各类论坛会议的，给予不超过200万元的一次性奖励。

——加强全域旅游营销一体化，旅游企业参加全区联合营销的，对其营销费用给予50%的补贴；对智慧旅游软件单体配套设备投入30万元以上的，运营满一年后补助总投资额的10%，单项补助不超过100万元。

——加强专业人才队伍建设，旅游企业和组织引进国内外知名管理运营团队，单个案例最高奖励不超过100万元（合作双方各占50%）。

——出台《青岛市崂山区促进特色酒吧休闲街区发展实施细则（试行）》，对酒吧最高奖励达100万元。

3. 完善农民创业担保贷款政策，给予全额贴息，进一步加大对农民进行旅游创业扶持力度。主要政策亮点包括：

——贷款额度：从事个体经营的，可申请最高10万元的创业贷款；创办企业或民办非企业单位的，可申请最高20万元的创业贷款。

——贷款贴息：首次贷款及剩余期限再次贷款从事微利项目的，由财政部门给予全额贴息。

资料来源：崂山区人民政府. 国家全域旅游示范区验收打分和检查项目的说明材料［Z］. 2019.

▶ 案例 6-3

湖南省张家界市武陵源区“全域旅游贷”

全域旅游发展过程中，武陵源区出台《武陵源区“全域旅游贷”业务管理办法》，与银行签订旅游贷款协议，为中小企业发展提供相关担保。印发《武陵源金融产业扶贫试点工作实施方案》等扶贫金融贴息贷款方案。

“全域旅游贷”由武陵源区与农业银行共同推出，以“政府风险补偿基金＋贷款对象”模式进行政府增信，旨在为武陵源核心景区周边从事休闲旅游经营项目的经营户提供资金贷款。休闲旅游经营项目包含依托周边景区、当地休闲农业、民俗风情、自然风光等特色资源，为游客提供餐饮、住宿、购物、娱乐等服务的经营项目。经营者应符合区农业银行贷款制度规定，有禁止准入的不良信用记录及不良行为的，不予办理“全域旅游贷”业务。全区从事休闲度假旅游经营项目的经营者，以及非张家界户籍人员租用武陵源区内设施开展休闲旅游经营项目经营年限超过一年的，均可申请“全域旅游贷”。其中，信用类贷款单户额度不超过100万元，湖南省农业信贷担保有限公司担保的贷款单户额度不超过300万元。“全域旅游贷”已发放贷款14笔，累计金额2790万元。

此外，武陵源区开放了“扶贫小额信贷”，由金融机构对符合条件的建档立卡贫困户发放的“免担保免抵押、基准利率、额度在5万元以内、期限1~3年、财政全额贴息”的信用贷款。2016—2017年全区共投放扶贫小额信贷555户，1931万元。

资料来源：武陵源区人民政府．国家全域旅游示范区验收打分和检查项目的说明材料［Z］. 2019.

▶ 案例 6-4

江苏省南京市秦淮区全域旅游投融资创新

在全域旅游发展过程中，江苏省秦淮区搭建政银企对接平台，成立金融服务实体经济合作联盟。

1. 建立老城南集团，负责文旅板块投融资。集团通过抵押融资、融资租赁、资产证券化、发债等金融手段多渠道融资。门东东延、小心桥、周处读书台三个项目上积极尝试和吸引社会资本参与项目投资合作，采用BOT等模式合作开展“投资—建设—招商—运营”一体化运作，减轻项目后期建设投资压力。

2. 成立金融服务实体经济合作联盟。编印《秦淮区“金融服务实体经济合作联盟”银行特色金融产品汇编》，召开企业上市知识专场培训会和文化旅游企业专场融资对接会，为文旅项目和企业提供管家式金融服务。

3. 推动大运河文化基金项目落地。在经营上与区文旅集团建立合作室，包括相互股权投资、IPO合作、增设运营公司等。

4. 成功创建江苏省文化金融合作试验区。引导和促进金融机构、银行业、保险业等各类资本创新金融产品，为文化旅游企业提供资金支持等金融服务，实现文化旅游创新和金融资本的有效对接。

资料来源：秦淮区人民政府 . 国家全域旅游示范区验收打分和检查项目的说明材料［Z］. 2019.

第七章
加快门票价格改革，完善市场价格制度

全域旅游理念很重要的一点，就是要实现从门票经济向产业经济转变。当前，门票价格居高不下的一个很重要的因素也在于现有景区经营模式的滞后，导致其过度依赖景区门票作为景区主要的收入来源。在发展全域旅游过程中，各级各地政府积极创新，推动景区门票价格的创新改革，健全适应全域旅游发展的景区门票价格的市场化机制。

一、价格改革是全面深化改革的关键一步

（一）价格机制是全面深化改革的核心

价格机制是市场机制的核心，市场决定价格是市场在资源配置中起决定性作用的关键。在推进社会主义市场经济体制建设中，核心在于价格能否由市场决定形成，这是关系到市场能否在资源配置中发挥决定性作用的关键所在。因此，价格改革是市场经济体制的中心环节，其关系到整体市场经济体制改革能否成功。借助市场价格改革能够极大优化市场资源配置，培育市场，增强经济发展动力，促进经济社会的平稳运行，推动国家向市场经济转型发展。

改革开放 40 多年来，价格体制始终是改革的关键领域。从 1984 年党的十二届三

中全会提出“有计划的商品经济”，到1992年党的十四大提出“使市场在国家宏观调控下对资源配置起基础性作用”，到党的十四届三中全会提出建立“统一开放的市场体系”，到党的十八届三中全会提出“使市场在资源配置中起决定性作用和更好发挥政府作用”，再到党的十九大报告提出“建设现代化经济体系”，市场决定价格形成的社会主义市场价格体制日渐形成。

价格改革的核心是改变政府全面制定价格的机制，建立起市场化的价格形成机制，引导市场资源的配置，实现从政府定价到市场形成价格。经过40多年，价格改革持续推进、不断深化，放开了绝大多数竞争性商品价格，对建立健全社会主义市场经济体制、促进经济社会持续健康发展发挥了重要作用。目前绝大多数价格已由市场形成，政府通过活机制、立法规、定标准、强服务、优监管，基本形成了市场经济体制下政府价格管理、服务和监管体系，形成了以《价格法》为核心的价格监管的法律体系，建立了一系列价格管理制度。当前，商品零售、农产品收购和生产资料出厂环节实行市场调节定价产品的产值比重均超过90%。根据国家发展和改革委员会数据显示，2012—2016年以市场调节价比重衡量的中国价格市场化程度分别为94.33%、94.68%、95.16%、96.45%和97.01%。①

党的十八届三中全会指出，要“完善主要由市场决定价格的机制，凡是能由市场形成价格的都交给市场，政府不进行不当干预”，要“建设统一开放、竞争有序的市场体系，是使市场在资源配置中起决定性作用的基础。必须加快形成企业自主经营、公平竞争，消费者自由选择、自主消费，商品和要素自由流动、平等交换的现代市场体系，着力清除市场壁垒，提高资源配置效率和公平性。要建立公平开放透明的市场规则，完善主要由市场决定价格的机制”。新时代对价格机制改革提出了新要求，必须牢牢抓住价格这一市场经济条件下资源配置效率的“牛鼻子”，加快价格市场化改革，健全价格监管体系，使价格灵活反映市场供求、价格机制真正引导资源配置、价格行为规范有序。围绕使市场在资源配置中起决定性作用和更好发挥政府作用，全面深化价格改革，完善重点领域价格形成机制，健全政府定价制度，加强市场价格监管和反垄断执法，为经济社会发展营造良好的价格环境。

① 国家发改委就输配电价改革有关情况举行发布会，2017年7月26日。

党的十八大以来，价格改革处在更为艰难的阶段，改革已进入“深水区”。面临着能源、资源、环境价格和重要服务价格等涉及更大范围利益关系调整的改革。2015年，党中央、国务院出台了《关于推进价格机制改革的若干意见》，提出了全面深化价格改革的新要求。2017年11月，国家发改委发布《关于全面深化价格机制改革的意见》，全面落实中共中央、国务院的改革部署，完善改革顶层设计和具体推进方式。在党的十九大提出的促进经济高质量发展的新要求和建立现代化经济体系的背景下，价格改革坚持与时俱进、服务大局。2018年7月，国家发改委发布《关于创新和完善促进绿色发展价格机制的意见》，以适应建设生态文明、构建现代化经济体系和高质量发展的新要求。推出了“创新和完善生态环保价格制”、完善生态补偿价格和收费机制；制定完善绿色消费价格的政策，全面推进市场价格体制建设。

尽管如此，当前我国市场化价格体制仍然还存在一些问题和难点。比如，部分属于政府定价范围的商品服务项目还存在成本虚高，有些竞争性环节价格还未放开，有些非基本公共服务价格机制还不完善，经营性收费、行政事业性收费的改革还不到位。而且，公平、公正竞争的市场环境还有欠缺，价格促进优胜劣汰、出清市场的实效还有差距，要素价格市场化机制仍未形成。这些问题的存在，从不同的方面影响着市场主体活力的发挥，也是深化价格改革需要着力解决的。

未来，价格改革的方向是进一步放宽政府管制，建立市场决定价格的新机制。由此，也推动市场主体的自由竞争，为企业自主经营、公平竞争提供条件和环境，促进市场活力的释放。

（二）旅游价格机制改革

在旅游领域，价格机制是调节旅游市场供需及相关经济利益主体的重要机制，在旅游市场运行中发挥重要作用。景区是发展旅游业的重要资源和依托，景区门票价格直接关系人民群众切身利益，是社会关注的热点。景区门票价格也是市场价格的一个重要组成部分。

改革开放初期，入境旅游被作为具有创汇优势的产业优先得到发展，景区门票实行“双轨制”。1996年12月，国家计委出台了关于景区门票价格并轨的通知。价格并轨以后，总体上看，热点景区的门票价格有所上涨。长期以来，我国景区门票价格

“价外负担”过重，直接导致景区门票价格过高。降低景区门票价格，既反映了人民群众的呼声，也是政府治理景区旅游价格的重要抓手。这一方面是因为地方发展旅游过程中过于依赖门票经济，另一方面也是当前景区门票价格形成机制不足。2017 年 11 月，国家发改委发布《关于全面深化价格机制改革的意见》也提出，要按照体现公益性要求，研究制定国家公园价格政策，加快建立健全自然资源、风景名胜、历史遗迹等景区门票科学定价规则。因此，如何提高门票价格管理的科学性、规范性，如何推进旅游景区门票价格的市场化改革，既是推进市场改革的重要内容，也是推动旅游业进一步发展的关键所在。

二、旅游景区门票价格改革的历史

我国旅游景区门票价格体系伴随着旅游景区的不断发展，经历了计划体制定价阶段、价格双轨制阶段、并轨制过渡阶段和价格多元化阶段，它们分别是不同社会经济条件下的产物，对旅游景区的发展有着不同程度的促进作用。

（一）中华人民共和国成立后至 1982 年：计划体制定价阶段

中华人民共和国成立后至 1982 年，是我国旅游业发展的初期，也是旅游景区管理的萌芽阶段。在这个时期，国内旅游市场尚未形成，入境旅游处于外事接待阶段。旅游景区管理基本上也是沿用苏联管理模式，采用纯公益性的管理体制。景区自身没有创收能力，其运行完全依靠政府的财政支持。

在价格制定上，我国旅游景区沿用的是计划经济体制的定价模式，只是象征性地收取门票价格，门票一般只有 0.05~0.10 元。对国外游客参观文物景点、观看戏剧等门票收费尚无统一规定，有的地区实行内、外两种价格，对国外游客实行高价，对国内游客实行低价。对此，1979 年国务院侨办主任廖承志明确批示，不要搞两个价格，按照同质同价、优质优价的原则办理。

在门票价格管理权限上，20 世纪 60 年代初期以前，景区的定价管理权大部分在中央物价部门；20 世纪 60 年代初期，考虑到中央物价部门只应管理关系国计民生的重要产品价格及收入，故将大部分游览参观点的门票价格随同教育、医疗等一大批行政事业性收费管理权限下放到省及省级以下的物价部门管理。

（二）1983—1995 年：价格双轨制阶段

20 世纪 80 年代初期，随着改革开放的深入，我国入境旅游市场先于国内旅游市场发展了起来。在这一阶段，根据加快景区景点建设和发展，改善我国国际旅游形象的需要，我国旅游景区门票价格体系有了较大幅度的调整。

1983 年，按照国务院的相关规定批准，我国的游览参观点按价格管理体制分为了国家级特殊游览参观点[①]和一般游览参观点。对国家级特殊游览参观点，实行甲、乙两种门票价格制度，甲种门票价格水平在 0.5~6 元，乙种门票价格水平在 0.1~1 元，甲种提供服务相对多一些。为了加强国家级特殊游览参观点设施建设，体现按质论价、优质优价的原则，国家物价局在 1989 年提高部分国家级特殊游览参观点甲种门票价格后，又于 1990 年印发《关于调整 1991 年度特殊游览参观点和甲种门票价格的通知》，对 1991 年度 6 个首批特殊游览参观点门票价格适当上调，同时确定了第二批国家级特殊参观游览点。[②]该通知重新明确，国家级特殊游览参观点甲种门票价格由国家物价局会同有关部门审定，一般游览参观点门票价格仍由地方管理。以后经国务院有关部门批准，国家级特殊景点又有所增加。到 1995 年年初，国家级特殊景点增加到 18 个，甲种门票价格水平为 25~60 元，乙种的则为几元到十几元不等。

（三）1996—2000 年：并轨制过渡阶段

进入 20 世纪 90 年代之后，随着我国市场经济体制的逐步确立，国内旅游市场开始启动。这一阶段内，我国完成了甲、乙种门票的并轨。并轨后的价格对国内游客而言上涨幅度很大。20 世纪 90 年代末期，我国旅游景区改革拉开了序幕，国有景区开始企业化经营管理，并允许私有资本进入景区管理。因此，在旅游景区门票价格管理上，国家将管理工作的重点由直接定价转移到对景区门票价格的监督检查上。

由于我国的游览参观点长期实行甲、乙两种门票，而两种门票价格有些相差达一倍，这样就引起境外游客的不满。1996 年 12 月，国家计委下发了《国家计委关于游

① 国家级特殊游览参观点主要指门票价格由中央管理的、具有一定影响和规模、国际游客较多的少量景点。我国首批国家级游览参观点有 6 个，它们分别为故宫、秦俑、莫高窟、云冈、龙门和麦积山。

② 它们分别为北京颐和园、天坛公园、八达岭、苏州拙政园、西安碑林、西藏布达拉宫、安徽黄山、山东泰山、云南路南石林 9 个景点。

览参观点甲乙门票价格并轨的通知》，取消景点门票价格的国内外游客差异。并轨制实施之后，旅游景区的门票价格以甲、乙两种价格的平均值为准，对国内游客而言价格上涨幅度很大。

此外，同一时期内，股份制企业经营方式渗透到了一些国家级风景名胜区、国家级重点文物保护单位乃至世界遗产景区的开发建设和经营管理中。国有景区开始企业化经营管理，进一步改革则允许私有资本进入景区行业。伴随着价格并轨制和国有景区的企业化改革，旅游景区门票价格一路上涨。同时，部分地区出现了乱涨价、乱收费、园中园变相涨价等问题。针对这一系列由于并轨所引起的价格秩序混乱问题，国家计委于 1999 年颁发了《游览参观点门票价格管理办法》。该办法明确了景点门票价格区别情况分别实行政府定价和政府指导价，并对不同的景区实行分类作价。游览参观点门票应实行一票制，联票价格应当低于各种门票价格相加的总和。

（四）2000 年以后：价格多元化阶段

2000 年以后，我国入境旅游和国内旅游持续快速发展。这一时期，并轨制所引发的门票价格变动余波未平，而管理体制改革也方兴未艾。需求形势和管理体制的变动所带来的，并不仅仅是单纯的门票价格上涨。

1999 年，我国开始实施黄金周休假制度，国内旅游需求被进一步释放，旅游景区产品供给相对不足，门票价格开始有较大幅度的上涨。2000 年 8 月和 9 月，国家计委分两批将中央定价的北京故宫、颐和园等 20 个国家级特殊游览参观点门票定价权限下放到景点所在地省级价格主管部门。这一政策的出台为以故宫、八达岭长城、颐和园等为代表的高品质遗产类景区的价格上涨注入了动力。此后，我国旅游景区门票价格一路上涨。2004 年 4 月，世界自然遗产张家界武陵源风景名胜区将每张门票从 158 元上调至 245 元，被称为“中国最昂贵的门票”。

同一时期，为了规范景区门票价格，也为了增强旅游景区的公益性，2005 年，国家发改委下发了《关于进一步规范游览参观点门票工作的通知》，提出要规范门票价格秩序，制止门票价格的过快上涨。并建议有条件的地区，对公益性城市休闲公园，可逐步实行免费开放。此后，国家发改委于 2007 年和 2008 年又先后下发了《关于进一步做好当前游览参观点门票价格管理的通知》和《关于整顿和规范游览参观点门票价格的通知》，指出“门票价格应充分体现公益性”，“全国各级文化、文物部门归口管理的公共博物馆、纪念馆和全国爱国主义教育示范基地，两年内全部实现向社会免费开放”。一方面是以世界遗产为代表的高级别景区冲破重重阻力，价格持续大幅度上调；另一方面，低级别景区及公益类景区实行门票价格下调，甚至全免。我国旅游景区门票定价的差异化、多元趋势逐步形成。

以北京为例，2000 年 8 月和 9 月，国家计委分两批将中央定价的故宫、颐和园等 20 个国家级特殊游览参观点门票定价权下放到省级价格主管部门。这一政策为旅游景区大幅度调整门票价格提供了契机，北京市以世界遗产等为代表的高品质旅游景区纷纷涨价。2002 年 6 月，北京市物价局主持召开了“关于调整北京市部分园林景点门票价格的听证会”，故宫博物院、雍和宫等景区门票价格继续上调。2004 年 11 月，北京市发改委召开“关于调整世界文化遗产游览参观点门票价格听证会”后，故宫、天坛、颐和园、八达岭长城等景点门票纷纷涨价。其中，故宫淡季门票价格调整为 40 元，旺季 60 元。

景区门票价格上涨吸引了大批民间资本参与到商业性景区的建设中。到 2010 年 1 月，北京市的 A 级旅游景区中，除了传统的自然、历史人文类非商业性旅游景区之外，主题公园、休闲度假等商业性景区 43 家，占北京市 A 级旅游景区总数的 23%。不同性质、类型的景区在管理体制、经营模式方面存在差异，因而，其门票价格的制定也应当因之而异。为此，2000 年国家计委对 1999 年所颁布的“办法”进行修订，并下发了新的《游览参观点门票价格管理办法》。新“办法”明确对不同类型的景区进行分类定价。商业性的景区门票价格放开由市场决定，而非商业性的景区门票价格实行政府定价、政府指导价。自此，北京市旅游景区拉开了对不同景区实施分类定价的序幕，景区门票价格分类化、多元化的趋势逐步形成。

2008 年 4 月，国家发改委会同财政部、国土资源部、住房和城乡建设部、国家林业局、国家旅游局、国家宗教事务局、国家文物局等联合发布《整顿和规范游览参观点门票价格》加强游览参观点门票价格管理，当年 3 月，北京市 33 家市属及区县所属博物馆免费开放。到 2009 年 4 月，北京市免费公园达 140 个，占注册公园总数的 78%。2010 年 4 月，国家发改委印发《国家发展改革委关于做好法定节假日期间游览参观点门票和道路客运价格管理工作的通知》，就加强法定假日期间门票和道路客运价格管理工作提出了具体的要求。2012 年 9 月，国家发改委分两批发布《各省区市降低 80 家游览参观点门票价格》的 180 家景区名单，各省、自治区、直辖市第一批降价的游览参观点 80 家，平均降价幅度为 37%。

2018 年，国务院政府工作报告提出，要“创建全域旅游示范区，降低重点国有景区门票价格”。2018 年 6 月，国家发改委下发《关于完善国有景区门票价格形成机制 降低重点国有景区门票价格的指导意见》，强调要完善国有景区门票价格形成机制、降低重点国有景区门票价格，理顺国有景区功能定位，加快构建充分体现社会效益、社会效益和经济效益相统一的国有景区运营管理体制机制，推动旅游业加快由门票经济向产业经济、小众旅游向大众旅游、景点旅游向全域旅游转型升级，形成旅游业供给结构优化和总需求稳步扩大的良性循环。进一步强调，秉持旅游为民、旅游惠民理念，以逐步实现公共资源全民共享、景区服务费用游客合理分担为门票价格改革取向，将游客付费范围限定在所享受的景区服务，充分体现公共资源建设的国有景区公益属性，促进大众旅游消费，增强人民群众获得感、幸福感，要求 2018 年在推进完善国有景区门票价格形成机制的同时，降低重点国有景区门票价格任务取得明显成效，到 2020 年，以景区合理运营成本为基础，科学、规范、透明的国有景区门票价格形成机制基本健全，对促进景区持续健康发展、推动旅游业高质量发展的作用明显增强。

2019 年国家发改委下发《关于持续深入推进降低重点国有景区门票价格工作的通知》，推进更大范围降价，推动更大力度降价，2019 年，原则上完成辖区内所有实行政府定价管理的 5A 级、4A 级旅游景区门票成本监审调查、价格评估调整工作，完善国有景区门票价格形成机制、降低重点国有景区门票价格工作持续推向深入，促进旅游业转型升级，进一步增强人民群众获得感、幸福感。

三、全域旅游下门票价格改革的方向

（一）旅游景区门票价格管理模式

当前，旅游景区门票价格管理主要实行的是分类定价模式。旅游景区按照其经营的目的可以分为商业性景区和非商业性景区。而后者又可以进一步被划分为公益性景区和准公益性景区。公益性的旅游参观点，如城市内的公园、纪念馆、博物馆、其他供思想教育的场馆，属于居民日常休闲、文化活动的场所，具有明显的公益性特点；而准公益性的游览参观点，如自然风景区、文物古迹等景点、景观，资源属于公共品性质，以公益性为主，兼有经营性。① 目前，按照我国的国家规定，对商业性的景区实行价格放开，完全由市场决定；公益类的景区，如博物馆、纪念馆、公园等景区实行价格减免；准公益类的景区则实施政府定价、政府指导价。

在定价的主导权方面，2000 年 8 月，国家计委将故宫、颐和园、八达岭长城等重点景区的门票定价权下放。因此，目前北京市旅游景区门票价格的主管单位为北京市发改委，其定价范围为故宫、定陵、长陵、昭陵、神路、八达岭、天安门城楼、雍和宫、北京市劳动人民文化宫、市属公园景点。市发改委定价以外的园林景点授权区县人民政府制定收费标准。

在定价原则方面，“商业性投资建设人造景观、主题公园门票价格放开由市场决定；非商业性投资建设的公园、博物馆、文物古迹、自然风景区等旅游区（点）门票价格依其关系社会文化生活和国际国内旅游重要程度，分别实行政府定价、政府指导价”。在此基础上，为了规范门票价格秩序，制止门票价格的过快上涨，对国内外享有较高声誉的重要的游览参观点门票价格的制定和调整按照听证目录规定实行听证。此外，政府还不断出台相关政策，提倡现有的景区对老年人、现役军人、未成年人及学生等特殊群体适当优惠，对残疾人、儿童等实行免票。而随着时间的推移，免费景区的数量不断上升，旅游景区的公益性不断增强。

在门票价格调控方面，大多数旅游景区针对不同季节、不同节日和不同群体等实行差异化的定价策略。同时，一些地区还采用多种营销手段对旅游景区进行促销，具体的价格调控措施和营销手段见表 7–1。

总的来看，对旅游景区实施分类定价，使得商业性和非商业性景区的门票价格分别呈现了市场化、公益化的发展趋势。然而，景区门票要实行公益性定价，政府就必须有足够数量的资金投入，以维持其正常运转。实际情况是，政府对旅游景区不仅没有足够的资金投入，还要分享景区的一部分门票收入。此外，一味追求景区的公益性，

① 王永治，温桂芳. 游览参观点门票价格若干问题研究［J］. 价格理论与实践，2005（11）：8.

而忽略了景区的经营成本、游客的需求状况、资源价值等因素，会导致景区的发展受限，并最终影响到游览效果。以故宫为例，由于政府投入的资金有限，而景区的维护、管理成本又相对较高，故宫有16.7万平方米的古建筑40多年从未进行过大修，而目前开放地区也仅占古建筑总面积的52%。几十年来故宫陈列没有进行过较大改进，现代化安全照明也未能引入，造成了参观效果差、观众不满意的局面。再看八达岭长城，虽然游客对八达岭长城旅游的需求很大，但是由于八达岭长城定价并不是根据需求和供给关系来决定的，无法从旺盛的需求中获得继续开发满足旅游者需求的资金，在八达岭长城管理局负责的20.25公里明长城中，目前对游客仅仅开放了3.47公里。如果能够根据需求供给关系进行定价，那么就可以从旺盛的长城旅游中获得开发管理所需的资金，开发更多的长城景点，满足众多旅游者的需要，同时还能够降低游客的拥挤度，避免拥挤带来的附加成本。

表7–1　旅游景区价格调控措施

门票价格调控措施	价格表现形式	具体情况
淡旺季不同定价	旅游旺季高价、淡季低价	—
节日定价	在不同的节日对相关人群实施价格减免，或推出免票、赠票	在儿童节、妇女节针对儿童、妇女实行价格减免，利用春节、端午节等传统节日发放免费门票、赠票、电子票等
对本地居民的价格优惠	年票、季票、月票及联票等	—
对特殊群体的价格优惠或减免	对学生、现役军人、残疾人以及1.4米以下儿童和65岁以上老人实行价格优惠或减免	从2009年开始，北京市173家A级旅游景区全部对残疾人免票；从2009年1月1日起，北京市150家景区对65岁以上老年人免费开放
对团队的价格优惠	对达到一定人数的旅游团队实行价格优惠	—
免费开放景区	公益类景区免费开放	2008年3月起，33家市（区县）属博物馆免费开放；2009年4月，北京市免费开放的公园达140个
免费景点	部分免费的非A级旅游景区	什刹海、798、天安门广场、毛主席纪念堂、新前门大街、王府井大街、各大胡同、秀水街、潘家园等

（二）旅游景区门票价格管理存在的问题

全域旅游的一个重要内容，是推动旅游业从门票经济向产业经济转变。相对于旅游改革发展的新需求，我国旅游景区门票价格管理存在以下问题和不足。

第一，旅游景区门票价格偏高。总体上，我国旅游价格，特别是景区门票价格偏高，受到社会公众的关注。旅游价格问题也是游客投诉的重点对象。特别是在节假日期间，景区、酒店等价格增长过快。这些问题都制约了游客的出行和旅游权利的获得。在旅游日益成为人们基本生活方式之下，如何保障人民群众的出游权利是满足人民美好幸福生活的重要问题。旅游景区门票价格日益成为一个民生问题了。

第二，旅游价格管理机构问题。当前旅游景区的管理部门较为分散，导致对景区门票价格的监管出现了问题。一方面，景区的资源分散在多个部门，有国家林业局、宗教局、园林局、文物局等部门，行业管理文化和旅游部并没有资源管理权，使得门票监管呈现多头管理。另一方面，各地方文化旅游部门在业务上与上级旅游部门联系，但行政上仍受地方政府管辖，难以实现行业视角上的公平和有效。

第三，景区门票价格的形成市场机制不足。旅游业是一个市场化程度较高的行业，大部分旅游产品的定价都由市场决定。旅游景区因其自身的资源属性和管理体制，导致其价格的形成在很大程度上仍然属于政府定价或者政府指导定价。对于景区门票价格的核算和形成，仍然缺少一个科学合理的机制。

因此，如何进行旅游景区门票价格改革，找到科学合理的旅游景区门票价格形成机制，提高旅游价格监管能力，是今后相当长一段时间内旅游产业发展的重要课题。

（三）全域旅游景区门票价格管理的创新改革

2018 年，国家发改委下发《关于完善国有景区门票价格形成机制，降低重点国有景区门票价格的指导意见》之后，各地部署落实国有景区公益属性，秉持旅游为民、旅游惠民理念，以逐步实现公共资源全民共享、景区服务费用旅客合理分担为改革取向，通过进一步完善价格机制，降低重点国有景区偏高门票价格。20 多个省份出台了（已实施或发文对外公布，下同）157 个景区降价（免费开放）措施，25 个省份确定了拟降价（免费开放）的 157 个景区名单，合计 314 个景区。按景区等级统计，5A 级景区 121 个、4A 级景区 155 个；按降价幅度统计，实行免费开放的景区 30 个、降幅在 30%（含 30%）以上的 29 个、在 20%~29% 的 48 个。重点国有景区门票价格取得明显成效。

全域旅游理念很重要的一点，就是要实现从门票经济向产业经济转变。当前，门票价格居高不下的一个很重要的因素也在于现有景区经营模式的滞后，导致其过度依赖景区门票作为景区主要的收入来源。在发展全域旅游过程中，各级各地政府积极创新，推动景区门票价格的创新改革，健全适应全域旅游发展的景区门票价格的市场化机制。

1. 坚持景区门票价格的民生导向

在新时代，旅游日渐成为人们的基本生活方式之一，成为人民群众美好幸福生活需要的重要组成部分。景区门票价格在很大程度上制约了人们旅游活动的开展。全域旅游时代下，旅游业是人民群众满意的现代服务业，这要求旅游景区门票价格要坚持民生导向，要进一步降低旅游景区门票价格。2018 年国务院总理李克强在政府工作报告中指出，要创建全域旅游示范区，降低重点国有景区门票价格，强调要降低旅游景区门票价格，满足游客旅游需求。2018 年 6 月底，国家发改委《关于完善国有景区门票价格形成机制，降低重点国有景区门票价格的指导意见》，要求合理界定票价的构成，创新价格管理方法，完善国有景区门票价格形成机制，以降低景区门票价格。目前全国已有省份出台了景区门票降价或免费开放措施，陆续还有一些省份拟出台景区降价或免费开放措施。

2. 坚持门票价格市场化导向

当前旅游景区门票价格问题在很大程度上还是景区管理的市场化运作机制不足，景区门票价格的形成机制不完善。为此，如何推进旅游景区门票价格的改革，还在于要按照市场化的改革，推进旅游资源的市场化、多元化、多样化的管理方式。

对于景区门票价格来说，核心是按照全面深化改革的要求，推进旅游景区门票价格的市场化改革。重点是发挥市场门票价格形成过程中的基础性作用，减轻或者降低政府的导向作用，改变过去用行政命令禁止价格上涨的工作方式，不搞行政命令式“一刀切”，而是通过建立健全主要补偿景区服务和生态环境保护合理成本并适当反映景区价值的价格形成机制，规范政府和景区行为来管理价格。

第一，合理界定门票定价成本构成。将门票定价成本严格限定在景区游览范围内维持景区正常运营所必需的合理支出，这包括自然文化遗产等资源保护支出，为游客提供基本游览服务所发生的设施运行维护、人员薪酬、财务费用等成本支出；为游客提供基本游览服务场所的固定资产折旧。通过明确门票价格合理构成，逐步剥离门票承载的“额外负担”，推动国有景区形成合理门票价格。

第二，创新价格管理方式。由各地区根据实际，对不同国有景区门票价格分别实行政府定价或政府指导价；季节性较强景区可实行淡、旺季门票价格，引导客流均衡分布；实行政府指导价的景区可采取价格上限管理方式，允许景区经营管理者在不超过政府规定上限价格的范围内，根据旅游市场供求状况自主确定具体价格水平，具体执行时应提前3个月向社会公布。

第三，严格履行政府定价程序。政府制定景区门票价格，应当依法履行定价成本监审或成本调查、听取社会意见、合法性审查、集体审议、做出价格决定并及时向社会公告等程序。对以外地游客为主的景区，通过网络公开征求意见或创新价格听证方式，广泛听取意见建议。

第四，建立定期评估调整机制。门票价格制定后，每3年进行一次评估，根据景区游客数量变化、运营成本变动、收支节余等情况，以及社会各方面意见，及时调整门票价格。

第五，加强景区收支监管。加强景区门票收入及其他各类收入、支出监管，保证景区收入主要用于景区运营所需合理支出。鼓励有条件的地方探索建立国有景区运营状况、收支信息公开制度，提高价格相关信息透明度。

第六，规范景区价格行为。景区应严格落实明码标价规定，在其网站、收费场所等醒目位置公示门票价格及游览服务内容，保障游客知情权、选择权。禁止捆绑销售、价外加价或强制代收其他任何费用。

第七，加强景区门票价格监管。依法查处景区价格违法违规行为。建立健全景区价格失信惩戒机制，将景区扰乱价格秩序行为，作为景区及其主要负责人不良信用记录纳入全国信用信息共享平台，实施失信联合惩戒。

3. 对于公共资源，坚持门票价格定价的公益导向

我国旅游景区依托的资源大部分为公共资源，如风景名胜区、自然保护区、文物保护单位、国家公园等公共资源均为全民共有，既具有经济属性，也有较强的社会属性、生态属性。利用这些公共资源建设的景区应该为全民提供服务，应当充分体现社会效益，坚持社会效益和经济效益相统一。为此，在推进门票价格改革中，按照逐步实现公共资源全民共享的取向，充分体现公共资源建设的国有景区公益属性，推动旅游景区回归公共资源的本质属性。对于公共资源景区，重点是从公共性资源的角度来认识，为公众保护，对公众开放，实施公共管理。

4. 坚持门票经济向产业经济导向

全域旅游时代背景下，各地旅游景区不断创新经营模式，创新旅游业态，增加旅游收入，降低景区门票收入比重，推动由门票经济向产业经济转变。在此之下，景区降低门票价格，既能够满足游客需求，自身也在这个过程中获得更大的综合收益。因此，景区门票价格的改革，并不会影响自身的长远发展，反而有利于自身经营的可持续发展，有利于推进旅游业供给侧结构性改革和高质量发展，推动旅游业加快由门票经济向产业经济、小众旅游向大众旅游、景点旅游向全域旅游转型升级，形成旅游业供给结构优化和总需求稳步扩大的良性循环。满足 14 亿人口大国的旅游需求，必须要有大视野，开辟更广阔的发展道路，不能局限在门票经济上。不少地方已经有了成功经验。如浙江省衢州市，以全域旅游理念为指引，通过尝试开展免收景区门票旅游活动，使当地旅游业逐渐摆脱门票经济依赖，朝着做精产品、做优服务、做长产业链的方向发展。2017 年，全市旅游总收入 449.4 亿元，同比增长达 25.6%。13 个景区实现旅游服务、纪念品销售等收入 28.1 亿元；免费日期间，旅行社的游客地接量同比增加 46.8%、接待天数增加 42.5%，餐饮行业、星级以上宾馆客房营业收入分别增长 48.1% 和 48.9%，全市民宿床位突破 4.5 万张，并涌现出一批标杆性精品民宿，地方特色商品销售也得到了明显增长，初步实现了景区与旅游相关行业协调发展，走出了大旅游发展的新路子。

5. 推进景区门票管理

在市场机制方面，要着力营造公平竞争的市场环境，促进市场主体之间平等交换。在市场监管方面，要构建标准健全、规则统一、监管透明的市场监管体制、明确和逐步强化功能性管理，作为政府的各个职能部门，各在其位，各司其职。例如，建设部门是规划管理功能，公安部门是治安管理功能，宗教部门是宗教管理功能，林业部门是林业管理功能，环保部门是环境管理功能，旅游部门是旅游市场秩序和质量管理功能。为此，一方面是在法规方面要调整到位，法规不能是“部门法”，而应当是体现公共管理性质的“功能法”；另一方面，法规也不能是单纯的“管理法”，也应包含民法或商法等方面的专业内容，还应包含“促进法”的内涵。

6. 坚持分地区差异推进

各地区经济社会发展水平、景区规模等级都存在一些差异，完善国有景区门票价格形成机制需要区分景区不同经营管理模式，因地制宜，分类施策，分批推进，逐步创造条件推动门票价格回归合理区间。

7. 推进景区管理体制改革

门票价格的改革首要的也在于产权制度的明晰。在市场上进行交易的商品、服务或者要素，只有在产权清楚的情况下，才能达成自愿、合理、真实的交易。如果权属不清楚，不知道它有没有所有权、使用权、收益权、转让权，市场定价会变得无所适从。

▶ 案例 7-1

河南省修武县创新政策服务激发民宿产业大发展

2019 年 7 月 28 日，全国乡村旅游（民宿）工作现场会在四川成都举行，焦作市委常委、修武县县委书记郭鹏就修武县民宿产业发展工作做典型发言。修武县创新政策服务助推民宿产业发展的举措得到了国家文化和旅游部的高度认可，“南有莫干山，北有云台山”的修武民宿品牌形象日益鲜明。

自全域旅游示范区创建工作启动以来，修武县秉持“以全域美学引领全域旅游”新理念，将民宿产业作为乡村振兴和全域旅游的核心突破口，注重政策服务创新，相继出台了《关于推进乡村特色民宿发展的实施意见》等 7 个推动民宿产业的政策文件，通过政策保障、美学引领、资本助力等一系列做法，营造出民宿产业发展的“蓝海”，激发起民宿市场的活力，全县共建成民宿集聚群和村落 6 个，精品民宿 43 家、房间数 472 个，正在规划建设的民宿集群和村落 4 个，民宿产业实现快速和高质量发展。

一是政策保障兴民宿。2016 年成立民宿产业领导小组，将公安、消防、市场监管等部门纳入成员单位，要求各部门主动前置服务。例如，“云上院子”在建设之初，消防部门已完成方案审定，确保了后期顺利办证。2017 年出台《推进乡村特色民宿发展实施意见》等系列文件，明确了民宿投资、资金奖补等工作办法。例如，对于精品民宿项目，可采取一事一议的办法予以奖励，最高奖励标准 50 万元。

二是美学引领带民宿。把美学作为民宿打造的核心竞争力。先后邀请10余批30余位国内顶尖专家团队，将美学理念融入建筑、文创、美食和运营等民宿开发的重点环节。突出服务美学，创新“两不见面”服务机制，提出“感动每一位游客”理念，全力打造民宿服务优质品牌。突出建筑美学，无设计不建设，确保每座建筑都能成为留给后代子孙的美学财富和乡村美育的标杆项目。突出文化美学，结合人文环境注重乡土特色，实现民宿建设在地化。

三是资本活水润民宿。政府与金融机构积极对接，倾力解决民宿融资难、融资贵问题，驻地银行纷纷推出“修武民宿专属金融大礼包”。仅中旅银行一家，2019年即向一个民宿发展重点乡镇授信1.5亿元，将贷款限额由300万元上调到500万元、贷款期限由3年上调到5年、信贷利率同等条件下享受最低标准。在政府与金融机构的努力下，修武形成了民宿发展的资本“洼地”。

四是户企双赢兴民宿。政府每年安排不少于2场的专题招商活动，推动企业出资、创客出智、农民入股的合作方式，探索“公司＋农户”“创客＋农户”等发展模式，带动民宿发展。例如，河南旅居集团投资500余万元，与岸上村困难群众常盛富合作建设“汀澜云”民宿。企业为农户提供10年工作岗位和管理培训，10年后产权归农户所有，公司和农户借助民宿纽带实现了双赢。

五是引导升级旺民宿。政府通过公益设计、技术服务、营销讲座等多种形式，提高群众对民宿的认知，大家发展民宿的意愿不断增强，由“要我做”向“我要做”改变。例如，岸上村17家家庭宾馆，在政府的策划设计支持下，主动加入民宿改造升级行列，筹集5000余万元实施统规统建，实现从低端同质化向特色化、品质化的跨越提升。

六是人才支撑助民宿。政府发挥资源统筹优势，建立院校、行业、专家三方面人才体系，为民宿发展提供智力支持。在院校建设上，建成旅游技能培训职业高中和可开展订单式学历教育的云台山文化旅游学院。在行业资源上，与国内多个主流行业平台建立合作关系，委托培训民宿主120余人次。在专家支持上，与数十位行业领军人物建立沟通渠道，为民宿产业发展提供技术指导和智力服务。

资料来源：修武县文化广电和旅游局提供。

第八章
优化旅游公共服务，引领社会公共服务

旅游公共服务是旅游业发展不可或缺的基本要素，也是发展全域旅游的核心内容和基本保障。从当前中国社会公共服务所处特殊阶段来看，我国经济社会仍处于初级阶段，社会公共服务建设相对滞后，通过旅游公共服务适当超前发展，能够引领社会公共服务发展。发展全域旅游，一方面，适应游客旅游需求，促进区域旅游业发展；另一方面，通过旅游公共服务建设适当超前发展，引领社会公共服务发展，优化全域旅游发展环境，带动地区经济社会发展。

一、完善公共服务是全面深化改革的重要目标

党的十八届三中全会强调，推进全面深化改革，必须切实转变政府职能，深化行政体制改革，创新行政管理方式，增强政府公信力和执行力，建设法治政府和服务型政府。政府要加强发展战略、规划、政策、标准等制定和实施，加强市场活动监管，加强各类公共服务提供。加强中央政府宏观调控职责和能力，加强地方政府公共服务、市场监管、社会管理、环境保护等职责。推广政府购买服务，凡属事务性管理服务，原则上都要引入竞争机制，通过合同、委托等方式向社会购买。实现发展成果更多、更公平地惠及全体人民，必须加快社会事业改革，解决好人民最关心、最直接、最现实的利益问题，努力为社会提供多样化服务，更好满足人民需求。

党的十九大报告提出，社会的主要矛盾已转化为“人民日益增长的美好生活需要和不平衡不充分的发展之间的矛盾”。旅游具有极强的幸福功能，通过旅游可以提升人感知美、发现美的能力，满足人们的物质与精神需求；旅游可以促进城乡之间的融合发展，促进不同区域之间的互动交流，有效地解决发展不平衡不充分的问题；旅游可以在满足人民美好生活的新需要、提高人民生活质量、增强人民获得感和幸福感方面发挥重要作用；旅游业可以成为人民美好生活的助推器。如何以旅游更好地满足人民日益增长的美好生活需要，解决人民日益增长的旅游需要与不平衡不充分的旅游发展之间的矛盾，成为我国旅游业改革发展的首要目标。

为此，如何更好地扩大旅游产品有效供给、加大旅游公共服务及交通等基础设施推动旅游产品结构更加合理化，加快国民休假制度和旅游管理体制改革，解决人民日益增长的旅游美好生活需要和不平衡不充分的旅游发展之间的矛盾，充分发挥旅游业在促进社会发展和改善人民生活水平方面的重要作用是发展全域旅游的重要内容。

二、以旅游公共服务引领社会公共服务发展

旅游公共服务是旅游业发展不可或缺的基本要素，也是发展全域旅游的核心内容和基本保障。区域旅游发展质量越来越取决于整个区域综合环境，体现在旅游公共服务环节上。特别是相对社会公共服务建设水平，中国旅游公共服务一般会适当超前发展，并引领社会公共服务发展。中国旅游从入境旅游起步，引进了一系列为国外游客服务的项目和设施。之后，这些旅游服务项目和设施也逐渐被推向社会，使社会公共服务水平日渐提高，对国民生活习惯和文明程度也起到积极的带动作用。从当前中国社会公共服务所处特殊阶段看，我国经济社会仍处于初级阶段，社会公共服务建设相对滞后，通过旅游公共服务适当超前发展，能够引领社会公共服务发展。

发展全域旅游，一方面，适应游客旅游需求，促进区域旅游业发展。另一方面，通过旅游公共服务建设适当超前发展，引领社会公共服务发展，优化全域旅游发展环境，带动地区经济社会发展。

（一）旅游公共服务

我国地域辽阔、历史悠久、民族众多，地理、历史、文化、民族旅游资源丰富，

这为国内旅游发展创造了极好条件，我国也因此是世界上几乎唯一一个旅游业可以成为国民经济战略性支柱产业的国家，国内旅游本应有更大市场需求，然而受基础设施和服务等外部条件限制，我国大众旅游市场巨大能量没有全面释放。据国家旅游局组织的国民休闲调查数据，2014 年我国 92.4% 的居民都希望外出旅游，但实际仅 63.2% 的人进行了旅游，1/3 居民旅游需求还未得到满足，旅游休闲潜力仍未充分释放，[①] 而其中很重要一个因素在于我国旅游公共服务不足，出行不便是游客在旅游活动中最大感受，成为国内旅游难以进一步扩大的重要原因，便利出行的最根本服务就是旅游公共服务。

旅游公共服务是旅游过程不可或缺的基本要素，是旅游活动的基础和保障。一个完整的旅游活动是由旅游公共服务和旅游产品两部分构成。对游客来说，要完成旅游体验，除了各式各样旅游吸引物，更重要的是依赖各类旅游公共服务为游客出行提供便利。现时我国有着丰富的旅游资源，开发了多样新奇的旅游产品，但旅游公共服务是旅游发展中最薄弱环节和短板，旅游公共服务的欠缺制约了国民旅游活动的开展和体验的实现，制约了国民旅游需求潜力的释放，也进一步影响到我国旅游产业的发展和壮大。

特别是随着旅游市场结构持续变革，日渐进入以散客为主体的大众旅游时代，散客所占比例已经高达 80%~90%，越来越多的游客选择自助、体验式的出游方式，游客旅行前、中、后过程都需要服务，涉及更多综合性的公共服务要素，对交通、信息、标识等公共服务要素需求日益提升。因此，现时面对超大规模数量级散客旅游市场，这个市场不同于过往团队旅游市场，带来的是更多海量的流动、海量的需求、海量的服务，也呼唤更多更好的旅游公共服务支撑，这是旅游发展机遇，也对旅游发展提出了更大要求和挑战，对旅游公共服务无论是数量还是质量上都有了更高的需求。

现阶段我国社会公共服务建设相对落后，旅游业快速发展，旅游公共服务供给不足与游客日益增长的公共服务需求之间矛盾日益明显。旅游公共服务体系不完善，难以满足游客的旅游需求，成为游客反映最多的问题，出行难成为游客在旅游活动中最大感受，包括旅游出行的大交通、旅游目的地的小交通，乃至旅游目的地的住宿、餐

① 国家旅游局 . 中国国民旅游休闲发展报告［Z］. 2015.

饮、购物、景点等其他信息和服务的支撑不足也时常成为游客旅游投诉的领域，是导致游客满意度下降的主要因素。旅游公共服务不足已成为当前旅游业发展最突出的薄弱环节，也是制约我国旅游业进一步发展的瓶颈因素。而如果没有完善、高效、便捷的旅游公共服务，很难有游客的高满意度，也难以有旅游市场的极大扩张和产业的繁荣，旅游业也难以成为“国家战略性支柱产业和人民群众满意的现代服务业”。如何提升旅游公共服务水平成为推动旅游业发展的关键所在。

从概念上看，旅游公共服务是政府和其他社会组织、经济组织为满足游客公共需求，而提供的基础性、公益性的旅游产品与服务。从其性质上看，可从以下几个方面来认识。

一是旅游公共服务是社会公共服务的有机组成部分。社会公共服务是旅游发展的基础，旅游公共服务以社会公共服务为依托。游客所需的基础性服务与社会公共服务相重合，如交通、通信、水电、金融等基础设施。旅游发展需要统筹社会公共服务资源，社会公共服务建设亦需要将旅游公共服务纳入其中，统筹考虑旅游的功能。

二是旅游公共服务是旅游服务的组成部分，但区别于市场化的旅游服务。旅游公共服务是满足游客基础性需求的旅游服务，而基于游客特殊需求的旅游服务，则更多是由市场主体提供的市场化旅游服务。

三是旅游公共服务是针对移动中的旅游者或者游客的服务内容，是为那些流动群体而非固定居民服务的，这排除了为旅游企业等其他主体提供的服务和旅游行政服务体系等类别，旅游公共服务是面向游客的服务，是针对旅游活动所引致需求而提供的服务。

四是旅游公共服务是公益性服务，是为大众游客提供的服务而不是为少数人群提供的个性服务，其关注的是游客共同需求。旅游公共服务涉及内容也具有极强共享性特征，具有大众性、开放性、非排他性特征，其禁止任何人为歧视条例，只要是游客便可以均等享受。

五是旅游公共服务是基础性服务，是面向游客基本需求而设立的，其服务标准和服务水平也是最低标准而并非高端服务和个性化服务。个性化旅游需求和高端服务属私人服务范畴，旅游公共服务仅提供基本最低标准旅游服务，以保障游客旅游活动顺利进行。

六是旅游公共服务是一种低价位或免费服务。旅游公共服务面向大众游客，是具有非排他性的公共产品，这使得政府成为这一服务主要承担者，也要求其实行一种低价位甚至是免费准入机制，以使普通游客能无障碍地获得服务，而不需要面对过高的收费门槛。

七是旅游公共服务是一种动态变化的服务。游客旅游需求也处于持续演进中，这使得旅游公共服务也处于动态变化发展中，其所涉及服务内容、服务水平、服务标准都具有阶段性特征，随社会经济、旅游业和游客需求变化而不同，且在不同区域层面也呈现一定差异性。

（二）旅游公共服务的内容

旅游活动是一复杂过程，涉及食、住、行、游、购、娱等多个要素，既有旅行前、旅行中，也有旅行后的各个阶段的服务需求，旅游过程都有旅游公共服务的需求，呈现出全程化的特点。由此，旅游公共服务涉及的内容也极为广泛，既有一些是看得见的物质产品的基础设施等产品，也有一些是看不见的非物质性的旅游服务，总体上包括旅游公共信息服务、旅游安全保障服务、旅游交通便捷服务、旅游惠民便民服务等类型。具体内容上则涉及旅游公共信息服务、旅游公共交通服务、旅游集散体系、旅游服务中心、旅游厕所、停车场、旅游监控综合平台、旅游安全救援、自驾营地、旅游卡、旅游志愿者服务、旅游公益惠民等多项服务内容。

（三）旅游公共服务与全域旅游

旅游公共服务是社会经济和旅游业发展到一定阶段的必然要求。从国外经验看，发达国家社会公共服务水平较高，游客需求更多纳入社会公共服务，但中国仍处在转型阶段，游客需求超前社会公共服务水平，更多需要专门旅游公共服务来满足，旅游公共服务就显得尤为重要。根据国家旅游局组织的国民休闲调查数据，游客不满意更多来源旅游公共服务：旅游交通服务满意率未达 40%，旅游信息服务满意率未达 50%，旅游安全保障服务满意率未超过 60%，旅游热线、停车场 / 码头 / 自驾营地、自驾车租赁、优惠政策、保险产品及其服务的满意率更是未达 20%，[①] 旅游公共服务成为制约旅游发展的核心问题。在旅游产业国家战略性支柱产业和人民群众更加满意的现代服务业的定位下，旅游公共服务的重要性日益凸显。当前，旅游公共服务成为社会经济和旅游业转型发展的必然要求，是地区旅游业发展水平重要标志之一，不同旅游目的地之间的竞争，不再是传统的旅游资源、旅游景点的比拼，更在于旅游公共服务水平的竞争，对旅游公共服务认识也日益超越旅游本身范畴，从基本人权、公共利益和国家战略维度看，旅游公共服务有着特殊位置和意义。

第一，旅游公共服务是保障国民旅游基本权利能否实现之所在。诚如 1980 年世界旅游组织大会通过的《马尼拉宣言》中指出的“旅游活动是现代人类社会的基本需要之一。旅游与工作权一样，休闲，特别是旅游度假也是现代社会中人人享有的权利”。现时旅游成为人们生活方式之一，成为普通大众可享有的权利。如何保障人们这一权利是社会对游客需求的满足，也是对基本人权的关怀和尊重，这又更多依赖所在地区旅游公共服务。从这个角度看，旅游公共服务也是在保障国民基本旅游权利，是民生所在。

第二，旅游公共服务也是大众公共利益所在。不仅如此，旅游日益超越社会阶层障碍，全民都在旅游，旅游成了社会大众基本利益。为游客服务的旅游公共服务则关涉到了每个个体的切身利益。由此，旅游公共服务为游客提供基本服务，满足游客基本需求，其所保障的也是社会大众公共利益，保障的也是其整体利益、共同利益和广泛利益。

第三，完善旅游公共服务是中国旅游超速发展的必然要求。随着国民旅游需求的爆炸性释放，旅游市场也迎来爆发式的超速发展阶段，一个庞大游客群体日渐形成。2014 年国内旅游人数达 36.1 亿人次，[②] 对一些城市来说，每年接待游客数量超过本地居民数量，甚至是城市居民人数的几倍，这么一个不断流动的海量的游客群体已成为日渐重要的社会群体，游客需求成为旅游业发展和城市管理中日渐紧迫的问题。如此巨量的游客流动必然要求有更好的旅游公共服务来满足其需求，政府也理应为巨量游客群体提供服务。

---

① 国家旅游局 . 中国国民旅游休闲发展报告［Z］. 2015.

② 数据来源：国家统计局 . 2014 年我国国民经济和社会发展统计公报［Z］.

第四，完善旅游公共服务能够引领社会公共服务全面提升。从历史发展看，相对社会公共服务建设水平，中国旅游公共服务一般会适当超前发展，并引领社会公共服务发展。中国旅游从入境旅游起步，引进了一系列为国外游客服务的项目和设施。之后，这些旅游服务项目和设施也逐渐被推向社会，使社会公共服务水平也日渐提高，对国民生活习惯和文明程度也起到很好的带动作用。从当前中国社会公共服务所处特殊阶段看，我国经济社会仍处初级阶段，社会公共服务建设相对滞后，通过旅游公共服务适当超前发展，能够引领社会公共服务发展。

第五，完善旅游公共服务是社会稳定的重要方面。旅游业超速发展和游客群体爆发式增长，使一个庞大游客群体在全国范围内移动，特别是黄金周，短时间超常态游客集聚，暴露了旅游公共服务不足，甚至有移向“失控”状态危险，极易导致社会不稳定。如何管理好游客群体是关系社会稳定的关键因素。现实旅游突发事件告诫我们，如果缺乏有效旅游公共服务，没有做好为大规模游客群体的服务，旅游信息不通畅、服务能力不足、管理方面缺失都可能引发重大群体事件，造成重大公共安全问题。近年来，旅游公共服务缺失致使许多景区发生游客大规模滞留和踩踏等安全事故，影响社会稳定和公共安全。如果旅游公共服务没有得到很好重视，类似安全问题仍会时常发生。从社会稳定角度看，应认真地对待游客服务和管理，完善旅游公共服务体系，引导大规模游客群体移动和集聚，使社会旅游处于稳定可控状态。

第六，完善旅游公共服务也是旅游业发展转型的必然要求。旅游业转型升级，依赖完善的旅游公共服务体系，以此适应市场结构的变化，支撑新业态发展。便捷、安全、高效的旅游环境是带动旅游的发展、提升运行效率的关键。旅游市场结构向散客为主转型也越来越依赖旅游公共服务体系支撑。旅游业出现的新业态也都带来了新的旅游公共服务问题。

三、全域旅游公共服务体系建设的重点

（一）全域旅游公共服务建设的新视角

现阶段我国社会公共服务相对落后，旅游公共服务起步较晚，与日益增长的旅游需求相比相对滞后，旅游公共服务供给不足，仍处于初级发展阶段，存有一些瓶颈和

症结问题，这些是提升旅游公共服务亟须破解的问题。

1. 建设视角

旅游公共服务建设需要站在游客角度，考虑游客需求、游客行为方式，坚持以游客为本，否则许多旅游公共服务项目是好心办坏事。另外，旅游公共服务建设中需要摆正游客的位置，坚持主客共享的原则，旅游公共服务供给量的参照依据应从本地居民向游客转变，以实现主客共享服务城市游客。

2. 服务供给

相对游客日益增长的服务需求，旅游公共服务供给不足，难以满足游客的旅游需求。根据国家旅游局组织的国民休闲调查数据，旅游交通服务满意率未达40%，旅游信息服务满意率未达50%，旅游热线、停车场 / 码头 / 自驾营地、自驾车租赁、优惠政策、保险产品及其服务的满意率更是未达20%，[①] 游客不满意更多来源于旅游公共服务。除了总量上滞后于游客需求之外，服务供给结构上呈现均等化不足问题。

首先，服务供给的人群差异大。不同人群获得的旅游公共服务呈现出较大差异。一是性别方面，如旅游厕所设置方面，很多城市女性厕所严重不足，难以满足游客需求；二是无障碍设施仍然不足且许多无障碍设施没有达到无障碍标准，对特殊人群来说，要想获得旅游公共服务仍存在较大障碍。

其次，地区差异大。不同地区经济社会发展水平、不同城市类型，其旅游公共服务发展水平差异明显，东部、中部、西部区域之间旅游发展水平差异带来旅游公共服务体系差异较大，不同城市类型旅游公共服务差异也较大。旅游越发达城市，政府越重视旅游公共服务，政府内部其他部门也都能更好地配合旅游公共服务建设工作。

再次，存在一定的技能门槛、信息门槛，阻碍为旅游者提供最广泛服务，使得部分游客难以有效、及时、全面地使用旅游公共服务。例如，现代信息技术发展，很多地区推出了智慧旅游产品和包括各地开发的App软件及景区导览系统，对部分群体如那些不会上网或是对新技术不太熟练或是对新技术有特别态度的游客群体来说，他们获取这些旅游服务的能力就很有限了，甚至都无法接触到那些信息服务，为其他群体设置了无形门槛和壁垒。

---

① 国家旅游局. 中国国民旅游休闲发展报告［Z］. 2015.

最后，质量参差不齐，运营不理想。各地投入了大量人力、物力来建设旅游公共服务项目，包括各类旅游咨询中心、集散中心、旅游触摸屏等，但服务质量和服务效果并不理想，游客既没有得到高质量服务，旅游公共服务运营主体也没有获得预期收益，许多旅游公共服务项目甚至出现了经营困难，存在重投资和建设、轻管理与运营的问题，大多仅考虑初始建设问题，没有考虑后期持续运营、管理和使用问题。

3. 体制机制

旅游公共服务建设的主要症结，还在于旅游公共服务建设及运营管理的机制问题。

第一，地方政府积极性不高。部分地方政府在经济效益至上的理念下，将旅游公共服务当作一种不能产生效益的项目，将旅游投入重点更多放在旅游产业项目中，强调大型旅游项目投资而不是旅游公共服务体系建设，引进项目投资快于旅游公共服务体系的建设，进而导致旅游公共服务没有纳入政府财政预算大盘子中，旅游公共服务投入不足。

第二，旅游局相对弱势地位与旅游公共服务广泛性的矛盾。旅游局在政府中处于相对弱势地位，而旅游公共服务涉及很广泛的内容，这一矛盾使旅游局在推动旅游公共服务建设中无法发力。公众对旅游局职能认识和期望较大，与游客相关内容都推向旅游局，但很多事情旅游局并没有相应职权，更多时候也仅是起协调作用，通过在不同部门之间协调来促成项目建设或是回应游客需求。

第三，旅游公共服务缺乏专门建设载体和综合协调机制。目前各级旅游局在推动旅游公共服务项目中缺乏常规协调机制。旅游公共服务项目没有进入政府财政预算大盘子，大多是作为其他项目配套，借助于这些外部机制，一些旅游公共服务才得以推进。不仅如此，旅游公共服务职能的分散性，加上旅游公共服务内容的广泛性，使得旅游公共服务建设中，既需在旅游局内部建立各种协调机制，也需加强旅游局与其他部门间综合协调，现实旅游公共服务只能依赖非正式协调渠道。

第四，不同政府部门间对公共服务相关资源缺乏整合机制。游客需求的是一个全程性、随机性的旅游公共服务，所需信息资源也是多元多样，而公共服务资源是散落的，涉及许多部门。但囿于传统思维和自身利益束缚，政府部门之间缺乏开放共享心态，使得旅游局在推进旅游公共服务建设过程中，在需要借用其他社会资源时，经常面临着各种困难，旅游公共服务并没有得到其他社会单位的认识和理解，这些无形之中增加了旅游公共服务建设的难度和管理成本。

第五，缺乏绩效评估机制。各级政府投入了大量资金用于旅游公共服务项目，但缺乏独立第三方绩效评估机制，即使一些地方设立了绩效评估项目，也没有纳入政府考核体系，无法判断旅游公共服务项目投资绩效和运营效果，无法给予一个评估和反馈机制，缺乏对旅游公共服务项目持续改进压力和效率提升激励机制。

第六，缺乏人员保障机制。旅游公共服务水平高低重要因素在于一线旅游公共服务人员。以旅游咨询服务为例，各地都有数量不小的咨询服务人员，但这些人员并没有类似导游职业资格证书，职称无法得到解决，影响到其相关待遇问题及职业认同感。而且，旅游咨询人员往往属无编制人员，工资待遇、社会保障较差，难以吸收到优秀人才。这些影响到旅游公共服务质量和运营，而解决这些问题依赖一个健全的人员保障机制。

4. 宏观环境

旅游公共服务建设滞后，也源于社会经济发展的宏观环境问题，缺少能支撑旅游公共服务发展的良好环境。

首先，社会经济大环境影响到旅游公共服务体系的布局和建设。旅游发展越来越与社会经济宏观发展联系在一起，旅游公共服务建设有赖社会经济发展给予的资源和支持，旅游公共服务也必然要嵌入整个社会发展之中。一些经济社会发展良好地区的旅游公共服务建设也相对超前，而欠发达的地区旅游公共服务建设也受到了掣肘。

其次，缺乏充分发展旅游公共服务体系的必要财力、土地等方面的保障。

财政投入方面，旅游公共服务项目并没有作为一个单独的项目或者体系纳入政府的城市建设和规划中来，没有进入政府的整个财政预算的大盘子中，对旅游公共服务投入也不足。

土地制度方面，旅游公共服务建设所需用地属建设用地范畴，但在《城市用地分类与规划建设用地标准》的建设用地分类中没有与之完全相对应的类型，而是与商业服务业设施用地、文化设施用地、道路与交通设施用地、绿地与广场用地等均相关，由于未能明确旅游用地的归属和分类，城市规划和土地规划往往会忽略对旅游公共服务建设需求的考虑，城市规划里对土地指标的限制已成为旅游公共服务发展掣肘。

城市建设规划中，社会公共服务建设中没有考虑旅游需求，更多考虑本地居民需求。城市公共服务项目指标也都针对静态本地居民，而不是针对动态流动的游客群体。不仅如此，城市规划建设也没有考虑游客人数增长，许多指标并没有给予旅游城市相应弹性指标，使城市公共服务供给与实际需求产生较大偏差，导致城市公共服务设施需要承受额外重负。

5. 协调好旅游业特殊性带来的问题

旅游业本身的特殊性也给旅游公共服务的建设带来许多困难和问题。

首先，旅游公共服务和社会公共服务大体系紧密相关，本地社会公共服务供给不足影响到旅游公共服务体系的衔接和作用发挥。旅游公共服务与城市交通、卫生环境等社会公共服务紧密相关，依赖公共服务的支撑。特别是旅游与休闲日益融合，为本地居民服务和为游客服务的内容交叉明显。以往城市的老胡同、酒吧街、大戏楼、商业圈、小食街、文化区是本地居民日常生活消费场所，也都成了游客追捧的热点，游客对城市整体环境、商业接待设施、公共服务设施都越来越敏感。由此，一方面城市公共服务供给不足影响到旅游公共服务体系的衔接和作用发挥；另一方面，很多服务设施是游客和本地居民共同使用，使得难以确定哪些是为游客服务项目，这对旅游公共服务建设也带来一定的困难。

其次，旅游公共服务投入大、牵涉广泛，条块衔接、政府和社会衔接、地区间衔接均较复杂。旅游活动的广泛性，使旅游公共服务的内容涉及广泛，进而旅游公共服务投入极大，牵涉面极广，增加了旅游公共服务建设难度，这需要协调城市各部门之间的资源整合。而且政府很多时候并没有一线信息资源，这些资源可能在市场企业或是其他社会组织之中，其需要不断地整合这些一线的信息资源，这又涉及政府与市场组织和社会组织之间的协调问题。所有这些使得旅游公共服务建设要做好政府部门之间条块衔接，政府与市场衔接、政府与社会衔接，乃至地区间衔接问题，这些也成了旅游公共服务建设中的一个重要症结所在。

最后，季节性问题导致对旅游公共服务体系需求的周期性变化。旅游活动具有明显的淡旺季之分，而且黄金周期间，游客量呈现短暂高峰爆发式增长，这也导致对旅游公共服务体系需求的周期性变化。在旅游旺季，特别是黄金周时期，游客数量急剧增加，旅游公共服务设施往往供给不足，难以满足游客需求。而旅游淡季，游客数量骤减，旅游供给出现明显过剩。这对于旅游公共服务体系配置数量提出了极大的挑战。

6. 适应游客市场需求变化

现时，旅游市场持续变革，旅游产业日渐演进，游客需求呈现出新的特征，这些新变化和新趋势都给旅游公共服务体系的发展提出了相应的挑战和要求。

首先，散客化、休闲化提高了对旅游公共服务要求。旅游散客化、休闲化、个性化的趋势更加显著，游客也更加注重旅游活动的自主性、灵活性和多样性，对旅游公共服务需求更加强烈。相比于团队游客，自助散客更加需要一个健全的旅游公共服务体系，为其整个旅游过程提供更便捷的服务。面对海量级散客，无论是基础设施，还是信息服务都需要建立相应的适合散客需求的服务体系。

其次，相对落后地区、传统弱势群体旅游需求的增强对旅游公共服务提出了新要求。国民收入的增长，旅游越来越超越了群体和地区障碍，一些后发地区的居民和传统弱势群体旅游需求也不断增强，旅游日益大众化、平民化。游客市场的扩大，特别是那些弱势群体日益参与到旅游活动中来，要求旅游公共服务的体系建设需要去适应这些群体的需求，既需要在数量上增加旅游公共服务的供给，也需要在结构上和相应的内容上做出调整。

最后，公民对公共服务要求水涨船高，科技需求、文化需求、环保需求等要求有更深入的旅游公共服务。国民生活水平的提高，教育水平的增加，自身视野的不断扩展，使国民对旅游公共服务要求不断向上扩展和延伸，生活中很多需求也日益被融入旅游中，游客的科技需求、文化需求、环保需求等都要求社会能够提供与之相适应的更深入的旅游公共服务，要求不断扩展旅游公共服务的内容，而不仅仅是停留在传统的旅游公共服务内容之中。

（二）全域旅游公共服务体系建设的重点

按照“需求导向、补齐短板、创新共享、智慧支撑、结构优化、全域全程、软硬并举”建设主线，加速推进创建单位的旅游公共服务体系建设，全面构建与大众旅游和自驾车旅游相匹配的结构完善、高效普惠、集约共享、便利可及、全域覆盖、标准规范的旅游公共服务体系，推动旅游公共服务信息化、品质化、均等化、全域化、现代化、国际化发展，实现全域旅游创建单位旅游公共服务总量供给扩大，供给结构不断优化，运营绩效完善提升，均等发展实现突破，空间布局科学合理，体制机制健全完善。

第一，构建“快进”“慢游”综合旅游交通网络。关键有两个着力点：（1）外部进入交通要“快”。重点完善综合交通体系，提高航班、高速公路、轮船等外部进入创建区域的交通系统和枢纽的客运能力和服务功能。鼓励创建单位新建和扩建支线机场，加强覆盖国家5A级旅游景区通用机场建设，鼓励推进高铁停靠站点建设以及过境高速公路出入口建设，形成进入创建区“快速”交通通道。（2）内部旅游交通要成“网”，实现“慢游”。强调区域旅游交通实现“闭环”。重点提高通景旅游公路和乡村旅游道路的建设等级，强化自驾车、旅居车营地公共服务功能，推进干线公路与景区公路连接线以及相邻区域景区之间公路建设，解决旅游交通“最后一公里”的问题，形成全域化的旅游交通网络，实现旅游交通从“旅行”到“旅居”新模式转变。

第二，完善城市和乡村旅游交通配套设施。重点关注几个配套：（1）旅游集散咨询服务体系。在建好景区游客中心基础上，结合旅游交通枢纽建设以及旅游活动规律，合理布局建立全域旅游集散中心，设立多层级旅游集散网络，因地制宜在商业街区、交通枢纽、景点景区等游客集聚区设立旅游咨询服务中心（点），有效提供景区、线路、交通、气象、安全、医疗急救等必要信息和咨询服务。（2）旅游引导标识系统。在全域建立使用规范、布局合理、指向清晰、内容完整的旅游引导标识体系。重点包括两个方面：一个是以创建单位全区域旅游需求为导向的旅游目的地标识系统；另一个是旅游景区、城市主要旅游集散地、乡村旅游地以及旅游通道等重要旅游节点的旅游标识系统。（3）生态停车场。建设与游客承载量相适应，分布合理、配套完善、管理科学的生态停车场。（4）旅游风景道。鼓励国省干线公路和通景区公路沿线增设旅游服务区、驿站、观景台、自驾车营地等设施，构建以通景公路和省道为基础的旅游风景道体系。（5）境内高速公路服务区。鼓励和推动高速公路服务区向交通、生态、旅游等复合型服务区转型升级。

第三，积极推动“厕所革命”覆盖城乡。主要包括：（1）全域覆盖，突出重点。因为旅游厕所要求比一般厕所高，所以旅游厕所全域覆盖主要指旅游景区、旅游度假区、旅游线路、商业步行街区、乡村旅游点、旅游集散中心等游客集中区域的厕所，5A级旅游景区厕所设置第三卫生间。（2）改造在“乡”，开放在“城”。旅游厕所在乡村建设相对落后，重点推进乡村旅游、农家乐厕所整体改造，同时鼓励推进城市旅游厕所要免费开放，按照旅游标准进行提升。(3) 规范引领，实用为主。加强政策引导、标准规范、技术创新、典型示范，持续推进厕所革命，实现数量充足、干净卫生、实用免费、管理有效的目标，但是反对旅游厕所建设奢华之风。(4) 加强宣传，文明如厕。倡导文明的厕所文化，引导游客爱护设施，营造健康文明的厕所文化；引导游客文明如厕，形成积极、健康、向上的旅游厕所文化，促进社会文明进步。

第四，积极推进旅游服务的智慧化和信息化。鼓励创建单位建立旅游服务线上"总入口"和旅游大数据中心，形成集交通、气象、治安、客流信息等为一体的综合信息服务平台，实现与上级单位有效对接。重要涉旅场所实现免费 Wi-Fi、通信信号、视频监控全覆盖，主要旅游消费场所实现在线预订、网上支付，主要旅游区实现智能导游、电子讲解、实时信息推送。开发建设游客行前、行中和行后各类咨询、导览、导游、导航和分享评价等智能化旅游服务系统，全面推进旅游公共服务的智慧化和信息化能力和水平。

▶ 案例 8-1

贵州省赤水市旅游厕所创新机制

近年来，赤水市以"全域旅游、全景赤水"为发展理念，推进厕所革命建设。2015 年前，赤水市共有厕所 40 余座，且大多规模小、脏乱差，不能满足游客需求，严重影响了赤水旅游形象。2015 年国家旅游局提出了"厕所革命"，赤水市委、市政府通过采取垫资代建、PPP 等融资模式和厕所用地体制机制创新，截至 2018 年年底，全市累计投入资金 4860 万元，新改建旅游厕所 105 座，其中 A 级以上厕所 56 座，能满足 2 万人需求。2016 年 10 月，在国家旅游局开展的十一假日旅游"红黑榜"评选活动中，"赤水景区"荣获红榜"厕所革命最佳景区"殊荣；同年 11 月，在中国城市环境卫生协会举办的 2016 年"光大杯"系列"最美公厕"评选中，赤水市竹乡路公厕获"最美公厕"综合奖，桫博馆公厕获"最美公厕"管理奖，双龙桥公厕获"最美公厕"文化奖。厕所革命的配套创新，解决了游客和群众如厕难问题，提升了赤水旅游形象，助推全域旅游产业发展。

赤水市严格按照《城市环境卫生设施规划规范》要求，现有公厕主要分布在城市建成区和旅游风景区，其中，城市建成区公厕主要建设在医院、学校、休闲街区、主干道沿线等人流密集场所，按照每平方公里不低于3座的公厕设置密度，现目前全市改扩建旅游厕所105座，每小时可满足2万人（次）需求。旅游风景区公厕根据游客最佳承载量，按照“每500人设置1个蹲位和1公里间距设置1座公厕”的标准布局，主要分布在各重点旅游风景区、旅游线路沿线、交通集散点、乡村旅游点等重点区域，能基本满足游客需求。

为破解厕所建设用地指标难题，采取“征用商铺、旧房置换、盘活存量”等举措保障厕所建设用地指标，创新厕所用地方式。

一是补足短板。赤水市城区旅游公厕按照城市主要干道、交通集散点、休闲街区等人流密集场所进行规划布局，用地指标主要利用原废弃的存量国有建设用地，拆除破旧房屋、征用商铺等不同厕所建设用地指标。如赤水市原香樟林公园，面积仅70平方米，为满足城市旅游公厕需求，将紧邻的垃圾压缩站拆除部分，将厕所面积扩大至120平方米。原三中厕所位于城市主干道，而且厕所面积较小，为提升等级改建厕所，将厕所邻近60平方米的商铺进行征用，以满足厕所革命的建设需求。赤水丹霞旅游区创建国家5A级旅游景区中，大瀑布二级游客中心厕所建设，将原有近160平方米商铺拆除，补足景区2A级旅游公厕建设需求。

二是盘活存量。在沿线乡镇、景区厕所建设规划中，厕所建设选址以人员集中点为依据，将厕所建设纳入集镇规划，确保厕所建设用地指标。首先是利用已经报批而未使用的存量用地进行调整。其次是提前将拟使用土地纳入用地报批，确保厕所用地得到保障。如丙安吉镇新桥柑子湾厕所建设，将原有商业用地规划区进行调整建设旅游厕所。

三是优先支持。在旅游厕所建设规划中，始终坚持政府主导的工作机制，超前谋划，利用赤水市土地总规修编、城市总规修编等契机，对景区厕所用地采取集中打包申报，保障厕所建设用地。

资料来源：赤水市人民政府．国家全域旅游示范区验收打分和检查项目的说明材料［Z］. 2019.

▶ 案例 8-2

山东省青岛市崂山区旅游公共服务创新

1. 旅游厕所革命。崂山区积极推进 39 处环保厕所建设，创新完成 38 处标准化生态厕所，成为崂山旅游的亮丽风景，成为引领厕所革命行业标杆，成功载入 2015 年中国国际智慧城市发展蓝皮书，荣获 2016 年厕所日暨中国厕所革命宣传日十大典型景区称号、2016 年年度“十一”红榜全国厕所革命最佳景区、中环协六项奖项等。

一是在合作模式上求创新。引入 PPP 模式，与国内著名企业中国光大集团合作，高起点规划，高标准设计，高质量建设，共同打造崂山标准化厕所。通过引进社会资本和技术，参与旅游配套设施投资和运营，改变了过去完全由政府包办公益基础设施投资、建设、管理等传统做法，极大节约政府人力、物力投入，有效降低行政运行成本，提高公共服务质量。

二是在建设标准上求创新。结合全球公共卫生间卫生与设施标准和国内旅游厕所质量等级，充分借鉴新理念、新工艺、新材料、新技术、新设备，追求“外观生态自然，内部洁净舒适”的建设目标。改良的 MBR 生态处理系统实现污水零排放，一体化新风系统实现降耗节能，先进的光触媒板材实现除臭抑菌，红外线测量技术实现大数据集中控制，自由厕位实现需求智能转换，等等。外观设计及服务形成标准化规范，创新性打造生态化、无味化、智能化、标准化、效能化的“五化”厕所建设体系，创立全国旅游厕所的“崂山标准”。

三是在运行管理上求创新。在“互联网 +”背景下，厕所运行管理充分考虑科技化、人性化需求，引入互联网技术，采用二维码微信互动方式，为游客提供动态服务。VIP 私卫厕所通过微信支付，获得愉悦消费体验。设立运营管理控制中心，利用“互联网 + 中央控制技术”随时补齐如厕所需和服务，全自动远程控制一体化设备运行，保持精细化优质服务标准。

2. 实施“花海崂山”创建行动，扎实推进美丽乡村建设。崂山区以“花海崂山”行动作为城区绿地景观提升的主要任务，以城市主干道花带构建“花海”框架，成功打造了滨海景观带、景区旅游沿线、主干道路的“花海长廊”，将逐步形成“一路一特色、一街一主题、一线一色彩”的绿化景观网络，让崂山更显生态之美、活力之美。

同时结合美丽乡村建设，把“花海长廊”向城市外围拓展，向乡村道路延伸，向郊野山林过渡，以枯桃社区等“百年花乡”为依托，使崂山的花卉形成规模、形成产业，让“花海崂山”惠及更多城乡居民。

3. 实施崂山滨海岸线步行道全线贯通行动。按照国内领先、国际一流的标准，高水平做好规划设计和项目实施方案，先后开展了滨海景观提升工程（一期）、滨海景观带综合整治工程（石老人段），共整治提升8.3公里滨海景观带，包含滨海健身休闲木栈道、慢行绿道、骑行道、景观小品等，打造最美滨海岸线，让崂山更显山海之美、城乡之美。

4. 开展口袋公园建设，拓展城市绿色空间。2018年，按照市城管办建设要求，根据美丽崂山建设行动的总体目标，崂山区结合道路景观提升，推进街头公园建设，拓展城市绿色空间，并以“整理、增彩、增量、提亮”为基准，精心打造一批富有人文内涵，彰显品质崂山文化内涵的街头公园、“口袋”公园，真正实现崂山区“300米见绿，500米见园”的目标要求，进一步提升居民的幸福指数、文化自信。投资约1500万元，结合香港东路、宁夏路、松岭路、海尔路、海安路、海江路等道路景观提升，完成19处口袋公园建设。

5. 建设崂山全域旅游照明体系，打造“美丽夜崂山”。2010年以来，为积极促进崂山区旅游事业发展，支持创建崂山旅游品牌建设，崂山区政府连续投资4200万元在国内率先实施公路亮化工程，在旅游景区内、进出景区道路及乡间民宿周边沿线采用太阳能—风能清洁能源供电安装LED路灯约3000盏，近三年投资790万元安装太阳能路灯471盏，初步形成以旅游干线公路网为主、景点（民宿）点缀其间的崂山全域旅游照明体系，为打造“美丽夜崂山”做出了创新性贡献。

6. 实施生态保护建设“七大行动”，抓好环境保护的各项工作。强化环保突出问题解决，持续推进农村社区污水治理工作，着力抓好张村河流域雨污分流、截污和污水治理等工程的实施，提高河道的防洪排涝能力，完善区域的防洪排涝体系，进一步改善张村河水质；坚定不移地推进违法建设治理，全面推进“六个一律”专项整治，为崂山营造更加良好的发展环境，推动崂山生态文明建设再上新水平。

7. 建设大河东、汽车东站和北九水三个旅游集散中心，建立区街村三级旅游信息咨询中心和20余处旅游咨询服务点，安装各类旅游标识牌3600余块，建立以旅游数据中心为依托的综合智慧旅游系统。先后获得全国厕所革命“最佳景区”“十大典型景区”“管理模式创新奖”等荣誉称号，在全国范围内引领标准化生态厕所合作模式、建设标准和运行管理“三个创新”。在国内山岳型景区中首次实现地铁与景区交通零换乘无缝衔接。将沿海一线建设成为集休闲步道、骑行绿道、口袋公园于一体的滨海慢游步道，全区98条公交线路实现500米覆盖率98%以上。

8. 优化旅游环境。近3年，累计投入财政资金13.13亿元，开展路边、水边、山边等区域洁化、绿化、美化行动，实施崂山风景区巨峰循环线、九水游览路等旅游路线的综合治理和品质提升，改造太清广场布局、打造老子路植物长廊步行道、仰口游客木栈道，改善游客服务中心、停车场等基础设施等。推进前海一线景观提升工程，打造集运动健身、休闲游憩于一体，国际品质的滨海健身休闲木栈道。以3A级以上旅游景区标准扎实推进“美丽乡村”建设，发挥东麦窑社区样板示范作用，推进双石屋、青山、唐家庄等示范村建设。财政投资200余万元，提升采摘园、农家乐等乡村旅游园区环境、完善配套设施、提升服务品质。

资料来源：崂山区人民政府．国家全域旅游示范区验收打分和检查项目的说明材料［Z］. 2019.

第九章
创新旅游规划体系，提升旅游发展顶层设计水平

产业规划嵌入在特定的社会经济背景中，旅游作为一个关联性强的综合产业，其规划不仅是技术过程，更应与社会发展趋势紧密呼应。旅游规划是旅游产业发展的核心内容，涉及全域旅游发展的顶层设计。完善的旅游规划有助于增加旅游发展的科学性、计划性。在新的发展阶段，“旅游规划先行”已成为旅游发展的共识，全域旅游发展中“规划先行”是发展的基本共识和实践中的基本原则，旅游规划成为引领旅游业发展的前瞻性方案。全域旅游规划是全域旅游发展的先导内容。如何充分发挥规划对全域旅游发展的引领与统筹作用，为全域旅游科学健康可持续发展提供规制，确保全域旅游正确发展方向，降低全域旅游发展风险，这是全域旅游发展需要解决的首要问题。

全域旅游带动了旅游规划的转型升级。发展全域旅游，以全域旅游来促进、引领全面深化改革，核心也就落在了旅游规划能否体现国家全面深化改革的要求，旅游规划能否与经济社会发展战略、与全面深化改革发展相结合。面对社会经济发展新阶段和全面深化改革的新要求，全域旅游规划围绕全面深化改革的主要内容和要求，突出全域旅游规划特点，转变规划观念、创新规划模式、提高规划质量，使旅游规划更好地促进全域旅游发展，更好地体现全面深化改革的要求，更好地服务全面深化改革，引领全面深化改革。

一、当前旅游规划的新变化

规划是一个非常广泛的概念，是个人或组织制订的未来工作计划或行动方案。旅游规划则是指导区域旅游发展的一个行动方案和顶层设计。旅游覆盖面大，综合性强，涉及方方面面，旅游规划成为各地旅游发展的先导规划。

随着旅游业的发展，旅游规划的法律地位不断提升。2013 年 4 月 25 日中华人民共和国第十二届全国人民代表大会常务委员会第二次会议正式通过了《中华人民共和国旅游法》。《中华人民共和国旅游法》的第三章对旅游规划做出了明确的规定、要求，“国务院和省、自治区、直辖市人民政府以及旅游资源丰富的设区的市和县级人民政府，应当按照国民经济和社会发展规划的要求，组织编制旅游发展规划。对跨行政区域且适宜进行整体利用的旅游资源进行利用时，应当由上级人民政府组织编制或者由相关地方人民政府协商编制统一的旅游发展规划”。《旅游法》出台之后，大大提升了旅游规划的法律效力。

我国旅游规划走过了 20 多年历程，大量的规划实践卓有建树，但规划体例上的刻板原则，使无数规划“千人一面”。旅游规划程式化的内容多，面对个性化问题的能力低。面对集团利益和社会发展的尖锐矛盾，旅游规划常常用普遍的原则去架空对现实矛盾的应有回应。全域旅游理念下，对“什么是规划、谁来规划和如何规划”的问题提出了新思考。

旅游规划是引导区域旅游产业发展的纲领性文件，也是旅游产业宏观调控的重要手段之一。当前我国，科学的旅游规划体系仍未建立起来，旅游规划与城乡规划、土地规划脱节，缺乏针对性、系统性和操作性。旅游规划评估体系、评估标准和评估机制的缺失，制约了旅游规划应有的引导效力，也使旅游部门缺少推进旅游规划的抓手。

（一）从技术理性观到社会发展观

20 世纪六七十年代，规划被视为一个理性的技术过程。其代表是 20 世纪 70 年代的理性规划理论。理性规划理论强调用“科学的”和“客观的”方法去认识规划对象，规划师应像工程师一样，将各种特殊的要求和方案结合起来，成为一个综合的理性选择。随着时间的推移，人们开始质疑规划的“理性中立”并且认识到规划的社会政治等更多元的发展本质，认为规划目标并非由纯粹的社会理性或纯技术所决定，其背后有复杂的利益博弈过程。全域旅游涉及经济社会发展的方方面面。对全域旅游规划来说，旅游规划不仅是一个技术性方案和发展思路，更多是需要将全域旅游规划与经济社会发展结合起来，将全域旅游规划作为经济社会发展过程的属性，强调在旅游发展过程中对经济社会的整体考虑，强调对多种利益主体的平衡，强调对当地社区的参与和考虑，推动旅游规划从技术理性观向社会发展观转变。

而且，对旅游规划理论中理性规划的反思，规划师作为“技术精英”“中立者”和“理性人”的地位受到了挑战。规划师常常只是为其身后某种利益代言。精英主义规划削弱了其他利益相关者的话语权，影响了决策的公平和效率。人们认为要使旅游规划服务于社会和谐和可持续发展，需修正现行规划编制的制度框架。对规划师所担当的立场和角色，一派是“规划师作为协调者”的观点，认为旅游规划应协调好政府、利益集团、企业、居民间的冲突。另一派观点称为“规划师作为倡导者的理论”（Planners as Advocater），主张规划师应作为倡导者，代表政府、集团或社区个人的利益，参与到政治进程中去。同时，跨学科性、意见征集和向“当地知识”（Local Knowledge）学习越来越重要，引发对规划方法和程序的改进。在旅游规划中越来越强调公众的参与和实践，而这也正是全域旅游发展所需求的。

为此，旅游规划既要体现国家利益，也要反映公众利益；编制规划不仅是政府行为，也是社会行为；实施规划不仅要靠政府组织协调，更要靠社会共同努力。特别是在对规划的评价过程中，不能仅有专家评审意见，还应有旅游区社区居民、旅游投资者、旅游者等利益相关者的参与。大型旅游开发涉及人民群众利益，如有些需要搬迁原住民，有些可能引进外来投资者，并带来新的价值取向和新的生活方式等，这些规划须采取社会公示和听证制度。只有让社会各界参与规划、认知规划，才能协调利益、统一思想、达成共识，把规划目标转为社会各界的自觉行动。

（二）从经济增长到多元的旅游规划目标

国际社会对规划价值的认识集中在社会公正和可持续发展方面。后现代主义规划理论（Postmodern Planning）在 20 世纪 80 年代应运而生，它认为社会公正与市场效果同等重要，对公共利益的判定应诉诸多元和开放的“公共领域”。可持续发展旨在

“在全世界范围内实现经济发展目标和社会发展目标相结合”[1]，人们的关注已远远超出了单纯的经济增长目标。

长期以来，区域旅游规划过于重视经济指标体系。这是受我国社会经济发展规划过于重视经济指标的影响。另外，各地在考核旅游管理部门时，将一系列经济指标作为考核的唯一指标。区域旅游规划应坚持以人为本。旅游的核心是人，无论是旅游者还是旅游服务者，甚至是旅游区内的居民都是旅游规划的重要方面。人们的满意程度、生活质量、幸福指数才是旅游规划是否成功的关键。很多目标是不能量化的，更不能简单用经济指标来衡量。确定一些非经济指标在区域旅游规划中非常重要。此外，根据新发展观的要求，区域旅游规划同样必须注重环保、文物、水资源、生态环境等方面的保护，在区域旅游规划中适当增加约束性指标也是非常重要的。

（三）旅游规划不宜照搬城市规划或区域规划的模式

1999 年国家旅游局颁布《旅游发展规划管理暂行办法》，2000 年颁布《旅游规划设计单位资质认定暂时办法》，2003 年颁布《旅游规划通则》。这些管理办法对我国旅游规划的规范发展起到了一定的作用，但须指出的是这些规范脱胎于城市规划和区域规划，对旅游规划的特殊性却顾及有限。

旅游业的复杂性决定了旅游规划的复杂性。从规划的地位上看，旅游业作为支柱产业的地区，旅游规划是社会经济发展规划的重要部分；旅游业并不发达的地区，旅游规划仅是一个产业的规划。从规划的内容上看，旅游业发展所依赖的资源差异性极大，文物古迹、自然风光等都可成为旅游规划的核心资源，甚至一些地方需要人为地创造旅游资源。因此，旅游规划很难找到一个普遍适用的结构和体例。编制旅游规划，需要正视旅游行为的社会特征、旅游业的经济特征、旅游者行为的心理特征及旅游产品的非移动性、非储藏性特征。基于对这些特征的考虑，如果旅游规划只满足于照搬照抄城市规划模式，其生命力就值得质疑。依据新的发展观审视和反思规划通则是很有必要的。

① 联合国 1992 年 6 月在巴西里约热内卢“环境与发展大会”上通过的《21 世纪议程》。

（四）从静态规划转向动态规划体系

随着规划系统的演进，到 20 世纪 90 年代，关于规划的系统理论发展到复杂系统理论。复杂系统是指一个系统中包含大量的独立的组织（agents），组织之间相互作用，复杂地博弈。动态的规划过程是适应于系统及其环境不规律变动的特征而提出的。规划由四个部分构成：开发计划、监控系统、反馈和校正系统、重新规划过程。Douglas Pearce（1995）在《旅游新的变化：人、地、过程》中提出了“动态、多尺度、集成的旅游规划方法”[①]。总体规划（Master Plan）反映了这种思想方法——每隔一定周期（通常 5 年）重做一次规划。全域旅游发展规划也同样强调了旅游规划的动态管理。

规划亟须摆脱“纸上画画，墙上挂挂”的僵态，成为一种切实可行的战略管理行为。“十三五”期间，旅游规划应实现由静态向动态实施管理型规划转变。提倡渐进规划而非一次性规划，实施“滚动规划”，新旧规划之间既有承续性，又有发展性。应对旅游发展状况和规划实施情况进行跟踪，让规划担负起动态管理和优化的职能。根据产业发展中出现的新问题、新趋势、新要求，通过专题规划、专项规划等形式，对总体规划进行充实和完善，建立规划专家和旅游目的地长期合作的咨询机制。

（五）旅游规划要强调概念性规划

包括城市规划在内的诸多规划都被看成是国民经济计划的继续与具体化。这种认识，反映的是计划经济时代的现实。近年来，人们越来越强调城市或区域与整个时代和社会的关联度，强调城市规划个性和区域规划的个性。

旅游规划的核心挑战之一是旅游需求的特性。旅游活动和旅游业存在的基础，是地域的差异性，所以，我们不得不诉求于旅游目的地的个性，而目的地的个性，需要旅游规划来彰显、塑造乃至推广。而要完成这样的重任，旅游规划首先得理解这种个性，并用相应的形式去反映这种个性。着眼于对目的地个性的重视，对时代特色的注目，新规划理念将更偏重于前瞻性、方向性、灵活性、简要性的粗线条控制。即从战略上确定区域旅游发展方向，是区域旅游规划要解决的核心问题。

① Douglas Pearce，Tourist Development，2nd Edu，Longman，harlow，1989.

（六）旅游规划体例的多样性

现行“旅游规划通则”提供了《旅游资源分类、调查与评价》标准。但仅仅按这一程式化的标准对某个地区的旅游资源进行评价，思维就受到了局限。对“旅游资源”的理解是随着社会发展而不断变化的。很多新概念的旅游资源，对于当代人非常有吸引力，却不能在《旅游资源分类、调查与评价》中找到相应的位置。由于地区特性存在极大差异，各地旅游规划的核心问题完全不同。独特性是旅游规划最为重要的方面，旅游规划的普遍性仅是一个技术问题，甚至有些是没有必要的赘疣。按照规范的方式要求区域旅游规划，必然造成很多规划是符合规范的规划，却不是有灵魂的规划，甚至造成旅游规划实践中抄袭之风日长。

二、全域旅游规划的概念、特征和要求

全域旅游规划是全域旅游发展的先导内容。如何充分发挥规划对全域旅游发展的引领与统筹作用，为全域旅游科学健康可持续发展提供规制，确保全域旅游正确发展方向，降低全域旅游发展风险，这是全域旅游发展需要解决的首要问题。当前，全国各地全域旅游示范区创建单位为了推动全域旅游发展，坚持规划先行的思路，纷纷提出编制全域旅游规划的需求。

由于地方旅游规划的编制一般委托专业机构进行，旅游规划经过多年的实践，对旅游规划的主体出现了严重的认知偏差。而且，旅游规划的效用问题也一直是规划发展的核心问题。关于全域旅游规划效用和优化问题，涉及如何看待规划的控制力、如何协调旅游规划和其他区域规划和部门规划之间的关系以及旅游规划的价值取向、理念、层次、范围、技术和方法等。当前，旅游规划编制单位只是按照有关旅游规划的技术规范和各方面的意见开展的智力咨询工作，旅游规划的编制决定、批准发布和贯彻实施的主体实际上都是地方政府。虽然关于如何编制旅游规划，国家旅游行政管理部门颁布了《旅游规划通则》。《旅游规划通则》是指导旅游规划编制的标准规范，由于全域旅游是最新的理念，《旅游规划通则》并没有界定全域旅游规划这种旅游规划类型。由于对全域旅游理念的核心内涵存在认识偏差，从而导致全域旅游规划当前没有统一的标准，全域旅游规划的重点任务和工作安排也没有达成共识，甚至失去应有的

内容或者是重点。

全域旅游新理念下，旅游规划呈现出一些新的发展特征。

（一）全域旅游规划的概念

由于全域旅游示范区创建单位一般为区县及以上单位，因此一般认为全域旅游规划就是以最新的全域旅游理念为指导的区域旅游总体发展规划。全域旅游规划是贯彻全域旅游发展理念，涵盖《全域旅游示范区创建导则》中的主要内容，包括规划融合与统筹、旅游要素规划、旅游公共服务规划、旅游资源环境规划、旅游优质服务规划、旅游品牌营销规划、旅游体制机制设计、旅游政策供给与创新等，并且突出党政统筹、部门联动、旅游公共服务、共建共享、产业融合、旅游空间拓展、统一品牌和全域环境建设等反映全域化发展规律和发展特征的规划内容，能识别于传统景点旅游发展规划。

（二）全域旅游规划的形式

从推动全域旅游发展的角度来说，既包括全域旅游示范区创建单位为推动全域旅游而制订的实施计划、工作方案、行动方案，也包括委托专业机构编制的全域旅游规划。在全域旅游规划过程中，强调形成全域旅游规划体系。全域旅游规划尤其强调规划实施方案和计划的编制及其组织实施，强调基于发展规划之后，专项规划的深化与落地，从而形成完整的体系。完整的全域旅游规划体系涵盖全域旅游发展规划，发展规划实施方案、行动计划和配套全域旅游专项规划。

为推进文化和旅游规划工作科学化、规范化、制度化，充分发挥规划在文化和旅游发展中的重要作用，结合文化和旅游工作实际，2019 年文化和旅游部制定公布了《文化和旅游规划管理办法》，并将文化和旅游规划划分为总体规划、专项规划、区域规划，地方文化和旅游行政部门编制的地方文化和旅游发展规划。其中总体规划是指导全国文化和旅游工作的中长期发展规划，是其他各类规划的重要依据，规划期与国家发展规划相一致，落实国家发展规划提出的战略安排；专项规划是以文化和旅游发展的特定领域为对象编制的规划；区域规划是以特定区域的文化和旅游发展为对象编制的规划；地方文化和旅游发展规划是指导本地区文化和旅游工作的中长期发展规划。

总体规划、专项规划、区域规划以及地方文化和旅游发展规划构成统一的规划体系，专项规划、区域规划、地方文化和旅游发展规划须依据总体规划编制。

（三）全域旅游规划与传统旅游总体规划的不同点

1. 视角不同

区域旅游总体规划一般依据城乡规划、土地利用规划等上游规划进行编制，努力在符合区域经济社会发展已定思路的基础上谋划旅游业的发展；而全域旅游规划是要将旅游发展置于区域经济社会发展的整体来谋划旅游业的发展，需要充分发挥旅游业带动全局发展的作用。

2. 抓手不同

旅游规划视角的不同，决定了全域旅游规划不仅仅需要谋划旅游自身的发展，更要谋划与旅游相关领域的发展和相关工作的开展，这样才能最大化保障旅游业成为地区的主导产业和优势产业。这使得全域旅游规划的工作抓手不同于传统的旅游规划，除了传统的旅游产业之外，有着更大更广的旅游发展抓手。

3. 侧重点不同

在规划内容方面，全域旅游规划特别强调区域经济社会的改革创新。全域旅游自诞生之日起，就携带着勇于承担引领地区深化改革、冲击僵化体制机制的基因，围绕与相关领域融合发展的一系列改革创新安排，应该成为全域旅游规划的重点。不过全域旅游规划作为区域总体性规划的性质没有变，存在诸多与传统区域总体旅游规划不同的内容和侧重。全域旅游发展阶段，旅游规划需要与全面深化改革、国家战略相结合，需要从全面深化改革视角来看待旅游规划，实现新的转型升级。

为此，全域旅游规划，要按照全面深化改革，转变发展理念，建立起适应市场经济发展的体制机制，具有改革创新举措的规划；全域旅游规划不能简单囿于旅游业的空间规划、产品规划等传统旅游规划的思路，必须从社会经济全面发展，全面深化改革，释放市场活力，实现旅游业带动社会经济全面发展的角度来制定。

4. 全域旅游规划强调多规合一

目前，在同一个区域内，各个部门主导的规划相互之间打架的问题比较突出，为此，国务院试图通过“多规合一”的方式来解决这个问题。2014 年 11 月，国家发改委、国土部、环保部和住建部四部委联合下发《关于开展市县“多规合一”试点工作的通知》，提出在全国28个市县开展“多规合一”试点，旨在推动国民经济和社会发展规划、城乡规划、土地利用规划、生态环境保护规划等多个规划的相互融合，融合到一张可以明确边界线的市县域图上，实现一个市县一本规划、一张蓝图，解决现有的这些规划自成体系、内容冲突、缺乏衔接协调等突出问题，其根本目的是强化政府空间管控能力，实现国土空间集约、高效、可持续利用。

为此，全域旅游规划强调多规合一，旅游规划必须与地方社会经济发展规划、城乡规划、土地利用规划、道路等基础设施规划等相关规划相互关联，甚至是影响这些规划的规划。

第一，强调提高规划的统筹和引领能力。全域旅游规划提倡旅游规划与上位规划、平行规划的对接、融合甚至多规合一，通过规划融合提高旅游规划的法定性和落地性，获得相关规划的政策与资金支持，提高旅游规划整合部门和行业资源的能力。反过来，通过旅游规划融合发展，从规划层面上推动旅游带动和引领社会经济发展。因此，全域旅游规划强调“多规对接、多规融合，甚至多规合一”，充分发挥全域旅游规划的统筹与引领作用。“多规融合”遵循了旅游综合产业需要综合发展和综合治理的内在规律，从顶层设计上解决旅游部门单打独斗，整合部门和行业资源，推动形成“共建、共享、共荣”的旅游发展机制。其中，多规融合是地方各部门联动的主要法律依据，是产业融合发展的政策保障；“多规合一”是多规融合的最高形式。

比如，2010年9月，海南省委、省政府批准设立海南省旅游规划委员会。主任由省长担任，副主任由分管旅游工作的副省长担任，旅规委成员由省发展改革委、省旅游委、省农业厅、省财政厅等10余个相关部门主要负责人组成。旅规委下设办公室，设在省旅游委，由省旅游委主任兼任，负责旅规委的日常工作。2011年1月，海南省人大颁布实施《海南国际旅游岛建设发展条例》，明确要求：省旅游规划委员会负责审查并组织实施全省重点旅游景区、度假区、旅游开发区的发展规划，重大旅游项目和重要旅游资源开发的规划以及与旅游直接相关的专项规划；省旅游发展委员会负责国际旅游岛建设规划编制、旅游资源管理和旅游项目审核的统筹协调工作；省政府有关部门应当根据国际旅游岛建设发展规划纲要组织编制相关专项规划和旅游区域规划，经省旅游规划委员会审查后，报国际旅游岛建设发展领导机构审定；县级以上政府及其相关规划主管部门应当按照各自的职责加强对海南国际旅游岛建设发展各项规划的编制、审批、实施、修改的监督检查，及时查处违反规划的行为。

第二，强调旅游规划与经济社会规划融合。全域旅游被纳入本地经济社会发展规划，旅游业确立为地方或地区的战略性支柱产业地位，需要有旅游规划的内容，并落实到具体部门、政策、土地、项目和资金上。全域旅游发展过程中，特别强调旅游规划与经济社会发展规划的融合。比如，强调在经济社会发展规划中有旅游规划的独立章节甚至是主要章节，从而从规划上确保旅游业成为地方优势产业，提高旅游产业的首位度，使旅游业具备带动区域经济发展的产能。

第三，强调与其他法定规划融合。城乡建设、土地利用、生态环境（林地、生态红线、水源保护）等法定规划是全域旅游发展的重要上位规划和主要规划依据，旅游规划是对这些相关法定规划的具体执行与落实。依托融入既有的法定规划，能够提高旅游规划的法定效能，让旅游业同等享受国家财政、土地、设施等公共政策，总体提高旅游规划的权威性。城乡建设规划、土地利用规划、生态环境规划（林地、生态红线、水源保护）等法定规划能满足旅游发展的相关需求，有的地方编制了以旅游为主导的“多规合一”综合性规划，村镇、土地和生态主要服务于或统一于旅游发展需求。比如，北京在旅游综合改革中就提出，按照现行政策，城市人均建设用地指标的人口基数是常住户籍人口。目前北京国内旅游已经突破 2 亿人次，超过常住人口的 10 倍。由于城乡规划和土地规划没有充分考虑到这个问题，使得旅游项目和旅游公共服务设施建设很难落地。因此，北京希望通过改革，能在城乡规划和土地规划中统筹考虑居民和游客的需要。

第四，强调与产业规划融合。从规划层面，充分设计旅游产业对其他产业或事业的综合带动机制，拓展其他产业或事业的发展空间，提高其他产业或事业的发展质量，充分发挥旅游产业的综合带动效应。通过旅游规划与农业、水利、林业等产业规划的融合，也就是相关产业规划中有旅游规划的内容。充分统筹利用各行业的资金，整合散布在各行各业中的旅游资源，为其他行业培育新业态，提高附加值，形成“行行为旅游，旅游为行行”的部门或行业“共建、共享、共荣”的大旅游发展格局。

5. 强调规划的可操作性与可实施性

防止为了规划而规划，避免“规划规划，墙上挂挂”的现象，强调构建旅游规划的落地实施机制，形成定期旅游规划督导督办机制和第三方专业评估与整改机制。旅游规划的实施与管理是当前我国旅游规划最为薄弱的环节，通过强化规划的实施管理工作，解决长期存在“纸上画画，墙上挂挂”，只规划不落地的不利局面，从而提高规划落地性，提高规划资金的利用效率，真正发挥旅游规划对全域旅游发展的战略引领和科学指导作用。

第一，强调由政府编制并发布全域旅游发展规划，提高全域旅游发展规划的地位，提高旅游规划在国民经济社会中的统筹协调作用。全域旅游发展总体规划和重点项目规划应由政府作为编制主体，各部门参与，并广泛征求社会公众意见，提高规划民主化决策水平。规划编制应按照《旅游发展规划通则》和《旅游发展规划管理办法》执行，最终规划成果须报请规委会或人大等相关部门审议，依法开展规划环境影响评估，政府向各部门印发，具有较好的行政约束力和规划的权威性。

第二，全域旅游规划强调建立“分工明晰，责任明确，资金配套，政策支持、社会参与，市场化运行”的政府引导规划的实施体制机制。设计好“行业资金统筹，部门共建”的规划共建机制，设计好社会参与、市场化运行机制，调动全社会的力量参与规划的实施。全域旅游涉及社会多个方面，需要调动多部门参与，需要制定明确的任务分工和进入安排，而且这些应由政府印发或经人大审议，确保方案具有行政或法律约束力。其中，成立规划实施工作小组，有明确的工作机制与实施方案，对规划进行任务分解与进度安排，统筹安排规划落地实施资金，吸引社会资金进入，实施效果良好。

第三，强调建立旅游规划督导机制。依托人大、政协或督察部门，成立督导工作小组。有明确的督导工作计划或方案，根据全域旅游实施方案和计划，建立规划年度督查考核机制和奖惩机制，推动旅游规划过程管理和督导落实。比如，湖南省张家界市武陵源区人大成立全域旅游工作领导小组，专门督办景区移民搬迁、《湖南省武陵源自然遗产保护条例》执法检查整改落实情况、《旅游法》和《湖南省旅游条例》贯彻落实情况等重点旅游工作推进情况，并提出了建议及意见。武陵源区政协成立了全域旅游规划督导小组，组织专题督导视察，针对“追客赶客”、核心景区管理服务、景区提质升级、乡村旅游示范村发展、城区停车难等问题开展专题课题调研，提出了相关建议及意见。

第四，强调建立旅游规划评估机制。建立由政府委托第三方专业评估机构，客观、中立地对旅游规划实施评估，评估报告需对规划完成度和完成质量，非规划建设内容进行全面评估和重点评估，评估报告应针对存在的问题提出整改方案，规划实施责任部门应根据方案进行整改工作，整改效果良好。

同时需要注意的是，衡量全域旅游规划的落地性和可操作性在于全域旅游规划思路、目标以及系列相关安排、改革创新的科学性和合理性，总体性规划的落地性和可操作性绝不等同于具体项目的建设实施，这是不理解规划类型和层次所产生的一种最大的误解。具体旅游项目的建设实施需要在全域旅游规划的统筹指导下，通过详细规划和建筑、景观设计来指导实现。

三、以全域旅游规划突破传统规划限制

面对社会经济发展新阶段和全面深化改革的新要求，全域旅游规划应围绕全面深化改革的主要内容和要求，突出全域旅游规划特点，转变规划观念、创新规划模式、提高规划质量，促旅游规划更好地促进全域旅游发展，更好地体现全面深化改革的要求，更好地服务全面深化改革，引领全面深化改革。

（一）要提高全域旅游规划的战略位置

全域旅游涉及经济社会发展的各个方面，旅游产业的发展嵌入整体社会经济发展之中，是融入区域发展之中自我生长起来的部分。全域旅游规划不仅仅是单纯的旅游规划和产业规划，是带动区域经济协调发展的重要指南，在新时期区域社会经济转型发展过程中有着特殊的意义。全域旅游发展过程中，要着力提升全域旅游规划的战略高度，从全面深化改革的角度、从经济社会发展的相关命题高度来编制旅游规划，将旅游规划的发展与国民经济和社会发展的总体战略相协调，服务甚至引领经济社会的全面深化改革，将旅游规划的发展与经济发展方式相结合，从经济发展的整体来看待旅游规划，将旅游规划的发展与社会发展、民生相结合，带动民生的改善，成为社会融合和稳定的润滑剂。此外，要提高旅游规划的权威性，全域旅游规划甚至要上升到党委和政府的办公会进行专门审议、讨论，由党委政府编制颁布实施。

（二）要以全面深化改革为核心内容

全域旅游需要与全面深化改革相结合，需要按照全面深化改革，转变发展理念，必须从社会经济全面发展，全面深化改革，释放市场活力，实现旅游业带动社会经济全面发展的角度来制定，提出适应市场经济发展的体制机制改革，制定具有改革创新举措的规划。

（三）从部门规划向综合性规划的转变

按照全域旅游的新理念，全域旅游规划不能简单地将规划机械地拆分为各个部门的规划。各个部门的子规划应相互衔接，具有内在的有机联系。同时，地区规划不但要注意到地区内部各要素的有机衔接，更要注重与周边的有机联系。

（四）要推动旅游发展指标体系的改进

长期以来，旅游规划过于重视经济指标体系，这是受我国社会经济发展规划过于重视经济指标的影响。旅游的核心是人，无论是旅游者、旅游服务者还是旅游区内的居民，都是旅游规划的重要方面，人们的满意程度、生活质量、幸福指数才是旅游规划是否成功的关键。全域旅游规划要适应社会发展目标的转变，更多地追求旅游产业对社会经济发展外部正效应，注重社会效益、经济效益和生态效益的综合和统一，制定一系列的民生目标、环境目标、文化目标等社会性目标，强调旅游产业在改善居民生活质量、就业、扶贫、环保等方面的效益。

（五）要强化旅游规划的绿色低碳要求

全域旅游规划中，要强化其环境标准和要求，注重旅游规划的环境评估和环境价值的考量，引导旅游产业发展的绿色化、低碳化发展方向，推动旅游产业发展方式的转变，充分发挥旅游产业本身作为“资源节约与环境友好型”产业的优势，引领整体社会经济的低碳化发展。

（六）要注重文化与旅游融合

全域旅游规划要注重文化与旅游融合，要注重文化软实力因素，使得旅游产业更好地发挥其提升国家文化软实力的功能。一方面，在旅游发展中融入更多的文化因素，展示和传播文化，使之成为文化实力的新的载体。另一方面，推进旅游作为建构与传播一个软实力的重要途径和平台，成为文化和价值观输出的新的模式。

（七）从专家规划、政府规划向社会各界参与规划转变

新发展观在规划上特别强调利益相关者参与。无论是在规划制定过程中，还是对规划的评价，都必须在机制上保障各方利益相关者的参与。规划将不再是专家“一语定乾坤”，规划的话语权将扩大到社会各个相关层面，特别是受规划影响极大的当地民众。规划将成为全民的规划、民主的规划。

旅游业作为一个重要产业和与人们生活息息相关的服务业，既要体现国家利益，也要反映公众利益；编制规划不仅是政府行为，也是社会行为；实施规划不仅要靠政府组织协调，更要靠社会共同努力。特别是在对规划的评价过程中，不能仅有专家评审意见，应有旅游区社区居民、旅游投资者、旅游者等利益相关者的参与。大型旅游开发涉及人民群众利益，如有些需要搬迁原住民，有些可能引进外来投资者，并带来新的价值取向和新的生活方式等，这些规划须采取社会公示和听证制度。只有让社会各界参与规划、认知规划，才能协调利益、统一思想、达成共识，把规划目标转为社会各界的自觉行动。

全域旅游时代，旅游业的发展必然也应服务于国家战略，服务于国家全面深化改革。“旅游规划先行”已成为旅游业发展的共识，旅游规划成为引领旅游业发展的前瞻性方案。以全域旅游来促进、引领全面深化改革，核心就落在了旅游规划能否体现国家全面深化改革的要求，旅游规划能否与经济社会发展战略、与全面深化改革发展相结合。

▶ 案例 9–1

江苏省金湖县旅游规划督导机制

全域旅游发展过程中，江苏省金湖县在旅游规划督导机制方面进行了探索实践。

一是率先建立旅游规划委员会。创新成立县委、县政府主要领导为组长的旅游规划委员会，形成县四套班子领导共同评议旅游规划机制。赋予旅游部门“一票否决权”。

二是创新规划实施，建立旅游规划联席会议制度、旅游规划实施督导制度，明确旅游项目规划审批委员会职能，县各涉旅项目规划均须征求旅游部门意见，旅游部门拥有“一票否决权”。

三是建立旅游规划四套班子共议机制。我县旅游规划已形成书记、县长以及四套班子分管领导亲自审议工作常态。

四是形成旅游引领的多规合一体系。国土、交通、水务、环保等行业规划也均能主动融入旅游要素，旅游已经成为单独章节。

▶ 案例 9–2

贵州省贵阳市花溪区全域旅游规划创新

在全域旅游发展过程中，花溪区积极推进全域旅游规划创新，做好全域旅游发展的顶层设计。

1. 制定《推进全域旅游“多规融合”规划工作方案》。以全域旅游为抓手，以旅游业高质量发展为总体目标，促进城乡规划、土地利用规划、生态保护规划、旅游发展规划，实现“区域全覆盖，城乡一张图”的构想。

2. 推进多规合一。开展花溪区多规融合规划设计方案的编制工作，成立“多规融合”改革试点领导小组。为保证花溪重大旅游项目的顺利落地，国土、规划、林业及其他相关部门曾做出多次程序上突破，对相关规划做出重大调整。规划部门对文化旅游项目采取特事特办的方式。开通绿色通道、组织专家评审，加快规划审批，有效促进文化旅游项目高效实施。

建立贵阳市“多规融合”项目策划生成业务融合信息平台，于2018年11月正式运行。建立“3+1”模式方案，即“三个系统，一个数据库”。（“三个系统”是指“一张图”融合、“多规合一”服务支持系统和项目库策划生成业务协同平台。“一个数据库”即项目全生命周期数据库。）在“三规”融合的基础上，在全域旅游发展规划引领下整合各类空间专项规划，形成4+12个专题，23个图层的“一张蓝图”数据库。用于指导项目生成与审批，做到全程有规可依、有据可查，解决工程建设项目在空间上的合法性问题；有效缩短行政审批时限和建立全生命周期数据库，并对项目全生命周期作监管；进一步推动全域大数据的构建和分析决策。

其中，《花溪区土地利用总体规划（2006—2020年）》调整成果获省人民政府批准。规划调整完善后，花溪区土地利用总体规划将与城市规划、生态规划、全域旅游发展规划等充分衔接，该方案新增建设用地不仅保障了136个文化旅游创新区建设项目的用地，还保障了交通、教育、水利、两馆一中心等基础设施、教育文体用地，为花溪文化旅游创新区建设创造了有利局面。

编制《贵阳市花溪区、经开区空间发展战略规划》。主要全面摸清并分析国土空间本底条件，要从地方资源禀赋和生态环境基础出发，按照保护优先、发展协调、从严管理的原则，将依法设立的各级各类保护区域、生态环境敏感区和脆弱区、关系生态安全等重要生态功能区划入生态红线范围。贯彻落实中央最新要求，遵循耕地保护优先、数量质量并重的原则，按照布局基本稳定、数量不减少、质量有提高的要求，严格划定永久基本农田保护红线。在花溪创建全域旅游文化创新区的目标指引和花溪区全域旅游发展规划的引导下，全面开展城市现状基础条件和需求分析，并结合经济社会、旅游发展的中长期发展需求，测算一定时期的城市发展规模，与生态红线、永久基本农田保护边界相结合，确定城镇边界。通过划定城镇、农业、生态空间以及生态保护红线、永久基本农田为载体统筹协调各类空间管控手段，整合形成“多规合一”的国土空间规划。

3. 建立健全花溪区规划实施机制，切实把规划蓝图变成经济发展和社会进步的实效。

一是制定规划实施责任分解表，明确目标任务分工。各级、各部门、各单位要对照责任分工，制定涉及本级、本部门、本单位的主要目标和任务实施方案，明确责任主体，明确年度安排，确保工作有人抓、问题有人管、责任有人担，确保各项目标任务落地。

二是对文化旅游项目采取特事特办的方式。开通绿色通道、组织专家评审，加快规划审批，有效促进文化旅游项目高效实施。

三是建立年度监测评估机制。组织开展重点任务实施情况年度评估，提高规划实施监测分析的及时性、全面性和准确性。开展专项规划评估，将重点专项规划、总体规划等各类规划实施情况纳入年度监测评估范围。基于规划监测分析及评估结果，确需调整时，提出修订方案、整改措施，按程序报批后提交区人大常委会审议批准。未经法定程序批准，不得随意调整主要目标任务。

四是完善中期评估和总结评估机制。规划中期评估和总结评估结果要按程序报批，完善向区人大常委会报告机制。专项规划等各类规划都要开展中期评估及总结评估。根据需要可委托开展第三方评估。

五是完善人大监督机制。依法向区人大常委会报告规划实施情况和中期评估报告，鼓励人大代表跟踪监督规划实施情况，充分发挥代表建议和专题调研、集中视察对规划实施的推动作用。

六是加强规划实施考核评价。强化年度评估、中期评估、总结评估及专项评估结果的运用，考核评价结果作为干部晋升和惩处的重要依据。探索将规划实施考核结果与被考核责任主体绩效挂钩。

资料来源：花溪区人民政府．国家全域旅游示范区验收打分和检查项目的说明材料［Z］. 2019.

第十章
创新扶贫新模式，助力全面小康社会建设

旅游扶贫是我国扶贫攻坚的最有效途径之一，是旅游功能在新领域的拓展与延伸，是国家脱贫攻坚战略的重要组成部分，是产业扶贫的主要方式，是全面建成小康社会的重要推动力量。全域旅游作为一种全新的旅游发展模式，通过旅游发展的全域化、旅游供给的品质化、旅游治理的规范化、旅游效益的最大化，带动区域经济社会发展，是推动旅游扶贫的一个突破口和重要抓手。在全域旅游发展过程中，各地大力实施旅游扶贫工程，各地充分发挥旅游的扶贫带动功能，提高旅游扶贫的精准性，真正让贫困人口稳定受益脱贫。对非贫困地区，不断提高旅游富民的受益面，让老百姓从旅游发展中获得更多实惠。

一、扶贫是全面深化改革的目标

消除贫困、实现共同富裕，是社会主义的本质要求。习近平总书记指出，全面建成小康社会、实现第一个百年奋斗目标，最艰巨的任务是脱贫攻坚，没有贫困地区的小康，没有贫困人口的脱贫，就没有全面建成的小康社会。实现脱贫是党中央、国务院做出的重大战略部署，是党向全国人民做出的庄严承诺。党的十八大以来，以习近平同志为核心的党中央，坚持以人民为中心的发展思想，把脱贫攻坚工作纳入“五位一体”总体布局和“四个全面”战略布局，作为实现第一个百年奋斗目标的重点任务，

作为决胜全面建成小康社会的三大攻坚战之一，做出一系列重大部署和安排，全面打响脱贫攻坚战。党的十九大明确把精准脱贫作为决胜全面建成小康社会必须打好的三大攻坚战之一，确立了到2020年现行标准下的贫困人口实现脱贫，贫困县全部“摘帽”，消除区域性整体贫困的目标。

为打赢脱贫攻坚战，党中央、国务院出台一系列文件中，中办、国办出台11个配套文件，如《中共中央关于制定国民经济和社会发展第十三个五年规划的建议》《中共中央国务院关于打赢脱贫攻坚战的决定》《关于创新机制扎实推进农村扶贫工作的意见》《中国农村扶贫开发纲要（2011—2020年）》《中共中央国务院关于打赢脱贫攻坚战的决定》《关于深入开展消费扶贫助力打赢脱贫攻坚战的指导意见》等，提出要大力做好脱贫攻坚工作。为此，国务院印发“十三五”脱贫攻坚规划，细化落实中央决策部署，国家机关各部门出台100多个政策文件或实施方案。中西部22个省区市党政一把手还向中央签署了脱贫攻坚责任书，立下“军令状”，从中央、省、市、县四级党政机关和国有企事业单位抽调第一书记和驻村工作队员，在岗的近百万人，累计派下去的已经近300万人。全国各地相继出台和完善“1+N”的脱贫攻坚系列举措，内容涉及产业扶贫、易地扶贫搬迁、劳务输出扶贫、交通扶贫、水利扶贫、教育扶贫、健康扶贫、金融扶贫、农村危房改造等，脱贫攻坚方法不断推出，精准扶贫思想引领下“造血”扶贫模式正在不断创新。

在财政投入上，2016年中央和省级财政专项扶贫资金首次突破1000亿元，其中中央为667亿元，同比增长43.4%；省级为493.5亿元，同比增长56.1%。在金融支持上，各类金融机构加大对扶贫的支持力度。扶贫小额信贷累计发放3113亿元，共支持了868万贫困户。保险业扶贫、证券业扶贫的工作力度也明显加强。对建档立卡的贫困户发展产业有扶贫小额信贷，“5万元以下、3年以内、免担保免抵押、银行按基准利率放贷、扶贫资金全额贴息、县建风险基金”的金融产品已经达到3800亿元。

自党的十八大以来，农村贫困人口显著减少，贫困发生率持续下降，脱贫攻坚取得决定性进展。我国农村贫困人口从2012年年底的9899万减少到2018年年底的1660万，累计减少贫困人口8239万人，贫困发生率从10.2%下降到1.7%，减少了近9个百分点。建档立卡贫困村从12.8万个减少到2.6万个，有10万个贫困村已经脱贫。

如何做好扶贫工作，打好脱贫攻坚战，是决胜全面建成小康社会的关键任务，也是全面深化改革的重要目标所在。

二、全域旅游创新扶贫新模式

（一）旅游扶贫是带动脱贫攻坚的重要方式

旅游就业方式灵活、带动机制多样、辐射效应较强，是扶贫富民的有效途径和重要渠道。对贫困地区而言，发展第三产业往往成为创造非农就业的重要领域。改变地区经济产业结构，就业结构变化也将随之变化。在这一过程中，旅游业成为转移劳动力的重要渠道。而且旅游业，因其就业门槛低，可以让大量贫困人口在自己的家门口致富。这种致富方式相当于增加了他们的肌体造血功能，直接惠及最底层的民众，而且返贫率极低。

旅游扶贫是我国扶贫攻坚的最有效途径之一，是旅游功能在新领域的拓展与延伸，国家脱贫攻坚战略的重要组成部分，是产业扶贫的主要方式，是全面建成小康社会的重要推动力量。旅游扶贫是指以市场为导向，通过开发贫困地区丰富的旅游资源，兴办旅游经济实体，使旅游业成为支柱产业，地区经济走上可持续的良性发展道路，实现居民和地方财政的脱贫致富。

旅游发展为本地居民提供了参与市场活动的多种渠道，创造了许多非农业就业岗位和多样化收入来源，带动越来越多的居民依托旅游实现本地就业，获得切实发展收益，居民收入增加明显，大幅实现脱贫致富。而且在参与旅游产业的活动中，本地居民获得了多项学习机会和过程，能够学习现代市场经济知识，掌握非农生产技能，实现人力资本技能再积累，获得持续摆脱“贫困陷阱”的发展能力。

第一，旅游扶贫是最富活力的扶贫模式。一是关联性强，通过发展旅游将多种扶贫模式有效整合，可以克服单一扶贫模式的不足，达到扶贫效果的最优化。二是带动性强，旅游业产业链长、产业面广，“一业兴、百业旺”，有利于优化贫困地区产业结构，促进经济发展。三是受益面广，旅游属于劳动密集型产业，就业量大、门槛较低，人民群众的参与面广、受益面大，发展成果可以惠及整个社会。

第二，旅游扶贫有利于完善地区配套设施。发展旅游促进扶贫开发，不但可以继续享受地区原有的各项惠民政策，还能在不改变现有投资渠道和工作格局的前提下，在国债项目安排、旅游专项补助、扶贫资金安排以及旅游规划、建设管理、人员培训、市场营销等方面得到大力支持。有利于完善当地旅游配套设施，提升旅游扶贫工作的效率。

第三，旅游扶贫有利于促进社会稳定。与外出务工实现脱贫相比，旅游扶贫让贫困人群既不离乡又不离土，避免了土地荒废、产业空心、夫妻分居、孤寡老人、留守儿童等一系列困扰社会的问题，是一种促进家庭和社会稳定的扶贫方式；还能更好地保护当地独特的文化资源，有利于文化的交流和传承。

第四，旅游扶贫有良好示范带动作用。各地旅游扶贫工作经验表明，旅游扶贫是充分运用市场机制的扶贫模式，是一条投入较少、回收较快、返贫率低、成效明显的扶贫之路。通过发展旅游来扶贫，不但可以使扶贫工作进一步规范化、系统化，而且能够更好地凸显旅游扶贫的示范作用，带动其他扶贫模式发展，真正起到“建设一个点，带动一条线、辐射一大片”的效果。

在这之下，旅游扶贫也成为中央、地方以及相关部门的共识。党的十八大以来，全国旅游系统在以习近平同志为核心的党中央坚强领导下，认真落实中央脱贫攻坚决策部署，持续加大精准扶贫工作力度，扎实推进旅游发展与扶贫开发有机融合，旅游扶贫工作机制基本建立，政策体系日益完善，产品业态不断丰富，社会影响持续扩大，旅游扶贫工作取得了扎实成效，发展旅游业已成为许多贫困地区脱贫攻坚的有力抓手和重要支撑。

比如，在乡村地区，催生出一批富有生命力的新业态，如特色种植、畜牧养殖、手工业加工、庭院经济、农业观光、民俗体验等，能够为贫困农牧民带来实实在在的经济效益和社会效益。乡村旅游成为促进乡村振兴的重要途径，是旅游扶贫的主阵地，旅游扶贫是全国扶贫的生力军。对于实现乡村振兴具有不可替代的作用。长期以来，通过发展乡村旅游，推动广大农村地区迅速地实现脱贫，效果显著。根据国家旅游局公布的数据，仅 2011—2014 年，广大农村和边远地区，超过 1000 万人通过发展旅游实现了脱贫的目标，约占脱贫人口的 10%。

2014 年，中共中央、国务院印发的《关于创新机制扎实推进农村扶贫开发工作的意见》提出，在农村扶贫工作领域要实现《中国农村扶贫开发纲要（2011—2020）》提出的奋斗目标，到 2015 年，要扶持约 2000 个贫困村开展乡村旅游，到 2020 年，要扶持约6000个贫困村开展乡村旅游，带动农村劳动力就业，这是中央文件中首次专门部署乡村旅游发展，把乡村旅游作为我国扶贫工作的重要手段。2015年，中央一号文件提出："积极开发农业多种功能，挖掘乡村生态休闲、旅游观光、文化教育价值。扶持建设一批具有历史、地域、民族特点的特色景观旅游村镇，打造形式多样、特色鲜明的乡村旅游休闲产品。加大对乡村旅游休闲基础设施建设的投入，增强线上线下营销能力，提高管理水平和服务质量。研究制定促进乡村旅游休闲发展的用地、财政、金融等扶持政策，落实税收优惠政策。激活农村要素资源，增加农民财产性收入。"乡村旅游越来越受到高层的重视，乡村旅游也因此必将成为未来解决"三农"的重要手段。按照相关部署，"十三五"时期，通过开展实施乡村旅游富民工程，将组织6130个乡村旅游扶贫重点村，开展乡村旅游扶贫培训和全国旅游规划扶贫公益行动，推动设立"全国乡村旅游扶贫基础设施专项贷款"，将形成10万个以上休闲农业和乡村旅游特色村、300万家农家乐，将带动全国1200万、17%的贫困人口实现脱贫，至2020年实现全面建设小康社会战略目标。

（二）全域旅游是带动脱贫攻坚的重要方式

全域旅游作为一种全新的旅游发展模式，通过旅游发展的全域化、旅游供给的品质化、旅游治理的规范化、旅游效益的最大化，带动区域经济社会发展，与乡村振兴战略在发展理念、发展方向、发展目标、发展路径方面等有着天然的契合性和极高融合度，全域旅游对应着乡村振兴发展的目标实现，是推动乡村振兴的一个突破口和重要抓手。

第一，全域旅游能加快贫困地区脱贫致富。

在以往的扶贫开发活动中，多采用的是救济扶贫、交通扶贫、教育扶贫等形式，短时间内难以见效，此外还采用科技扶贫、文化扶贫等形式，尽管有一定效果，但脱贫不彻底甚至出现返贫的现象。而通过发展乡村旅游进行扶贫具有项目清晰、见效迅速、受益面广、收益期长等特点，可以说是最富活力的扶贫方式，是对其他扶贫方式的有效补充，能加快贫困地区的脱贫致富。

第二，全域旅游助推乡村产业兴旺。

"产业兴旺"是乡村振兴的核心目标，如何在乡村地区打造新的产业体系，激活乡村产业活力和效益，提高乡村产业的综合竞争力，是乡村振兴的关键所在。全域旅游是新的旅游发展路径，旨在推动景点旅游发展模式向全域旅游发展模式转变，推动旅游业从门票经济向产业经济转变，从单一景点景区建设向综合目的地服务转变，强调动员社会各个层面全面参与到旅游发展中来，形成你中有我、我中有你、相互促进的发展局面，以推动旅游与相关产业的融合发展，衍生出相关旅游新产品和新业态，建立新的旅游产业体系。乡村振兴过程中，大力发展全域旅游，整合利用乡村全域旅游资源，将乡村中的自然资源、农业资源、乡村景观、农房建筑、特色民俗文化、乡村生活等多样资源与旅游有机融合，通过特色化、旅游化、景观化改造提升，将传统资源转为旅游产品，能促进乡村旅游业的发展，也能带动区域餐饮、购物、交通、娱乐、商业等相关产业发展，延长旅游产业链，扩大产业面，形成交通、游览、住宿、餐饮、购物、娱乐等服务的综合性产业，带动乡村地区其他产业的发展，实现乡村自然资源、人文资源、社会资源价值大幅增值，激发乡村经济活力，使旅游业成为乡村地区的综合性支柱产业，推动乡村产业走上可持续的良性发展道路。这些都在很大程度上有助于盘活乡村资源，推动产业融合发展，丰富乡村产业体系。

第三，全域旅游助推乡村治理有效。

旅游业具有“软硬兼备、融合度高、覆盖面广、拉动力强的综合性实力”的产业特性，实施全域旅游战略主要目的在于服务全面深化改革的国家战略。全域旅游的核心也在于通过一定区域范围内，以改革创新核心，调整改革所有不适应旅游业发展的法律法规和体制机制，形成新的发展理念和模式。在乡村振兴过程中，发展全域旅游，强调推动乡村旅游发展体制机制创新，强调财政投入政策、投融资政策、土地政策和旅游人才与教育等方面的改革创新，这些旅游领域的改革创新，有助于促进乡村经济社会发展的体制机制改革创新，完善乡村发展的现代治理体系，为乡村振兴的发展奠定良好的制度基础和治理格局。

第四，全域旅游助推乡村生态宜居。

良好的生态资源是乡村最大的发展优势，也是全域旅游发展的核心依托。实现生态宜居是乡村振兴的关键目标，这与全域旅游发展理念相契合。旅游业是实践“两山理论”、建设生态文明的最佳领域之一。全域旅游的目的是文明的全面提升，即通过旅游业的发展，不仅使生态环境得到复原，而且促进社会生态的进一步好转，以及人的文明程度的全面提升。为此，全域旅游强调，突出绿色发展是全域旅游发展的环境保障，不仅要防止出现破坏环境，杜绝竭泽而渔，运动式盲目开发的问题，而且要绿色发展，使旅游成为主动改善已经污染了的环境的示范区和新一代环境友好旅游者的培养领域。为此，全域旅游强调在旅游发展过程中要贯彻“两山理论”。发展乡村全域旅游，有助于充分发挥旅游的生态效应，是推动形成新文明的有效通道，有助于建设生态宜居的新空间，有助于保持乡村的自然风貌和生产生活方式，有助于保护乡村生态环境和乡村景观，构建人与自然和谐共生的乡村发展新格局。

全域旅游发展强调旅游公共服务建设，引领地区公共服务水平提升。发展乡村全域旅游有助于推动乡村城市化进程，借助旅游业自身开放性、带动性、综合性优势，完善乡村公共服务和基础设施建设，改善乡村人居环境，促进农村生产、生活方式革新，推进农村现代化进程，提升居民生活品质，形成宜游、宜居、宜业的优美生活环境，并且随着越来越多居民参与旅游产业活动，也促进了居民知识、观念、生活方式的转变和提升。

第五，全域旅游助推乡村文化振兴。

乡村是农业文明的集中载体。乡村振兴不仅是产业经济的振兴，更应该是乡村文化、文明、乡风的振兴。习近平总书记指出“要让居民望得见山、看得见水、记得住乡愁”。文化是旅游的灵魂，旅游是文化载体，也是实现乡村文化振兴、乡村文化传承延续的重要途径。全域旅游发展特别强调文化与旅游的融合，强调对乡村地区的文化、民俗、生产生活方式的保护，强调以旅游的形式，活化乡村文化，促进乡村传统手工艺品、文化遗产与旅游的结合，强调挖掘文化特色，促进旅游与文化产业融合，丰富旅游产品项目和文化艺术活动。发展乡村全域旅游，促进乡村文化和旅游融合发展，既能有效提升区域旅游品质，也有助于更好地弘扬和传承乡村文化，实现乡村文明的复兴，实现乡村振兴中的“乡风文明”的发展目标。

第六，全域旅游推动乡村生活富裕。

乡村居民是乡村振兴的核心主体。改善乡村居民的收入状况和生活条件，带动乡村居民脱贫致富是实现乡村振兴的初衷所在。全域旅游是实现乡村生活富裕的重要路径和方式。旅游作为一种外生性资源，具有投入较少、回收较快、返贫率低、成效高等优点。旅游业作为劳动密集型产业，具有产业关联度高、产业带动作用明显、区域内经济辐射性强的特点。在乡村地区，发展全域旅游，将催生出一批富有生命力的新业态，如特色种植、畜牧养殖、手工业加工、庭院经济、农业观光、民俗体验等，为本地居民创造更多就业机会，越来越多的居民参与旅游发展，这也拓宽了农民收入渠道，既可以转包、出租、互换、转让、入股等方式获得一定土地和房屋租金，也可从农村集体经济组织获得一定比例分红，也可参与旅游产业经营获得经营性收入或在旅游岗位中获得工资性收入，带来乡村居民脱贫致富和美好幸福生活，实现乡村生活富裕的振兴目标，满足人民美好生活需要。

第七，全域旅游助推城乡一体化。

发展乡村全域旅游有助于促进城乡资源要素融合，盘活乡村。以旅游为纽带，吸引城市居民进入乡村投资、置业、休闲、旅游，实现城市和农村间人口、土地、资本、信息、市场等要素流动和融汇，打破过往城乡分立二元体制，实现城乡资源共享、市场互动、产业互补，缩小了城乡差距，助推“以人为核心”的新型城镇化。旅游的发展，既能够充分利用乡村闲置资源，吸引城市居民进入乡村旅游，恢复乡村活力，增加乡村居民的收入，也能够很好地满足城市居民的旅游休闲度假需求，使乡村成为城市居民休闲度假和释放压力的新的场所，在乡村感受本地文化和风俗，促进城乡互动交流。这既适应了当时城市化发展的趋势，也为乡村振兴找到新路径。

（三）全域旅游创新扶贫机制和方式

在全域旅游发展过程中，各地大力实施旅游扶贫工程，充分发挥旅游的扶贫带动功能，提高旅游扶贫的精准性，真正让贫困人口稳定受益脱贫。对非贫困地区，提高旅游富民的受益面，让老百姓从旅游发展中获得更多实惠。

1. 完善政策支持和顶层设计

国家旅游行政管理主管部门主动与相关部门积极沟通协调，共同加大对旅游扶贫工作的政策保障，从政策、资金、用地等多方面，加大对乡村旅游扶贫重点村交通基础设施、旅游公共服务设施等方面的支持力度，做好顶层设计。

国务院副总理、国家扶贫开发领导小组组长汪洋于 2017 年多次召开扶贫小组全体会议，对旅游扶贫工作提出具体要求，强调发展乡村旅游是推进贫困地区脱贫致富的重要途径，要创新乡村旅游扶贫机制，推进旅游产业和脱贫攻坚有机结合。在顶层设计上，出台一系列旅游扶贫政策。2016 年国务院印发的《“十三五”旅游业发展规划》中部署了“大力发展乡村旅游”和“实施乡村旅游扶贫工程”任务。2016 年国家旅游局会同国家发改委、农业部、国务院扶贫办等 12 家单位共同制定并印发《乡村旅游扶贫工程行动方案》，确定五大主要任务和八项专项行动，并明确了任务分工、组织协调和督查考核。2016 年，国家旅游局会同国家发改委、国土部、农业部等 11 个部门联合发布《全国乡村旅游扶贫工程行动方案》，实施乡村旅游扶贫八大专项行动。2017 年，国家旅游局会同发展和改革委员会等部门印发《促进乡村旅游发展提质升级行动方案》，从激发乡村旅游投资、完善政策和机制、乡村旅游区域差异化发展三个方面提出具体举措。2018 年，下发《关于进一步做好当前旅游扶贫工作的通知》，此后制定了《促进乡村旅游发展提质升级行动方案（2018—2020 年）》《乡村旅游扶贫工程行动方案》《关于支持深度贫困地区旅游扶贫行动方案》等，出台配套措施，细化分解扶贫任务，积极引导各方扶贫资金、扶贫惠民政策向旅游扶贫项目倾斜，深入推进乡村旅游扶贫，带动贫困地区群众脱贫增收。

各地立足自身实际，通过出台规章等方式促进旅游扶贫的规范化和科学化。几乎所有省份均出台了相关文件。例如，云南省出台《云南省“旅游千企千村帮扶专项行动”实施方案》《省旅游发展委部门联系推进旅游扶贫重点工作任务责任分工表》《关于开展旅游扶贫统计调查工作的通知》《云南省旅游扶贫专项规划（2016—2020 年）》《关于加快乡村旅游扶贫开发的意见》《云南省旅游扶贫工作方案》等。

全域旅游带动下，各地旅游扶贫工作机制基本建立，政策体系日益完善，产品业态不断丰富，社会影响持续扩大，旅游扶贫工作取得了扎实成效，发展旅游业已成为许多贫困地区脱贫攻坚的有力抓手和重要支撑。

2. 旅游扶贫富民方式多样

多样化的组织模式和参与方式，才能让更多的贫困群众和老百姓共建共享，提高旅游扶贫富民的精准性和受益面。全域旅游发展过程中，形成以景区带村、能人带户、“企业＋农户”“合作社＋农户”和“三变改革”、直接就业、定点采购、帮扶销售农副土特产品、输送客源、培训指导、资产收益等各类灵活多样的方式，促进群众受益脱贫致富。

例如，安徽省印发《乡村旅游扶贫重点村建设指导目录》，大力实施乡村旅游扶贫“八个一”工程［即重点村游客服务中心、旅游停车场、旅游公厕、旅游点、农家乐（乡村客栈）、标识标牌、导游词、导游（讲解）员］。广西壮族自治区建立责任、权力、资金、任务“四到县”工作机制，帮扶135个将旅游作为特色产业的贫困村脱贫摘帽，探索出“公司＋农户、合作社＋农户、景区＋农家、企业带动＋村寨联盟、能人＋农户、互联网＋农户”等不同经营主体合作模式。陕西省持续推动“六个一批”，即旅游示范县建设带动脱贫一批、旅游景区建设带动脱贫一批、文化旅游名镇建设带动脱贫一批、旅游扶贫试点村建设带动脱贫一批、汉唐帝陵旅游带发展带动脱贫一批、旅游土特产生产销售带动脱贫一批，同时落实“八大行动”（精准扶贫研判行动、旅游规划覆盖行动、基础设施建设行动、旅游项目建设行动、市场营销推广行动、旅游人才培训行动、扶贫工程示范行动、强化规范管理行动）。重庆市大力实施乡村旅游“百千万”和“巴渝人家”品牌体系建设工程，打造一批特色景观旅游名镇名村，推进55个乡村旅游扶贫片区建设。

具体来看，有以下几类模式。

第一，景区带村模式。

充分依托高等级景区的影响力，对景区内的村或者周边村不断地完善旅游基础设施、旅游停车场、游客服务中心、旅游厕所等的建设，让景区在村里、村在景区里，实现了乡村和景区一体化。比如，距离宁夏六盘山国家森林公园2公里的泾源县冶家村是靠六盘山国家森林公园脱贫致富的，该村村民开的农家乐每家净利润均超过10万元，效益最好的一户超过了60万元。河北省涞水县则依靠野三坡景区形成了“双带四起来”的旅游精准扶贫模式，即景区带村、能人带户；把群众组织起来，把产业培育起来，把利益连接起来，把文化和内生动力弘扬起来，全县贫困人口由2013年的68725人减少到2017年的14028人。

第二，村落变景区模式。

在村落环境整治、村落自然和人文景观保护展示，村落旅游基础设施配套建设和村民素质提升方面下功夫，把村落变成景区、变成旅游目的地。许多乡村旅游扶贫示范村带动群众脱贫。

第三，公司＋农户模式。

这种旅游扶贫模式就是构建一个利益共同体，鼓励农村的村级集体组织依托法规把农村经营性建设用地使用权通过入股联营，鼓励农村的村民把自己的传统民居还有自己的承包经营地通过入股等形式引进开发公司统一经营管理，让农民、村民成为股民，让村民从第一产业开始从事旅游产业，增加财产性收入、经营性收入和工资性收入，构建一个村民、公司和集体这种利益共同体。比如，一些典型景区通过“资源变资产、资金变股金、农民变股东”三变改革等模式创新，建设系列旅游产品，形成全域旅游、全民参与、共建共享的发展格局，带动周边大批贫困群众受益脱贫致富，这些模式经验也得到了全国性的推广。贵州省六盘水市普古乡则积极探索“资源变资产、资金变股金、农民变股东”三变模式，先后将8个村的10.68万亩生态林、湿地、水面、耕地自然资源进行量化，变成村集体和农户持有的股权，累计带动885户3288人脱贫。

第四，能人带户模式。

构建脱贫的同步化。有很多非物质文化传承人，还有民间的工艺大师，他们是发展乡村旅游扶贫重要的人才资源等，这些传承人通过办传承班、通过建工艺坊带动村民共同致富。

3. 加大扶贫投入支持

各级文化和旅游行政部门加强对金融支持旅游扶贫工作的统筹协调，加大对贫困地区旅游公路、停车场、旅游厕所等旅游基础设施的投入力度，优先支持符合条件的重点项目按照有关文件的要求申报中央预算内投资补助项目、旅游发展基金补助地方项目、政府和社会资本合作（PPP）示范项目及地方旅游发展资金补助项目，充分发挥财政资金的增信和撬动作用。

针对旅游扶贫的资金投入不断加大。2016年国家旅游局从旅游发展基金中安排3.57亿元支持贫困县旅游项目和旅游厕所等基础设施建设。2016年和2017年上半年，各省份共投入旅游扶贫资金40多亿元，用以支持乡村旅游扶贫重点村基础设施、规划和项目建设。为解决贫困地区旅游项目的融资难、融资贵等问题，国家旅游局与中国农业发展银行、中信银行签署合作协议，共同支持乡村旅游扶贫工程。协调中国农业发展银行出台《关于做好旅游扶贫贷款业务的指导意见》，加大对旅游扶贫项目的政策性优惠贷款力度。

此外，国家旅游局与扶贫办共同筛选出2000个贫困村建档立卡，实施促进村级旅游发展的小型基础项目、给予扶贫小额信用贷款支持、鼓励政策性银行给予优惠信贷、国家旅游发展基金予以小额贷款贴息等。针对贫困地区贷款难问题，与中国农业银行总行等金融机构研究编制《金融机构支持旅游扶贫工作导则》，提出简明操作方法。在专项补助资金中，注重对于贫困地区的倾斜，国家旅游发展基金补助中西部地区项目资金中有 50% 用于贫困地区旅游发展。

4. 编制专项规划

国家旅游局组织规划编制单位因地制宜、科学编制一批旅游精准扶贫规划，策划推出一批旅游扶贫重点项目，科学指导贫困地区旅游资源利用、旅游产品开发、旅游品牌建设。“十三五”时期，通过开展实施乡村旅游富民工程，将组织 6130 个乡村旅游扶贫重点村，开展乡村旅游扶贫培训和全国旅游规划扶贫公益行动。全国共有 21 个省（区、市）约 2000 个贫困村的村主任（或村支书）参加。组织、动员全国具有旅游规划设计单位资质的机构与 560 个试点村建立对口帮扶关系，为试点村提供旅游规划设计、旅游项目建设、旅游商品研发、旅游经营管理等方面的专业指导和跟踪服务。

5. 加强专项指导

结合旅游资源特点和市场需求，因地制宜，开发形式多样、特色鲜明、能够带动贫困户广泛参与的旅游扶贫产品，发展一批以农家乐、渔家乐、牧家乐、休闲农庄、森林人家等为主题的乡村度假产品，建成一批依托自然风光、美丽乡村、传统民居为特色的乡村旅游景区，策划一批采摘、垂钓、农事体验等参与型的旅游娱乐活动，开发徒步健身、乡村体育休闲运动，培育自驾车房车营地、帐篷营地、乡村民宿等新业态，打造丰富多彩的乡村特色文化演艺和节庆活动。

充分利用报纸、网络、电视、广播等传播平台，大力宣传贫困地区优质旅游资源。积极组织旅游扶贫重点村、旅游企业参与大型旅游展会、赴全国主要旅游客源地开展专场营销活动，集中推介特色旅游产品。策划举办山水美景游、农事体验游、民俗风情游等营销活动，着力打造乡村旅游品牌。

创新旅游扶贫人才培养方式，加大对乡村旅游扶贫重点村村干部、乡村旅游带头人、乡村旅游经营户、驻村工作队队长、乡村旅游管理人才等各类实用人才的培训力度，以点带面，帮助贫困人口转变思想观念，提升文化素质和知识水平，提高乡村旅游服务技能。建立旅游扶贫专家库，动员规划、管理、营销专业人才深入基层一线开展旅游技能辅导和扶贫公益培训。2014 年 9—10 月和 2015 年 6—9 月国家旅游局在北戴河分 7 期举办乡村旅游扶贫重点村村干部培训班。

各地也积极创新旅游扶贫的人才支持。比如，山东省已实施第三批千名乡村旅游带头人到台湾地区交流培训，三批累计 3000 人赴台，同时组织全省乡村旅游带头人到陕西、安徽、江西、浙江等省份交流。多地启动“乡村旅游创客行动”创建活动。“创客行动”的优惠政策意在组织引导毕业学生、返乡农民工、专业艺术人才、青年创业团队等各类创客投身乡村旅游，推动旅游扶贫创新发展。浙江瓯江古堰画乡成为“中国乡村旅游创客示范基地”中引进乡村旅游创客优惠政策的典范。此外，北京市按照“全覆盖、精准化、有步骤”的思路，对 52 个传统村落所涉及的区县旅游委工作人员、乡镇级旅游管理人员与村级旅游管理人员进行培训。与此同时，山东省旅游局组织山东大学等多所高校 17 市对乡村旅游从业人员开展针对性培训。

6. 旅游帮扶机制

全国各地因地制宜地加强旅游扶贫帮扶和示范工作。例如，安徽省组织省内 119 家旅游企业结对帮扶 109 个乡村旅游扶贫重点村，开展“百企百村”帮扶专项行动，在编制规划、开办农家乐、提供就业、销售农副产品或手工艺品和开发利用旅游资源等方面提供支持或服务，全省有 40 个重点村、200 多名“创客”投身乡村旅游创客示范基地创建行动。海南省在实施《海南省旅游企业帮扶脱贫工程专项实施方案》基础上，印发《关于充实旅游企业参与全省乡村旅游扶贫工程的通知》，发动省旅游协会等多家旅游行业办会，通过帮助宣传推介、客源组织、招商引资、送教上门、劳务用工、农副土特产品供应等多种方式，帮助贫困人口脱贫致富。同时，积极组织动员全省大型旅游企业、星级酒店、景区景点等单位采取“多企帮一村”“一企帮一村”“一企帮多村”等方式开展结对帮扶工作。截至目前，海南省共有 157 家旅游企业与 151 个乡村旅游扶贫重点村建立了结对帮扶。黑龙江省制定《黑龙江省旅游企业帮扶贫困村专项行动方案》，采取安置就业、项目开发、输送客源、定点采购、经营指导、从业培训等多种方式，帮助乡村旅游扶贫重点村发展旅游，实现脱贫。山东省结合扶贫实践，逐步探索形成“一清五帮十到户”扶贫模式。[①]

① “一清”，即先瞄准再击发。“十到户”，就是产业扶持到户、就业岗位到户、用工名额到户、资产性收益到户、持股分红到户、送智送教到户、结对帮扶到户、金融扶持到户、农产品采购到户、电商连通到户。

7. 完善利益分享机制

通过多种旅游扶贫途径助力贫困人口脱贫，着力构建以贫困人口为基础环节的利益联结链，建立完善长期、稳定、相对合理的利益分配机制。各地探索出五种旅游脱贫途径。一是直接从事旅游经营。贫困地区居民依托山清水秀的特色旅游资源，直接开办农家乐和经营乡村旅馆，通过增加非农劳动收入脱贫致富。二是在乡村旅游经营户中参与接待服务，取得农业收入之外的其他劳务收入。三是出售自家农副土特产品获得收入。四是通过参加乡村旅游合作社和土地流转获得租金。五是通过资金、人力、土地参与乡村旅游经营获取入股分红。主要收入来源包括：

第一，直接性参与分配。

对部分生产经营能力较强的贫困人口可引导和鼓励其直接从事乡村旅游经营，如开办乡村家庭旅馆、制作销售旅游产品、提供餐饮娱乐服务等，通过自己的经营行为直接获利。当地政府应为此类生产经营活动提供便利条件，如提供一定数额的贷款和担保、建设必要的基础设施、传达更多的市场信息等。目前全国农家乐和乡村旅馆已超过 190 万家。

第二，间接性参与分配。

对那些生产经营能力较差的贫困人口可以在当地旅游景区、旅游企业或者配套企业通过就业间接参与利益分配。这种间接是相对直接从事生产经营活动和旅游岗位就业而言的，具体表现是通过打扫卫生、治安防范等工作定期获得工资性收入，这种分配会受到文化水平、技术技能等条件的限制。比如，农民直接参与旅游服务。据山东、陕西、福建、宁夏等省区测算，一个普通村民通过参与乡村旅游接待服务，平均每年可增收 1 万 ~2 万元。此外，也受益于农副产品附加值的提高。

第三，股份分红。

村民可以通过股份制的形式参与旅游资源开发和产品建设。具体来讲，村民可通过劳动、技术、资金、实物等入股乡村旅游开发活动，其作为资本的所有者定期获得股息收入等回报，并有权对旅游经营活动进行监督和督促。比如，浙江省湖州市德清县西部山区得益于“洋家乐”乡村旅游业态的发展，农民农房出租价均达到每年每户 3.5 万元，最高 7 万元。河北省部分贫困县采取政府、龙头企业、金融机构、合作社、农户“五位一体”的合作模式，让农民成为股东从而受益；陕西的梁家河村，与陕旅集团合作成立延川县梁家河乡村文化旅游发展有限公司，带动 164 人脱贫致富。

在这样的情况下，各地旅游扶贫成效显著。比如，贵州正在全力推动旅游“1+5 个 100”工程，同时连续两年旅游接待人次和旅游总收入增幅超过 40%，旅游业呈现出优质、高效的持续发展势头，两年累计带动贫困人口 59.2 万人受益脱贫。比如，江西通过旅游扶贫推动 599 个建档立卡贫困村经济社会发展，通过旅游就业、农产品销售、临时用工、经营性收入、资源或资产入股等方式辐射带动促进 39414 户贫困户脱贫致富。比如，湖南省大力实施乡村旅游精准扶贫工程，打好旅游扶贫“组合拳”，取得了明显成效。湖南省人民政府隆重表彰的 100 个“脱贫攻坚示范村”中，有 32 个是旅游扶贫重点村。主要靠吃旅游饭的武陵源、洪江、茶陵、桂东、宁远 5 个旅游扶贫重点区县率先脱贫摘帽。比如，甘南州位于甘肃省西南部，是全国 10 个藏族自治州之一，也是全国“三区三州”深度贫困地区，近年来，深入实施“旅游兴州”战略，大力发展乡村旅游，扎实推动旅游扶贫，初步探索形成了一条具有时代特征、藏区特点、甘南特色的乡村旅游发展之路，近三年全州乡村旅游接待游客突破 2000 万，累计带动贫困农牧民群众实现稳定脱贫 9740 户、4.14 万人，占脱贫总人口的 48%。比如，云南省 2017 年培育 2000 多家旅游扶贫示范户，旅游产业综合带动 12.1 万人脱贫；贵州省通过旅游发展带动 29.95 万贫困人口受益增收；甘肃省通过发展乡村旅游带动 2.92 万建档立卡户，12.26 万贫困人口脱贫。

三、全域旅游助推旅游扶贫的路径

党的十八届五中全会确定的发展目标是到 2020 年实现所有贫困县、贫困人口全部脱贫。旅游扶贫是旅游界积极参与国家行动、担当社会责任的重要途径。未来，要本着“政府引导、社会参与、贫困户受益”的原则，把旅游扶贫做得更加精准、更富有成效。新的时代下，推进乡村振兴战略时，重点在于以全域旅游为突破口和抓手，按照产业兴旺、生态宜居、乡风文明、治理有效、生活富裕的总要求，大力发展乡村全域旅游，推动旅游与乡村的融合发展，释放全域旅游促进乡村发展、农业转型、农民增收、城乡一体化等综合效益，实现乡村振兴。

（一）坚持扶贫的核心目标

通过发展乡村旅游解决地区和人口的贫困问题。在推进中，各项工作必须坚持扶贫的主导目标，不能只重视乡村旅游开发的过程和结果。同时要适应市场主体多元化、市场需求多样化等要求，突出合作组织、农户家庭和贫困人口的主体地位，明晰利益分配机制，为贫困人口脱贫和地方经济发展创造机会。要不断促进贫困人口转变思想观念、掌握基本技能、增强竞争意识，变“输血”为“造血”，增强贫困地区的自我发展能力，让农民成为受益主体，使得旅游收益以较为公平的方式惠及广大民众，共同推进乡村旅游发展和最大化旅游扶贫综合效益。

（二）坚持全域旅游理念，做好顶层规划

贯彻全域旅游发展理念，编制乡村旅游发展规划，做好顶层设计和部署，发挥规划引领、规划推动和规划促进乡村旅游产业发展的作用，提高规划对全域旅游的统筹引领能力。第一，旅游综合产业需要综合发展和综合治理的内在规律，乡村全域旅游发展需要从顶层设计上解决旅游部门单打独斗问题，整合部门和行业资源，推动形成“共建、共享、共荣”的旅游发展机制。第二，要推动“多规合一”，将乡村旅游发展与国土空间规划融合，确保土地利用规划、生态环境保护规划等相关规划充分满足旅游业发展需求。第三，要推动与文化、农业、水利、林业等规划深度融合，促进乡村旅游产业的融合发展，培育新的旅游业态。

（三）坚持融合发展，培育产业业态

坚持融合发展，加强产业要素融合，培育产业业态。第一，坚持全域旅游资源配置，整合乡村各种资源要素，盘活乡村生产生活资源和乡村产业资源，挖掘乡村景观、乡村房屋、乡村产业、乡村文化等资源，创新乡村旅游产品和业态，多产业链构建，变生态和资源优势为经济优势，构建乡村产业基础。第二，推动产业融合，促进乡村一、二、三产业融合发展，提升乡村产业融合能力，拓展不同类型的“旅游 +”的新型业态，丰富乡村旅游产品和目的地供给的同时提升原有产业的附加值。第三，设计旅游产品。要从当地实际和扶贫要求出发，重点推出田园观光、农家游憩、养生度假、

生态休闲、民俗风情、历史文化、民居古镇和美食购物等旅游产品，既兼顾自然资源和人文景观，又兼顾历史传承和现代创新。第四，精品景区带动。按照突出重点、挖掘特色、抓大带小、打造精品的要求，瞄准一流旅游景区建设标准，加快农业园区、避暑胜地、运动基地、农事节庆等精品景区建设，提升其知名度、竞争力和影响力，提升乡村旅游扶贫效率。

（四）坚持改革创新，破除体制机制障碍

坚持改革创新，以全域旅游先行先试，探索乡村旅游发展的新体制、新政策，为全域旅游乃至乡村振兴提供良好的体制保障，为乡村振兴提供新要素、动力和治理机制。第一，深化农村土地制度等改革，加强对宅基地和土地承包权的改革创新，为乡村旅游发展提供用地保障，促进乡村土地的多元利用机制。第二，创新城市与乡村融合机制，促进城乡资本、人才、技术、管理、创意、消费、文化等各种要素流动，为乡村振兴带来外部的新技术、新产业、新动力。第三，创新乡村旅游组织方式，建立乡村全域旅游管理体制和发展机制，发挥乡村能人带头人的引领作用，提高乡村旅游组织和治理能力。第四，创新乡村旅游投融资模式，引导社会资本进入乡村全域旅游发展建设。

（五）坚持公共服务建设优先战略

坚持公共服务建设优先战略，大力加强乡村旅游基础设施和公共服务，建设美丽乡村和生态乡村，改善当前乡村旅游基础设施薄弱、公共服务水平较低的问题。第一，完善乡村全域交通网络设施，构建乡村至城市、景区、交通枢纽等连接通道。第二，完善乡村水电、卫生环境等基础设施，改善乡村生活景观和生活设施。第三，建设游客服务中心、标识系统、停车场、网络信息服务等旅游服务系统。第四，建设乡村绿道、休闲步道等旅游交通服务设施。

（六）坚持资源环境和文化保护战略

坚持资源环境和文化保护战略，严格保护乡村自然和人文资源，注重为旅游发展营造良好的整体环境，以发展旅游倒逼乡村保护和修复资源、改善和优化环境，促进

乡村人居环境改善和资源环境更可持续。第一，加强对乡村山、水、林、田、湖、草的保护，保护乡村的青山绿水。第二，全域美化乡村生态环境，营造富于地方特点和乡土特色的风貌景观和游览环境，保持乡村景观特色，提升乡村风貌景观，让游客品味乡境、体会乡情、留住乡愁。第三，强调对乡村生活文脉、历史文化和民族民俗文化的保护传承，坚决防止侵占式、掠夺式开发。第四，倡导知礼有礼、邻里和睦、守望相助、稳定有序的乡村民风。

（七）坚持人才优先战略，加大人才培养和引进力度

坚持人才优先战略，加大乡村人才培养和引进，为乡村旅游发展提供人才支撑，也为乡村振兴真正奠定内生成长的资源基础。第一，要充分发挥农民主体作用，加强对农民的培训，提高乡村旅游从业人员素质，如定期开展内部培训或者外出参观培训、经验交流和研讨会。第二，加强乡村与城市的互动机制，通过旅游人才交流、交换、挂职等多样化的柔性用人方式为乡村旅游发展提供人才资源。第三，建立乡贤合作机制，引导乡贤回乡创业，带来先进的理念、技术和资源。第四，加强乡村旅游发展高端人才的引进，对进入乡村旅游工作的人才给予奖励机制和相关激励机制，补充乡村旅游发展的人才资源。

（八）坚持扶贫方式整合

要推动要素的整合。地区扶贫、精准扶贫是一个浩大的综合性工程，单靠乡村旅游扶贫是不够的，必须把旅游扶贫和农业扶贫、科技扶贫、交通扶贫、教育扶贫等多种扶贫方式整合起来，克服单一扶贫方式的不足，达到扶贫效果的最优化。

（九）坚持群众主动参与

以开展乡村旅游扶贫为契机，各级部门不仅要在财政投入、设施建设、规划管理、产品推介等方面起到积极作用，还要引导贫困人口主动参与乡村旅游扶贫工作。一方面，扶持示范的典型，吸引各类社会主体、法人单位开拓贫困地区旅游市场，在获得利润的同时主动参与旅游扶贫工程；另一方面，通过组织培训、信息普及等手段，提高当地贫困人口的旅游服务意识和从业技能，增加贫困人口在乡村旅游开发领域直接

就业的比重，提升群众投身扶贫工作的热情，变被动扶贫为主动脱贫。

总体上看，发展全域旅游是推动旅游扶贫，打赢脱贫攻坚战的重要内容。未来，要完善贫困地区基础设施建设，创新旅游开发的体制机制，实现农村变样、农民致富和农民增收。

▶案例 10-1

江苏省宜兴市旅游扶贫模式

1. 宜兴市在旅游扶贫富民方面探索变股东、变业主、变员工、变网红“四变”模式，出台《农村一二三产业融合发展实施细则》《宜兴市乡村旅游专项规划》等文件，推动三产融合，探索出丰富多样的旅游富民增收新机制、新模式。建立“镇村抱团”“飞地模式”“土地经营入股”等创新模式，核定村民持股 28.18 亿元。全市培育农业加工企业及农民专业合作组织近 2000 家，年销售各类农副产品近 50 亿元，被评为全国休闲农业与乡村旅游示范县、全国一二三产业融合示范县、省一二三产融合先导区等。宜兴农村居民人均可支配年收入从 2016 年的 23709 元，增加到 2019 年的 30434 元，城乡居民收入差距逐年缩小。

2. 洑西龙山民宿村的乡村旅游联合体模式。洑西入选首批全国乡村旅游重点村。2018 年 10 月 17 日《人民日报》刊登《宜兴：休闲农业助推乡村振兴》的一文介绍该村“龙头企业 + 合作社 + 村级协会 + 农户”的乡村旅游联合体模式，创立篱笆驿站民宿品牌，镇村出台政策鼓励农户加盟。从没有一家农户敢开民宿到现在 60 多家各具特色、风格不一的民宿集中在龙山山涧两侧，村里还成立村级协会，又成立大地春农副产品合作社，带动 200 余家农户增收致富，村人均收入 2019 年达到 40380 元，比 2013 年翻一番。

3. 白塔村的乡村旅游合作社模式。白塔村被评为第二批全国乡村旅游重点村。该村书记登上 2018 年 12 月 27 日新闻联播，介绍白塔的乡村振兴，2018 年 10 月 17 日《人民日报》刊登《宜兴：休闲农业助推乡村振兴》的一文介绍该村乡村旅游发展做法。白塔村地处宜兴与溧阳交界处，是宜兴市的一个偏远村庄，在较长的时间内一直是全市有名的经济薄弱村。近年来，白塔村不断寻求富民强村之路，在全省率先成立乡村旅游合作社，建起南天竹、樱花、特色瓜果等八大千亩农业示范基地，积极发展生态文化旅游，村人均收入达到33120元。

4. 空置农房整体开发模式。2018年2月2日人民日报头版刊登了《金张渚又回来了》一文，介绍了张渚政府作为中介整体开发龙隐江南精品民宿项目的做法。金家村长时间以来是一个空心村，农房老旧，要分别与多家农户商谈协议使众多投资者望而却步。镇政府和村集体主动作为中介租赁14幢空置农房，引进优质主体整体开发出精品民宿“龙隐江南”，经营者返聘农户担任民宿管家，农户既有租金又有工资收入。省庄村年近古稀的卞菊仙，就是其中一位受益者。年轻时，她的丈夫因采石摔伤而瘫痪在床。自2017年在龙隐江南上班以来，卞菊仙每年能有3万多元稳定收入，而她的儿子则收集村里的土特产销售给龙隐江南，一年也能挣10多万元。此外，龙隐项目还先后投入180余万元，改善村容村貌。金家村从一个破败的空心村成为艺术村落，人均收入达到33620元。

5. 村级合作社统一管理模式。张阳村是中国美丽乡村示范村。2018年10月8日人民日报刊登了《产业转型带动乡村振兴，江苏宜兴张阳村——从卖石头到卖风景（美丽中国·乡村振兴看生态）》一文，介绍了该村在乡村振兴工作中的经验做法。张阳村成立张阳花卉苗木种植专业合作社，统一技术指导、统一信息发布、统一供销渠道、统一产品品牌、统一市场拓展的“五个统一”管理模式，逐步实现了资金、技术、信息等生产要素的优化配置，使种植户从单枪匹马变成了抱团出击，降低了生产交易成本，提高了市场竞争力，真正使花木盆景成了村民的“金银花”“摇钱树”。村人均收入达40986元。

6. 一二三产业融合发展模式。杨巷镇邬泉村依托国家地理标志产品“杨巷大米”打造农村人田和谐发展示范区项目，成为江苏省农村一二三产业融合示范项目，并推荐评选全国一二三产业融合示范项目。截至目前共流转集约土地近万亩，实现了从育秧到收割、烘干的水稻生产全程机械化，成功突破了因家庭承包经营带来的土地碎片化日益严重、农业资源配置不尽合理的瓶颈。不仅把好江南好米质量关，而且种出“稻田画”，又发展了最美油菜花田、最美麦田、玫瑰迷宫等。

7. 全国乡村旅游示范点篱笆园，建立乡村创客基地，鼓励带动乡村旅游创业，镇村出台政策鼓励开民宿，从没有一家农户敢开民宿到现在60多家各具特色、风格不一的民宿集中在龙山山涧两侧，村里还成立村级协会，又成立大地春农副产品合作社，带动 200 余家农户入社。

8. 乡村旅游开发返聘就业。金家村的镇政府和村集体主动作为中介租赁 14 幢空置农房，引进优质主体整体开发出精品民宿“龙隐江南”，经营者开发后返聘农户担任民宿管家，农户既有租金又有工资收入。已带动近 50 位村民在民宿就业、200 余位村民从事土特产等相关行业。龙隐江南负责人杨宽获得江苏省 2018 年度“最具创新力”创业先锋、江苏省“创青春”创业创新大赛一等奖等荣誉。

资料来源：宜兴市人民政府．国家全域旅游示范区验收打分和检查项目的说明材料［Z］．2020.

▶案例 10-2

贵州省盘州市

——创新“三变”改革模式、促进全域旅游发展、带动扶贫富民

全域旅游发展过程中，贵州省盘州市为破解“资金资源散小弱”制约农村发展的核心问题，推动农村发展向规模化、集约化、专业化利用资源资金，充分聚集生产要素释放规模化效益，将农村闲散的土地、林地、草地、水域等资源和资金整合起来，通过“三变”改革，让村集体和村民的资源、资金、劳动力入股，推动产业转型升级，助力脱贫攻坚，与全省、全国同步实现全面小康，促进市、乡、村三级同步发展，推进城镇化建设、城乡环境治理、乡村旅游开发，打破城乡二元结构限制，实现景区带村、旅游富民战略目标。

盘州发源，“三变”模式全国示范。盘州以娘娘山景区为示范点，探索推出“资源变资产、资金变股金、农民变股东”的“三变”改革，激活了生产要素，盘活农村“沉睡的资源”，整合了发展力量，推动农村规模化、集约化、市场化的发展，为乡村振兴注入新鲜活力，为欠发达的西部农村提供了一条通过产权制度改革促进农村经济发展经验。娘娘山景区通过“旅游＋三变”，辐射带动 2 家酒店、100 余家农家乐、45 家农家旅馆、32 家超市发展，吸纳农村劳动力 2000 余农民就业，带动了 3010 户增收，户年均增收 5000 余元。习近平总书记提出“要通过改革创新，让贫困地区的土地、劳

动力、资产、自然风光等要素活起来，让资源变资产、资金变股金、农民变股东，让绿水青山变金山银山，带动贫困群众增收”，证明了“三变”是成功的，是可供全国农村制度改革的好经验、好做法。

资源整合，全力推进旅游发展。以景区开发建设创新为重点，将原住民与景区打包进行开发，以原住民居住的集镇、村寨为载体谋划旅游产业项目布局，深耕“三变”改革，推出“1+8 联村党委”模式，形成“平台公司 + 村级合作社 + 农户”的利益联结机制，打造竹海、石桥等 30 余个特色城镇和舍烹、妥乐、岩博等 80 余个旅游村寨，开发建设妥乐古银杏景区、乌蒙大草原等 12 个景区，全力推动“国家全域旅游示范区”创建，形成长远可持续发展道路。

民生改善，共建产业共享成果。通过将“三变”与旅游有机融合，打造旅游景区，培育观光农业、农事体验和农耕文化等旅游业态，创新旅游扶贫模式，实现旅游扶贫辐射带动最大化，推动全域旅游的发展。依托“三变”，在贫困地区开展“扶贫 + 旅游”模式，打造旅游扶贫示范景区、旅游扶贫示范产业和旅游扶贫示范项目等，推动旅游产业扶贫全域化。将土地、林地等 90.04 万亩资源变成了资产，3.79 亿元资金变成了股金，81.53 万农民变成了股东，促进农民户平均增收 3837 元，累计带动 3.6 万人脱贫。带动 132 家民营企业参与“三变”，发展了 167 个“三变”产业项目，形成了人民群众共享发展成果的格局。

盘州旅游产业作为脱贫攻坚和乡村振兴的重要抓手，探索推出的“三变”改革，连续三年写入中央一号文件，入选全国产业扶贫十大机制创新典型，为全国农村制度改革提供了可复制、可借鉴的新模式。

资料来源：盘州市人民政府 . 国家全域旅游示范区验收打分和检查项目的说明材料［Z］. 2019.

▶ 案例 10-3

湖南省张家界武陵源区旅游扶贫富民新模式

武陵源区原是省定 51 个贫困县之一，多年来依托旅游发展，实施“一手抓旅游，一手抓扶贫，以旅游反哺农村”的旅游扶贫战略，辖区内贫困发生率大幅降低。到

2016年年初，共有18个贫困村，未脱贫人口1121户，3516人。2016年度，武陵源区委、区政府压实扶贫责任，加大帮扶力度，整合扶贫资源，大力实施“旅游、安居、教育、医疗、兜底、产业、生态”等脱贫攻坚十项行动，打响了整区脱贫摘帽攻坚战，成功探索出了“区级统筹、乡镇主导、产权到村、收益到户”的产业扶贫新路子，建立的贫困户乡、村、户三级产业直接受益的产业扶贫机制，当年为贫困户兑现产业分红325.71万元，有力地解决了贫困户长期稳定增收问题。经湖南省扶贫开发领导小组验收，武陵源区2016年认定脱贫的1096户，3446人达到“一超过、两不愁、三保障”脱贫标准，顺利脱贫。18个贫困村贫困发生率降至2%以下，全区村级集体经济收入均达到4万元以上，其中13个贫困村的村级集体经济收入达到5万元以上，村均达到9.57万元。农村人口生活用水用电、网络宽带、交通出行、医疗卫生、文化教育等服务实现100%保障，18个贫困村稳定达到“两个确保、两个完善”标准，顺利退出。全区贫困发生率降至0.13%，符合“一降低、一高出、一达标”摘帽标准，顺利实现整区脱贫。

武陵源区通过旅游扶贫产业、技能人才培育带动旅游创业就业。

一是通过旅游扶贫产业带动就业。在武陵源旅游扶贫的过程中，涌现了湘阿妹莱葛、鱼泉贡米、天子山剁辣椒、乖幺妹土家织锦、禾田居生态农庄以及五号山谷、回家的孩子等一批扶贫产业典型，帮助当地村民解决就业。

二是大力培育技能人才队伍。依据《张家界市技能人才发展规划（2017—2020年）》，武陵源区每年培育初级工600人、中级工300人、高级工100人、技师10人，并且建档立卡户占40%以上，为建档立卡贫困人口劳务输出就业打好了基础。

三是推出了“全域旅游贷”金融支持政策，以“政府风险补偿基金＋贷款对象”模式进行政府增信，为武陵源核心景区周边从事休闲旅游经营项目的经营户提供资金贷款，已发放贷款14笔，累计金额2790万元。

四是开放了“扶贫小额信贷”，由金融机构对符合条件的建档立卡贫困户发放的“免担保免抵押、基准利率、额度在5万元以内、期限1~3年、财政全额贴息”的信用贷款。2016—2017年全区共投放扶贫小额信贷555户，1931万元。

五是立足区情实际，创造性地将旅游与扶贫工作有机契合，建设农业产业科技园，发展乡村旅游产业，组织贫困对象参与旅游管理和服务，让农民在家门口就业，变

“输血”为“造血”，推动农业向乡村旅游业转变、农村向乡村旅游目的地转变、农民向旅游从业者转变、农产品向旅游商品转变，推动农民变股民、资产变股产、资金变股金，全区贫困发生率由21.3%降至0.48%，2016年在全省率先实现整区脱贫摘帽。

资料来源：武陵源区人民政府．国家全域旅游示范区验收打分和检查项目的说明材料［Z］．2019.

总 结

旅游业是经济社会的战略性支柱产业，旅游业的发展既关系到普通国民的日常生活和福利，更关系到国家战略的实施。改革开放40多年来，中国旅游业始终与改革开放联系在一起，处于改革开放的前沿，成为改革开放的重要推动力之一。旅游领域坚持响应国家战略，在不同历史阶段侧重于不同的发展重点，采取不同的管理方式，充分发挥旅游业的综合功能。

当前，我国社会经济面临着深化发展的各种掣肘问题，而这些问题也是影响旅游业发展的深层次问题。全域旅游是实现旅游引领全面深化改革的重要手段，以全域旅游为抓手带动经济社会的全面发展。由于旅游业内部制约较少，因此旅游业对各种掣肘问题的突破都带有全局性，通过发展全域旅游，逐步突破束缚旅游业发展的体制机制困境，以全域旅游为旅游改革发展主线，通过体制机制改革，构建新的旅游治理体系，通过各种创新试点，探索“让市场在资源分配中发挥决定性作用”的改革经验。

全域旅游坚持了旅游业的整体性，强调以改革创新为动力，全面调整改革所有不适应旅游业发展的法律法规和体制机制，围绕旅游产业“让市场在资源分配中发挥决定性作用”，形成新的发展理念和模式。全域旅游充分调动了基层的活力，强调在一定区域内通过发展旅游业带动经济社会的整体发展，对于具有较好旅游发展基础和较大潜力的地区来说具有很强的积极性。全域旅游有助于推进全域旅游体制，打破部门利益固化；全域旅游有助于创新旅游用地政策，推进土地制度改革；全域旅游有助于创新旅游投资体系，完善资本要素市场；全域旅游有助于加快门票价格改革，完善市场价格制度；全域旅游有助于优化旅游公共服务，引领社会公共服务；全域旅游有助于创新旅游规划体系，提升旅游发展顶层设计水平；全域领域有助于创新扶贫新模式，助力全面小康社会建设。

当前，党和国家制定了新的战略发展框架，旅游业对于落实其中诸多重大倡议、战略、举措都有重要意义。旅游业是国民经济战略性支柱产业和人民群众更加满意的现代服务业，具有满足民生需求、促进文化发展、保护生态环境、实现脱贫致富、促进国家外交、促进社会和谐的非经济功能。站在新时代的起点上，旅游业发展将承载新的时代使命，要求旅游业从更高的政治站位服务于国家战略，发挥新的综合功能。

下一步，发展全域旅游要突出改革和创新，要针对旅游发展的重大问题，探索新的发展模式和路径，提出系列旅游改革发展的具体措施，解决长期制约旅游发展的瓶颈，形成适应全域旅游发展的体制机制；要全面推进旅游发展的理念创新、政策创新、体制创新、产品创新、业态创新、营销创新、公共服务创新等，切实解决制约全域旅游发展的问题。

未来，旅游业改革发展，必须紧紧围绕国家发展战略，既要充分发挥旅游在解决社会基本矛盾、全面建成小康社会、实现社会主义现代化方面的支撑作用，也要响应国家生态文明建设、供给侧结构性改革、精准扶贫、乡村振兴战略、区域协调发展战略、现代化经济体系建设、创新型国家建设、完善社会主义市场经济体制、全面开放新格局等方面的战略需求。依托旅游业的高质量转型，坚定全面深化改革的大方向，站在更高起点推进力度更大、要求更高、举措更实的旅游业综合改革，推进交通、土地、金融、规划等旅游相关的配套改革，破解旅游业发展的体制机制障碍，落实国家战略，推动我国从旅游大国向旅游强国的转变。

参考文献

1. 中央文献研究室，国家旅游局 . 邓小平论旅游［M］. 北京：中央文献出版社，2000.

2. 冷溶，汪作玲 . 邓小平年谱（1975—1997）（上、中、下）［M］. 北京：中央文献出版社，2004.

3. 吴晓波 . 激荡三十年——中国企业 1978—2008［M］. 杭州：浙江人民出版社，2007.

4. 李岚清 . 突围——国门初开的岁月［M］. 北京：中央文献出版社，2008.

5. 谷牧 . 谷牧回忆录［M］. 北京：中央文献出版社，2009.

6. 国家发展改革委经济体制综合改革司，国家发展改革委经济体制与管理研究所 . 改革开放三十年：从历史走向未来：中国经济体制改革若干历史经验研究［M］. 北京：人民出版社，2008.

7. 中国经济体制研究会 . 中国改革开放大事记（1978—2008）［M］. 北京：中国财政经济出版社，2013.

8. 厉以宁，周其仁，郑永年，等 . 读懂中国改革 2：寻找改革突破口［M］. 北京：中信出版社，2017.

9. 周其仁 . 改革的逻辑（修订版）［M］. 北京：中信出版社，2017.

10. 吴晓波 . 激荡四十年：中国企业 1978—2018［M］. 北京：中信出版集团股份有限公司，2017.

11. 吴敬琏 . 中国改革三部曲［M］. 北京：中信出版社，2017.

12. 傅高义著，香港中文大学出版社编辑部译 . 邓小平时代［M］. 北京：生活 · 读书 · 新知三联书店，2013.

13. 郑新立，徐伟，綦鲁明 . 从计划到市场　中国计划投资体制改革 40 年［M］. 广州：广东经济出版社，2017.

14. 魏礼群 . 中国经济体制改革 30 年回顾与展望［M］. 北京：人民出版社，2008.

15. 江小涓 . 中国开放 30 年：增长、结构与体制变迁［M］. 北京：人民出版社，2008.

16. 张军 .“双轨制”经济学：中国的经济改革（1978—1992）［M］. 上海：上海人民出版社，2016.

17. 陈军 . 改革开放大潮中的北京建国饭店［M］. 上海：经济管理出版社，1992.

18. 陈军 . 经营与管理——改革开放大潮中的北京建国饭店［M］. 上海：经济管理出版社，1999.

19. 魏小安，冯宗苏 . 中国旅游业：产业政策与协调发展［M］. 北京：旅游教育出版社，1993.

20. 何光暐 . 中国改革全书——旅游业体制改革卷［M］. 大连：大连出版社，1999.

21. 何光暐 . 中国旅游业五十年［M］. 北京：中国旅游出版社，1999.

22. 孙尚清 . 中国旅游经济［M］. 北京：人民出版社，1990.

23. 孙尚清 . 面对二十一世纪的选择：中国旅游发展战略［M］. 北京：人民出版社，1992.

24. 何光暐 . 新世纪新产业新增长［M］. 北京：中国旅游出版社，1999.

25. 魏小安，等 . 中国旅游业新世纪发展大趋势［M］. 广州：广东旅游出版社，1999.

26. 国家旅游局 . 党和国家领导人论旅游［M］. 北京：中国旅游出版社，2005.

27. 国家旅游局 . 邓小平与旅游［M］. 北京：中国旅游出版社，2001.

28. 中国旅游大事记编辑部 . 中国旅游大事记（1995—2005）［M］. 北京：中国旅游出版社，2008.

29. 魏小安，曾博伟 . 中国旅游风云四十年对话录［M］. 北京：中国旅游出版社，

2018.

30. 蔡昉．四十不惑：中国改革开放发展经验分享［M］．北京：中国社会科学出版社，2018.

31. 国家旅游局企业管理司饭店管理处．学习北京建国饭店经营管理经验汇编［M］．北京：中国旅游出版社，1986.

32. 戴学锋．改革开放 40 年：旅游业的市场化探索［J］．旅游学刊，2019（2）．

33. 戴学锋．助力全面深化改革——新时代旅游业的核心战略［J］．旅游学刊，2018（10）．

34. 戴学锋．全域旅游：实现旅游引领全面深化改革的重要手段［J］．旅游学刊，2016（9）．

35. 戴学锋．旅游业应定位为引领社会经济全面深化改革的破冰行业［J］．旅游学刊，2015（3）．

36. 戴学锋，张金山．全面深化改革视角下的全域旅游发展［J］．旅游调研，2018（4）．

37. 王永治，温桂芳．游览参观点门票价格若干问题研究［J］．价格理论与实践，2005（11）．

38. 周天勇．正确认识“立法在先、依法改革”的真正含义［N］．中国经济时报，2014-07-29.

39. 周天勇．曲解“立法在先、依法改革”必会阻碍改革［N］．社会科学报，2016-09-08.

40. 国家旅游局．2016 年旅游投资报告［R］．2017.

41. 国家旅游局．中国国民旅游休闲发展报告［R］．2015.

42. 国家旅游局．《旅游公共服务条例》立法前期研究［Z］．2016.

43. 文化和旅游部．中国旅游业改革发展报告（2016—2017）［R］．2018.

44. 文化和旅游部．中国旅游业改革开放四十年［Z］．2019.

45. 谷牧．关于经济特区建设和沿海十四个城市进一步开放工作进展情况的报告［Z］．1985.

46. 赵焕焱．酒店业史记之开路先锋庄炎林［EB/OL］．迈点网，2016.

责任编辑：陈　冰
责任印制：冯冬青
封面设计：中文天地

图书在版编目（CIP）数据

全域旅游理论与实践 / 戴学锋，廖斌著．-- 北京：中国旅游出版社，2021.6

ISBN 978-7-5032-6706-2

Ⅰ．①全… Ⅱ．①戴… ②廖… Ⅲ．①旅游业发展—研究—中国 Ⅳ．①F592.3

中国版本图书馆CIP数据核字(2021)第081436号

书　　名：全域旅游理论与实践

作　　者：戴学锋　廖斌　著
出版发行：中国旅游出版社
（北京静安东里 6 号　邮编：100028）
http://www.cttp.net.cn　E-mail:cttp@mct.gov.cn
营销中心电话：010-57377108，010-57377109
读者服务部电话：010-57377151
排　　版：北京旅教文化传播有限公司
经　　销：全国各地新华书店
印　　刷：北京墨阁印刷有限公司
版　　次：2021 年 6 月第 1 版　2021 年 6 月第 1 次印刷
开　　本：787 毫米 × 1092 毫米　1/16
印　　张：17.5
字　　数：288 千
定　　价：48.00 元
ISBN　978-7-5032-6706-2